中国古代礼学论集

杨志刚 著

复旦大学出版社

作者介绍

杨志刚，1962年生，毕业于复旦大学历史学系，先后获学士、硕士、博士学位。1987年留校任教，至2014年调离，曾任文物与博物馆学系主任、文科科研处处长、文史研究院院长，并担任"文化遗产理论与管理"和"亚洲历史、艺术与宗教"两个学科方向的博士生导师。现任上海博物馆馆长、学术委员会主任，国家文物局馆藏文物保存环境重点科研基地主任，《文物保护与考古科学》主编。兼任第六届、第七届中国博物馆协会副理事长，上海市博物馆协会会长，第五届中国地方志指导小组成员，亚欧基金会博物馆联盟（ASEMUS）执委等。

主要从事中国思想文化史和博物馆学、文化遗产等领域的研究，著有《中国礼仪制度研究》，在国内外发表学术论文数十篇。

2009年11月在韩国出席"《朱子家礼》与东亚文化交流"国际研讨会

2009年11月在韩国考察陶山书院时与《朱子家礼》研究者合影

2013年12月在美国普林斯顿大学举行复旦大学-东京大学-普林斯顿大学三校合作研讨会上，三方负责人交流新的计划

2014年5月出席韩国国际释奠学会释奠学国际学术大会期间部分与会者合影

2014年6月复旦大学文史研究院夏季研修班在慈溪考察时合影

2014年11月应邀赴香港城市大学中国文化中心讲授"中国孔庙的历史与遗产"系列讲座,与部分听众合影

目　录

商量旧学，涵养新知（代序） / 001

礼俗与中国文化 / 001
中国礼学史发凡 / 013
汉代礼制和文化略论 / 028
《司马氏书仪》和《朱子家礼》研究 / 040
《朱子家礼》：民间通用礼 / 055
"礼下庶人"的历史考察 / 069
明清时代《朱子家礼》的普及与传播 / 083
《朱子家礼》在韩国的流传与影响 / 114
秦蕙田《五礼通考》撰作特点析论 / 128
中国的孔庙与儒家文化
　　——以"庙学合一"为重点的历史考察 / 146

礼与传统的创造性转化 / 177
和谐社会与构建现代礼仪之邦 / 192
时代新使命：重建礼仪之邦 / 200

儒家礼文化及其现代回响
　　——在复旦大学儒学文化研究中心的演讲 / 210
《朱子家礼》与中国礼学的若干问题 / 219
略论礼学在现代中国的重构 / 237

跋 / 245

商量旧学,涵养新知(代序)

一

这本集子选录了本人礼学研究的部分已刊旧文。除改正当时排版时的误植,其余保持原样,希望留一份实录。

礼学,在我选择这个方向作为自己长期研究的题目时,学界和社会上都还不用这一概念;而我,也是多年后才在文章中正式使用。很长时期里,礼学被遮掩着,确切地说被弃置一旁,众人也唯恐避之不及。因为"文革"及其前后的数十年,当然还可追溯到近代以降,"礼""礼教"被视同封建糟粕,属于历史的枷锁和包袱,必须打碎、踩踏、抛弃。

1995年10月,93岁高龄的史学耆宿、吉林大学金景芳教授通过《光明日报》获悉,北京师范大学成立了礼学研究中心,激起兴趣的他撰写了《谈礼》一文。这篇文章讲了八个要点,其中第五、第六、第七点分别是三个重大问题:"孔子所讲求的礼学有没有真理性?""研究礼学是不是就是复古,就是反马克思主义?""今日研究礼学,是否有用?"两年多后,由前述新中国成立以来第一个礼学研究机构的学者编选出版了《二十世纪中国礼学研究论集》[①],内收原载《传统文化与现代化》1997年第1期的金景芳先生的这篇《谈礼》。以我观之,作为一个特定研究领域或科目的"礼学",至此才

---

① 陈其泰、郭伟川、周少川编:《二十世纪中国礼学研究论集》,学苑出版社,1998年。

有点像重树的旗帜,迎风招展起来。

　　礼学是中国传统学问中重要的内容,范围广、底蕴深,同时又潜埋着探究传统文化与现代化关系无法避让的"硬核"问题。于是也就意味着,那是必须去直面的,深入理解、剖析的,有所承继并加以发展、转化的。回顾这些年本人在礼学方面研究的点点滴滴,想来就不单是"敝帚自珍",而可有助于从更宽的视域(比如近几十年礼学的复苏和振兴)审视观念的变化、学术的积累与转型。

　　本人学习、研究中国古代礼学,大致以 2000 年为界分为两个阶段。一是自 1985 年酝酿硕士论文选题开始,至 2000 年夏天完成《中国古代礼仪制度》这部 50 余万字的书稿。这十五年里,我将自己主要的心思尽可能都聚拢到礼学的相关问题上,从打基础到努力形成一家之说。二是 2000 年秋天以后,随着工作重心的变化,个人研究的重点完全挪移到文化遗产与博物馆文化方面。礼学领域的动态和进展依然关注着,然而已无大块的时间可用来撰著,仅仅在某些时间节点(诸如受邀参加某个研讨会),利用原有的"存货"和基础,"赶"写出了若干文章。我曾在《中国古代礼仪制度》的出版后记中说,当初有过一个较为庞大的研究与著述计划,但却没有时间去完成了。这留下不小的遗憾。

　　2012 年前后,笔者启动了对孔庙的踏查,设想将礼学与文化遗产研究、保护两个方向的学术工作结合起来。应《澳门理工学报》"名家专论"栏目之约,2014 年我在该学报发表《中国的孔庙与儒家文化——以"庙学合一"为重点的历史考察》,这成为收入本文集中刊发时间最晚的一篇。

二

　　20 世纪 80 年代初在复旦大学历史学系念本科时,系里组织的几次赴外省实习,使自己有机会初识多元又充满复杂性的中国。

由此带来的体验、感悟,似有开启心智的作用,也加深了我对司马迁所云"读万卷书、行万里路"含义的理解,对后来的成长留下很深的影响。1985年春,我和正在一起攻读硕士学位的一位同门师兄,同去云南及周边省份参加研讨会并做考察。数周的奔波,沿路看到了中国基层社会乃至乡村底层的各种样态,丰富了其时我已在留意的"礼俗"问题的思考。也是在那些颠簸的长途车上,我开始思考如何将中国历史文化的一些现象置于"礼俗"的框架中加以讨论,包括掂量着是否选择《朱子家礼》展开个案研究,以此定为硕士论文的内容。

五年后刊登的《礼俗与中国文化》,揭示了中国文化中存在着"礼俗复合系统"及其作用和影响。对这个礼俗"二元结构"的兴趣,曾长久地伴随我。任教于复旦大学时,很长时间里我曾同时为本科生开设"文献学"(后改为"古籍与版本")和"文化人类学"课程。两者在研究方向上相差很大,这个安排,既出于满足教学所需,也和我很想针对性地加强自己的知识结构、学术涵养有关。对于典籍中记录的"礼",必须依托文献学的功力才能使研究不断精进;而对于"俗",或"礼失求诸野",文化人类学的视野及洞察力则是不能缺少的。我曾借用西方人类学中"大传统"(great tradition)与"小传统"(little tradition)的概念体系解释"礼俗",但同时深知其中也存有不小的差别。对这些相关问题的体会、把玩,直到今天还时时勾起。

选了宋代作为切入点,唐宋之际的历史转变自然就不得不加以究心。远在1933年,周予同先生所著《群经概论》已指出,孟子其人其书在唐宋间的地位发生很大变化,他名之为"孟子升格运动"[①]。那么,假如跨越出经学的范围来审视这场"运动"的背景、

---

① 朱维铮编:《周予同经学史论著选集》,上海人民出版社,1983年,第289页。

缘由、动力及影响,又会带来哪些新的认知呢?这是细读周先生经学论著后,心头泛起的思索之一,也是我愿意去面对的问题。我想,这里蕴含着研治宋史(或宋元明清历史)必须去获取或解决的"支援意识"(subsidiary awareness)。

在周先生点出"孟子升格运动"之前,日本京都大学教授内藤湖南已提出"唐宋变革论",以为"唐代是中世的结束,而宋代则是近世的开始"。他的学生宫崎市定后来进一步申论,补充论证唐宋之间在政治、经济、社会多个方面发生了重要的变化。1992年,中华书局出版《日本学者研究中国史论著选译》(第一卷),收入内藤湖南和宫崎市定各一篇相关代表性论文。京都学派内藤氏"唐宋历史观"第一次"原汁原味"进入国内,引发了对唐宋之际历史走向等多角度的探讨,更有一批成果借此叙述框架而发掘出新的意义。受此触发,本人曾撰文表示"应注意通'宋'、今之变",加深认识宋明文化变化与发展的特点①。

最近有学者对内藤湖南及宫崎市定的上述命题提出质疑与反思②。在笔者看来,唐宋社会的转型无疑是客观存在的,如何界说与论述,则尚需从尊重史料、重视中国历史发展的内在规律和特点出发,继续展开深入研究。二十多年前,在对历代礼典、礼书、礼志的梳理过程中,特别是从唐代《开元礼》和北宋《政和五礼新仪》的有关对比入手,我逐步抒出一条"礼下庶人"的线索。相比于"孟子升格运动","礼下庶人"牵涉到一场影响面更深更广的社会性"运动"。《政和五礼新仪》之"新",《朱子家礼》后来之所以进入千家万户,俱在这个大趋势之中——当然先是变化之果,复又为后续发展之因。只是这样一个"大趋势",还有诸多面相尚待澄清和阐明。

---

① 参见拙文《宋明文化与近代化关系析论》,《复旦学报(社会科学版)》1994年第3期。未收入本论集。
② 参见杨际平:《走出"唐宋变革论"的误区》,《文史哲》2019年第4期。

三

在庞大的中国古代礼学文献中,有一类很专门的撰述:家礼。其源头可以追溯到很早,如《礼记》《仪礼》中的相关内容。但以"家礼"两字为这类礼书冠名,却始于南宋,始作俑者是朱熹。他撰著的《朱子家礼》上承"书仪"(即私家仪注,直到北宋司马光仍在沿用这一书名,内容就是家礼),下启以"家礼"题名的礼书之开端。朱熹尊显的地位,《朱子家礼》本身的应时,加之《朱子家礼》后由国家颁定、推广,这部篇幅不太大的书遂被抬升到类似"经"的地位。后世家礼一类的著述,大凡都围绕着或依附于《朱子家礼》,或承袭或有所调整、变通,或改编或注释。这类著述数量可观,有的沿用"家礼"这个名称,有的则以"四礼"(即冠、婚、丧、祭,家礼最通常的分类)、"家仪"等代之。

十分有意思的是,近代以还,《朱子家礼》以及家礼文献逐步淡出中国学者的视线;1949年以后,将近三十余年,大陆几乎只字不提《朱子家礼》,家礼文献俨然消失了一般。但在邻国日本,却不是此等情形,这里介绍几例可资一比。1936年,阿部吉雄发表《文公家礼に就いて》[①],论及《朱子家礼》成书真伪问题。1939年,牧野巽刊发《宗祠と其の发达(上)》[②]。1949年,牧野巽又发表《司马氏书仪の大家族主义と文公家礼の宗法主义》[③],他根据《司马氏书仪》"家长""影堂"和《朱子家礼》"宗子""祠堂""祭田""墓田"所呈现出的差异,结合《续文献通考》记录的历代累世同居之数据和唐宋之际宗法观念、宗族形态、士人阶层之变化,提出前者代表了同

---

① 阿部吉雄:《文公家礼に就いて》,《服部先生古稀祝贺纪念论文集》,东京:富山房,1936年。
② 牧野巽:《宗祠と其の发达(上)》,《东方学报》第9册,东京,1939年。后收入《牧野巽著作集》第2卷,东京:御茶ノ水书房,1980年。
③ 牧野巽:《司马氏书仪の大家族主义と文公家礼の宗法主义》,《近世中国宗族研究》,东京:日光书院,1949年。后收入《牧野巽著作集》第2卷。

居共财的"大家族主义",后者代表着以祖先祭祀为核心的"宗法主义",宋代恰是由《书仪》"大家族主义"极盛而转向《家礼》"宗法主义"的时代。这一核心观点影响了后来一部分的《家礼》研究者,如美国的伊佩霞(Patricia Ebrey)、韩国的卢仁淑等;其影响还越出了《家礼》研究的范围。

20世纪30年代,日本学者还开始从文本与文化传播等角度研究《朱子家礼》。牧野巽结合文献的考订发现:"朱子学具有不同于汉唐训诂学的清新的精神力量,给朝鲜、安南的族制带来很大影响,并使之焕然一新。"稻叶岩吉关注到《朱子家礼》在东亚社会的广泛传播,就其传入朝鲜进行了论述①。阿部吉雄指出:在朝鲜王朝,"《家礼》的注释纂述之书可谓汗牛充栋"。山本达郎更将目光投到越南,认为明朝时《家礼》的影响已进入越南,圣宗时的婚丧仪制往往按《家礼》施行②。

20世纪80年代初,朱瑞熙先生在其《宋代社会研究》③一书中重提《朱子家礼》,在社会生活史的研究中"找回"丢失已久的《朱子家礼》。1989年到1993年,陈来、张国风、束景南三位先生先后发文研讨《朱子家礼》作者和真伪的问题。研究宗族史、社会史的徐扬杰、常建华、郑振满等先生也较早在各自的领域探讨过《朱子家礼》。我在1987年完成以《〈司马氏书仪〉、〈朱子家礼〉研究》为题的硕士论文,此后以此为基础整理、发表了一组文章。

1999年至2000年间,我在日本关西大学做访问学者,抓住一切时间,充分利用条件优越的校图书馆给自己"充电",其间仔细搜罗了日本有关家礼及礼学的研究资料。该校东西学术研究所邀请

---

① 阿部吉雄:《丽末鲜初における家礼传来及ご其意义》,《青丘学丛》第13号,1933年。
② 山本达郎:《安南黎朝の婚姻法》,《东方学报》第8册,东京,1938年。
③ 朱瑞熙:《宋代社会研究》,中州书画社,1983年。

我发表演讲,我选择《〈朱子家礼〉在中国近世文化史上的地位》的题目,与之交流。这篇讲稿经翻译后,发表在关西大学《东西学术研究所纪要》第 34 期(2001 年 3 月)。从那个时候起,我与该校一批教授结下友谊。非常巧的是,吾妻重二教授也在关注家礼文献,我们很投契地交流心得,以后经常交换资料和信息。

我曾有设想编纂一部《宋元明清家礼文献集萃》,比较全面地展现古代家礼的演变、发展,也初拟了目录,包括:〔元〕郑泳《郑氏家仪》,〔明〕冯善《家礼集说》,〔明〕王叔杲《家礼要节》,〔明〕丘濬《家礼仪节》,〔明〕冯复京《遵制家礼》,〔明〕桑拱阳《家礼维风》,〔明〕汤铎《文公家礼会通》,〔明〕魏堂《文公家礼会成》,〔明〕宋纁《四礼初稿》,〔明〕吕坤《四礼翼》,〔明〕吕坤《四礼疑》,〔清〕顾广誉《四礼榷疑》,〔清〕孙奇逢《家祭仪注》《家礼酌(附:家规)》,〔清〕毛奇龄《家礼辨说》,〔清〕王复礼《家礼辨定》,〔清〕李元郎《家礼拾遗》,〔清〕郭嵩焘《校订朱子家礼》。然而,后来就无暇顾及了。所以,当收到关西大学吾妻重二先生陆续寄赠由他编著的《家礼文献集成(日本篇)》一至八卷①时,好生羡慕!

四

20 世纪下半叶,有关《朱子家礼》的研究先是在大陆以外开展,然后再汇入大陆学术兴趣和方向的转变,相关研究逐步转暖。1958 年,日本兼永芳子发表《朱文公家礼の一考察》②。70 年代后期、80 年代初,上山春平接连发表两文:《朱子の礼学——〈仪礼经传通解〉研究序说》和《朱熹の〈家礼〉と〈仪礼经传通解〉》③,以后,

---

① 收入《关西大学东西学术研究所资料集刊》,关西大学出版社,2010—2018 年。
② 兼永芳子:《朱文公家礼の一考察》,《支那学研究》第 21 期,广岛支那学会。
③ 分别载《人文学报》第 41 号,京都大学人文科学研究所,1978 年;《东方学报》(京都)第 54 期,1982 年。

吾妻重二教授启动了家礼研究，逐步推出一批研究成果。在资料的整理、集成之外，他还完成了专著《朱熹〈家礼〉实证研究》。该著经由复旦大学哲学学院吴震教授等翻译，华东师范大学出版社2012年出版。

在台湾地区，钱穆《朱子之礼学》①和高明《朱子的礼学》②均论及《朱子家礼》，抉发出新意。

在西方，早在19世纪80年代，《朱子家礼》已经译成法文传到欧洲。这半个多世纪以来，西方文史界对东亚历史的兴趣进一步提升。1971年，历史学者伍德塞德（Alexander Barton Woodside）在研究越南阮朝（1802—1945年）社会、家族问题时发现，越南的家族制度表现出一种倾向，即与中国早期的规范相比，更倾向于沿用宋代《朱子家礼》这样后期的规范③。90年代初，美国伊利诺伊大学东亚研究及历史学教授伊佩霞出版了《朱子家礼》的英译本，并提供了注释及导论④。同时她还推出专著《中华帝国的儒家与家礼》⑤。

再后来，对《朱子家礼》及家礼文献的关注、利用就比较常见了。例如，比利时鲁汶大学汉学系钟鸣旦（Nicolas Standaert）教授曾探讨《朱子家礼》丧葬礼仪的施行情况⑥。国内一些学者依据地

---

① 收入钱穆《朱子新学案》，台北：三民书局，1971年。
② 载《辅仁学志》1982年第11期。
③ Alexander Woodside, *Vietnam and the Chinese Model：A Comparative Study of Nguyen and Ching Civil Government in the First Half of the Nineteenth Century*, Cambridge: Harvard University Press, 1971.
④ *Chu Hsi's Family Rituals：A Twelfth-Century Chinese Manual for the Performance of Cappings, Weddings, Funerals, and Ancestral Rites*. Translated, with annotations and 31 pages introduction. Princeton University Press, 1991.
⑤ *Confucianism and Family Rituals in Imperial China：A Social History of Writing About Rites*, Princeton University Press, 1991.
⑥ 参见钟鸣旦：《礼仪的交织：明末清初中欧文化交流中的丧葬礼》，收入"复旦文史丛刊"，张佳译，上海古籍出版社，2009年。

方史料研究《朱子家礼》影响下家礼的活动与实践。台湾高明士先生编《东亚传统家礼、教育与国法（一）：家族、家礼与教育》和《东亚传统家礼、教育与国法（二）：家内秩序与国法》①，都给予一定的篇幅集中讨论《朱子家礼》。

在上述多方推进及研究视野逐步交融的背景下，由日本、韩国的学者发起并组织，2009年在韩国举行了"《朱子家礼》与东亚文化交流"国际学术研讨会。这应该是迄今唯一一次冠名《朱子家礼》的国际专题研讨会，具有象征性的意义。全球近二十位学者，包括吾妻重二、尹佩霞和我参加了会议，清华大学彭林教授提交了论文。众人从各自选取的角度，结合中、日、韩、越等国家、地区的具体情况，就《朱子家礼》展开了全方位的研讨。本次学术会议的参会论文后以日文结集出版②，其中收入拙稿《明清时代〈朱子家礼〉的普及与传播》的日文翻译版。该稿的中文繁体版则在台湾高雄师范大学经学研究所主办的《经学研究集刊》刊发。

笔者也曾留心过《朱子家礼》在东亚的传播，有兴趣开展一些比较研究。但只留下早期应邀撰写的一篇《〈朱子家礼〉在韩国的流传与影响》，论题颇大，惜未及深入，浅尝辄止而已。

五

本人读研时赶上了复旦大学文科图书馆落成启用。位于文图四楼的教师阅览室同时向研究生开放，宽敞的空间（尤其和老的教师阅览室相比），靠窗一侧整齐的、略有分割的长桌（形成一个个小小的个人阅读空间）；里侧阁楼下的图书全面开架，阁楼上的登记后可以取阅。这个文科阅览室当时应位列国内同类最"先进"的行

---

① 华东师范大学出版社，2008年。
② 吾妻重二、朴元在主编：《朱子家礼と東アジアの文化交渉》，日本：汲古书院，2012年。

列，极大地有功于学校文科的建设发展。尽管多年后，文科图书馆已显老旧，也不敷使用，但我还是真心感念这里曾经提供的读书环境。我还会忆起，此楼施工建造时，一位来自挪威到哲学系深造的高级进修生曾对我发出的由衷感慨：中国的经济条件现在还比较差，然而学校却能下决心兴建这样水准的图书馆，实属不易！

从读硕士开始，前后总共有十余年，我几乎每周都长时间地泡在这个阅览室，翻遍了几乎所有感兴趣的图书。能够对庞杂的礼学文献展开系统的阅读爬梳，也端赖这里丰富的藏书、便捷的取阅方式。特别是我没能"刺猬式"地长期钻在某个特定历史时期，成为断代史的研究者，而更像是"狐狸式"地喜欢在长时段里四处探寻，做一些比较与打通的工作，复旦教师阅览室无疑让我的这种"兴趣"有条件得以生长，让礼学的专题通史研究得以持续。当然另一方面，老师辈的影响也是相当重要的。

说是从宋代入手，其实礼学的入门，离不开"三礼"（《仪礼》《礼记》《周礼》）。司马光《书仪》和朱熹《家礼》"承上启下"的特点，也逼着我"上溯"并"下探"，于是不经意间便逐渐形成一些有关礼仪制度演变发展的通贯认识。1993年，我考取复旦大学历史学系先秦史方向的博士生，在职读博。这段时间，我将研究工作上推到新石器时期，再"顺流"而下，由"三代"至秦汉，与"三礼"衔接。博士生毕业后，在完成本人所在文物与博物馆学系的各项工作的同时，我加紧对古代礼仪制度展开系统的思考和论述，于新世纪到来之际出版《中国礼仪制度研究》[①]。当时的学术出版真的比较困难，所以责编始终要求"可读性"，甚至"文学性"，这影响到该著部分的书写风格。

从20世纪80年代中期开始，我将目光投注到历代礼学文献，

[①] 杨志刚：《中国礼仪制度研究》，华东师范大学出版社，2001年。

从上古论及近现代,重新挖掘了一批史料,开辟了诸多新的分析角度,最早关注并分析了国家礼制中吉、嘉、宾、军、凶"五礼"体系,也深入到民间社会层面的冠、昏、丧、祭、祠堂制度、丧服制度、居家杂仪的各个方面。这样的系统探究,至《中国礼仪制度研究》成稿而告一段落。

为了梳理"五礼"的沿革,在查阅历代礼典、正史礼志和"三通"(《通典》《文献通考》《通志》)等典籍资料的同时,我一度特地对照阅读清人秦蕙田的《五礼通考》。这样的比对工作相当有效。因为这个原因,多年后我写过一篇《秦蕙田〈五礼通考〉撰作特点析论》,在清华大学与西北大学合办的一次研讨会上宣读后,即为《经学研究集刊》采用,尔后简体字版收入方光华、彭林主编的《中国经学论集》[①]。

犹忆1985—1987年间,我在京沪的几处图书馆特藏部调阅各种版本的《朱子家礼》及相关衍生著述时,每有细微发现所带来的那种快乐、欣喜!这里特记两条。一是在北京图书馆(1998年底改名为国家图书馆)查到藏有宋刻本(卷一至卷三配清影宋抄本)《朱子家礼》,这是现存最早的《朱子家礼》。我以后的有关研究就以这个本子为底本,参考台湾影印文渊阁《四库全书》本。1999年,我将这则藏书信息告诉日本吾妻教授,他同样重视,我遂将复印件寄赠给他。二是在中国科学院古籍部(现属中国科学院文献情报中心)查阅到郭嵩焘《校订朱子家礼》清光绪十七年思贤讲舍刻本。那时我对郭嵩焘(1818—1891年)有一些粗略的印象——湘军将领,清廉耿直,仕途不顺,办过洋务,曾充任中国近代第一位驻外使节。那么,这位睁开眼亲身感受过西方文化的晚清进士为何会去校订《朱子家礼》、从中体现出什么样的礼学思想(郭另有

---

① 陕西人民出版社,2009年。

《礼记质疑》等大量的著述)、在古今中西已开始剧烈冲撞的年代又表达了哪些真知灼见,这令本人深感兴味。不过,直到今天我尚未能就此写出一丁点的文字!

六

前面已说,礼的问题不仅仅是史实的探寻,而会涉及价值评判,进一步还与如何看待历史走向(如传统文化与现代化的关系)相关。为此我于1993年为《复旦学报》撰文《礼与传统的创造性转化》。数年后又将自己在这个角度思考的文字,以随笔的形式辑为《废墟上的家园》出版。那时社会上、学术界对于礼的认识,惯性思维还比较强,我在这本集子里,为表明态度甚至引用了茨威格《异端的权利》中的话:"寻求真理并说出自己所信仰的真理,永远不能作为罪行。没有人会被迫接受一种信念。信念是自由的。"[①]

海纳百川,开明睿智,这些上海城市文化的特点,改革开放后也较好地体现在上海学人的学术争鸣中。上海南市老城厢保存着旧上海县的文庙,1997年启动全面修缮时,又在有关方面支持下张罗举办"儒学研讨会"。当年11月举行的首届儒学研讨会上,有学者对现当代史上的"尊孔"与"反孔"感慨系之,特意提及复旦大学蔡尚思老先生,说因为蔡先生毕生"反孔",立场始终不变,见出风骨,而反观一众人物几十年里"尊孔""反孔"没有定见,随波逐流成为墙头草,蔡先生真的算是给中国学人争得一点脸面。我对此言有所认可,然而心想,绝不能再简单化地区分"尊孔""反孔",更不能以此为标签简单地自贴或他贴,重要的是必须具体分析"尊"什么、"反"什么。我给这次会议提交了文章,强调"文化的创造与发展,不可能建立在虚无的基础上。我们只有正视并通过正确处

---

① 拙著《废墟上的家园》,"走近历史(代序)",上海人民出版社,1999年。

理文化发展中的历史连续性,才能继往开来"①。

2000年之后,笔者个人的惯性思维也终究没能刹住。这就有了收入本集的《和谐社会与构建礼仪之邦》与《儒家礼文化及其现代回响——在复旦大学儒学文化研究中心的演讲》等文章。前者收入2005年在上海崇明学宫举办的"儒家文化与和谐社会"研讨会论文集。后者系演讲稿,是本人在2007年12月11日应复旦大学儒学文化研究中心之邀,参加"儒学文化"(系列)讲座后的整理文本。该文由这个儒学文化研究中心挂在网上,7年后被《解放日报》"思想者"栏目看中,再做润饰后发表。

1995年,笔者尝试以"礼学"来概括包括礼制研究在内特定的一个学术领域,"还原"一门自孔子删订"六经"、讲授"六艺"以后一直存续并不断衍变的传统学问。研究心得一篇发表于《复旦学报(社会科学版)》,另一篇发表于同仁刊物《原道》②。本论集选入了前一篇,即《中国礼学史发凡》。本文发表后被选入前述《二十世纪中国礼学研究论集》。

2006年,日本关西大学迎来建校一百二十周年,本人受邀出席校庆报告会,并发表《〈朱子家礼〉与中国礼学的若干问题》,与几年前的那场报告前后相续。其时有关方面也召开了"第三届上海文庙儒学研讨会",我未及与会而将《〈朱子家礼〉与中国礼学的若干问题》的中文稿给了组委会,后编入会议论文集。

也是2006年,喜逢浙江大学经学大家沈文倬教授九十华诞,浙江大学古籍研究所为之主办了带有贺寿性质的"礼学与中国传统文化"国际研讨会。我草就《略论礼学在现代中国的重构》短文一篇,因杂事干扰也只能在会议开幕后匆匆赶至杭州的会场,向只

---

① 拙稿《重建礼仪之邦与开掘传统礼文化的资源问题》,收入《上海首届儒学研讨会》学术论文集(铅印工作文本),1997年11月,上海文庙。
② 拙文《礼学研究刍议》,陈明主编:《原道》第3辑,中国广播电视出版社,1996年。

读过其文字却素未谋面的沈先生,献上深深的敬意。这篇文章在时间维度上延展了我对中国礼学的思索,提出古代礼学在现代继续开拓与重构的可能。三年后,一辈子淡泊明志、从容向学的沈先生悄然离世,礼学(这里的重点落在"三礼"之学)转型中的一个时代随之逝去。那次庆祝九十寿辰的研讨会期间,得与先生亲切晤谈,实乃荣幸,更留下难忘记忆。

路漫漫其修远兮。

七

因缘际会。在人生的旅途上,由于这样、那样的原因,我进入礼学领域,进而持续工作积三十余年。这篇序文,力求简明地交代本人在这个方面求学、治学的若干背景,运思、撰文的某些理路与脉络,同时也对文章编选的着眼点有所指陈,以方便读者诸君的阅读。孰料一下笔,就达万言,希望这也能留存一份真切的记录。

2020年庚子大疫,此乃17年前"非典"之后又一次传染病引起的灾难,空前惨烈。本人任职的博物馆临时闭馆迄今已约一个半月。原定工作计划无奈调整,有的取消,干部、员工们转入轮值或居家办公。病毒肆虐之时,闭门静思,我也稍微有暇完成这本《中国古代礼学论集》的编选和自序的撰写。颇有趣的是,大约2月25日起,微信群、朋友圈纷纷转起两张照片,事由是几天前浙江绍兴中心医院一位3岁小患者治愈出院,为表感激向护士阿姨鞠躬致敬,护士同样恭敬回礼。有人找出了一百多年前类似的一张两人相对、俯身行礼的照片,讲的是杭州广济医院(今浙江大学医学院附属第二医院的前身)创始人梅藤更先生,顺势给小病人回礼(有点像作揖之状)。两张照片动作相仿,情景近似,穿越一个世纪,勾连起历史与现实。这是鲜活的"礼文化"百年相承的故事吧,众人为之打动,也为之传颂!我倍感在这样一个特殊的时候,思考礼学问题仍然是很"接地气"的。

朱熹《鹅湖寺和陆子寿》云:"旧学商量加邃密,新知培养转深沉。"我略加改动,移用作本序的标题。

2020年3月7日写毕

礼俗与中国文化

礼俗是中国独特的文化现象。这不仅因为中国的礼仪风俗与其他国家不同,更重要的是,礼俗在中国文化中耦合成一个特有的系统,发挥极重要的功能,并以矛盾运动的态势影响和制约历史的发展。以往的中国礼俗研究大都着眼于礼俗的事象[1],未有深一层次的挖掘。为此,本文拟作进一步的探索。

一、礼俗:一个复合形态的系统

"礼俗"作为一个专门词汇很早就已出现。《周礼·天官·大宰》讲:"以八则治都鄙。……六曰礼俗,以驭其民。""礼""俗"还经常成双配对地出现,如《礼记·曲礼》说:"君子行礼,不求变俗。"这反映了中国古人具有把礼俗(礼、俗)联系起来进行思考和观察的思维特点。清代孙诒让曾批评汉代郑玄和唐代的贾公彦等人,认为他们把《大宰》篇中"礼俗"视作一物是犯了错误,"礼俗当分为二事。礼谓吉凶之礼……俗谓土地所习,与礼不同……郑、贾合为一,失之"[2]。孙诒让指出礼、俗的不同是对的,但否认礼、俗相互关联的事实,却非正确。

---

[1] 近代人文科学意义上中国礼俗的专门研究,始于柳诒徵,他著有《中国礼俗史发凡》。尔后,20世纪40年代邓子琴撰《中国礼俗学纲要》,70年代台湾何联奎著《中国礼俗研究》,两书在礼仪风俗事象的论述方面颇多建树。
[2] 孙诒让:《周礼正义》第1册,中华书局,1987年,第71页。

事实上,"礼俗"是一个具有多重意蕴的词汇。它既可指称礼、俗两种事物,如孙诒让;又可把礼、俗作同一事物进行概括,如郑玄、贾公彦;还可作"以礼节俗"解,即从动态中进行把握,现代的一些研究者特别坚持这个观点①。"礼俗"一词,就语言文字本身讲,是凭借了汉语的一种特殊功能,即易于张大语词的多义性和表达的隐喻性②;从认识发生的角度讲,则是事物客观属性的一种反映,是对现实世界的认识结果。

俗,《说文解字》训作"习也";郑玄《周礼注》释为"土地所生习也";《汉书·地理志》以"好恶取舍动静无常,随君上之情欲,故谓之俗"解之。总括而言,俗是地域性很强的自然生成的习俗,具有地方性、易变性、多样性等特点。俗先于礼,礼本于俗。礼一经形成,成为一种"理想形态"的行为规范,并凝结成典章制度③,就与俗有了明确的分野。但是,"道德仁义,非礼不成;教训正俗,非礼不备"④,礼对俗具有极大的渗透、影响和制约力量,人们在实践礼的活动中,将礼作为指导原则融进习俗,从而将礼和俗不同程度地统一起来。比如,汉民族的一些婚丧祭祀活动(如"五服制"),就表现为既是礼,又是俗,"礼俗之界,至难划分"⑤。因此,礼与俗的关系,既有差异性的一面,又有同一性的一面。正是这种差异性和同一性的共存,在历史的过程中,"礼""俗"才联结在一起成为一个专门词汇。作为一个特定的认识范畴,它是对现实关系的一种概括

---

① 何联奎在《中国礼俗研究》中认为:"以礼节俗,则为礼俗。"(台湾中华书局,1973年)
② 汉语所具有的这种特征,最近几年已为一些研究者所注意。可参见甘阳:《从"理性的批判"到"文化的批判":从卡西尔的〈语言与神话〉谈起》,《读书》1987年7期。
③ 汉语"礼"字的含义极丰富,大致可概括为如下几点:(1)"礼,体也。"礼是一切事物之本,对国家是立治之本,对个人是治身之本。(2)"礼,序也。"礼可以"定亲疏,决嫌疑,别同异,明是非"。(3)"礼,履也。"它是人们必须切实照此去做的原则、规范。(4)"礼,理也。"礼必须合乎道理。宋明理学家对此大加发挥。(5)"礼,养也。"礼是节制人欲的手段。
④ 《礼记·曲礼》。
⑤ 柳诒徵:《中国礼俗史发凡》,《学原》第1卷第1期,1947年。

和把握,并不仅仅是现代汉语"礼仪"和"风俗"两个词汇的简单缀合。在历史发展过程中,中国人对礼俗关系的把握演化成为一种对社会调控的机制,并使礼俗之间存在一种有目的的双向调适,从而使礼与俗在中国文化的大系统中,耦合成一个复合形态的子系统。这是十分值得研究的问题。

《周礼》认为,治理都鄙(周代的食邑和采邑)有八个要点,其中第六点是:"礼俗,以驭其民。"可见利用礼俗来调控社会,其重要性很早就被统治者发现。王安石在《周官新义》中曾有一段精辟的阐述:"礼则上之所以制民也,俗则上之所以因乎民也。无所制乎民,则政废而家殊俗;无所因乎民,则民偷而礼不行也。……礼俗以驭其民者,其民所履唯礼俗之从也。"①这段话非常明确地指出不能单纯靠礼来"驭民"。宋代另一位著名学者杨时在注《周礼》时也有过相似的议论:"五方之民皆有性也,其安居、和味、宜服、利用、备器,不可推移。先王修礼以节其性,因之以达其志,通其欲为之节文,道之使成俗也。以是驭之故无殊俗,离而二之则非矣。"②鲜明地表示"礼"(制民)和"俗"(因民)的两手不可偏废。

当然,在具体的社会活动中,对"礼"和"俗"(制民和因民)的把握会有畸轻畸重。但是,总的看来,在中国古代社会,以礼节俗是一个普遍的取向,礼对俗的作用是有所节制,而非取而代之,完全否定和抹杀社会习俗的丰富多样性。正因如此,在中国的文明史上,一方面或许是礼教的旗帜高扬,另一方面非礼、违礼的现象却总是大量存在。这既是因为非礼、违礼的现象事实上不可能禁绝,同时也是由于推行礼教和礼制的人,在"礼"和"俗"之间总把握着一个"度",这个"度",用典雅一点的话来说明,可叫作"礼从宜"③,

---

① 王安石:《周官新义》,台湾商务印书馆《景印文渊阁四库全书》本。
② 引自明代王志长:《周礼注疏删翼》,台湾商务印书馆《景印文渊阁四库全书》本。
③ 《礼记·曲礼》。

即适可而止。它实际上就是统治中国的"术"。

至少也是从周代开始,中国就有了一个很独特的传统:上层人物要到民间去"采风"和"观俗"。他们的任务一是用礼推行教化,"移之风,易之俗",二是要把民间存在的问题反映上去。这种雅文化与俗文化、庙堂文化与民间文化之间存在沟通的传统(这是中国文化很有趣的一个秘密),使礼与俗能够有目的地互相调适。仅就礼这一方面而言,既可"缘人情而制礼"或"礼失而求诸野",也可根据现实情况的变化,对礼进行损益和调整,比如后来《朱子家礼》就将传统的婚姻"六礼"改为"三礼"。

通过以礼节俗,和礼俗之间的互相调适,礼俗便逐渐耦合成一个复合形态的系统。它的基本特点是:礼对俗进行渗透和制约,但礼俗又不完全趋同,某些方面甚至对立;礼对俗要给予规范,俗又欲冲破礼的约束,两者形成一种张力和互动。

二、整合功能、导向功能

礼俗构成复合系统在中国文化中所起的作用是巨大的,这里就两方面试予分析。

1. 整合功能

礼俗系统具有一种能够融汇不同源流、不同族属、不同性质的文化,使之互相适应、消除彼此振荡和干扰,达到"天下一统"的作用力。中国文化既能兼容并蓄,又能维持"大一统";既存在差异性,又表现出共同性;既是多元化的,又是一元化的,与礼俗复合系统的整合功能有着密切的关系。

中国文化的发生是多源的。就先秦时期的地域划分而言,并峙而立的有三晋文化、齐鲁文化、关中文化、荆楚文化、巴蜀文化、吴越文化等。这些地域性文化发展到汉代,融合成一个文化共同体①。促使这种融合的一个重要因素,便是有一套共同的礼仪制度将它们"统一"起来。《史记·礼书》记载:"至秦有天下,悉内(纳)六国礼仪,采择其善。……(汉)叔孙通颇有所增益减损,大抵皆习秦故。"作为用礼来规范人们思想观念和行为方式的一种努力,汉代还完成了"三礼"(《周礼》《仪礼》《礼记》)的整理,进行了系统的笺注。当礼的典章制度和行为规范全面确立以后,"宰制万物,役使群众"②,便有人发出"天下为一,万里同风"③的感慨了。但是,在这个文化共同体中,是否一切都变得整齐划一了呢?没有。《汉书·地理志》展示了另一幅"十里不同风,百里不同俗"的画面:全国各地区到处流播着各式各样的、不符合礼教和礼制的习俗。这些形态、内涵各异的习俗,与礼制、礼教并没有发生特别激烈的冲撞和激荡,礼制、礼教在"求同"的同时,也能够"存异"。中国文化的这种兼有统一性和多样性,在以后各朝各代都普遍存在。只消对照历史上有关礼仪和风俗的记载,如《隋书》的《礼仪志》和《地理志》,对此就可有所感受。这正是礼俗复合系统的一个效应。

汉代以后,儒、释、道开始在中国多元并存,互相影响,互相渗透,逐渐走向"三教合流"。这一文化现象,在最近几年有关中国文化的讨论中,经常被人提及;而且,在精英文化的层面(如哲学领域),也已作出较深入的论述。笔者以为,如果结合礼俗系统的整合效应进行分析,对这个问题会有进一步的认识。

南北朝隋唐以降的"三教合流",是社会发展的一个大趋势,不仅反映在哲学层面,也反映在民间的生活方式中;其中在丧葬领域尤为引人注目。虽然被规定在《仪礼》《礼记》中的儒家传统丧葬礼

---

① "文化共同体"概念与"国家"不同。
② 《史记·礼书》"太史公曰"。
③ 《汉书·终军传》。

的基本程序,一直被社会沿用,但佛、道、阴阳家对民间丧葬活动的影响,也逐渐加深。到了宋代,民间丧葬活动既受到传统丧葬礼的强劲规范,比如《司马氏书仪》《朱子家礼》和《政和五礼新仪》,对丧葬礼的程序,从初终、复、易服、讣告、沐浴、置灵座、吊酹,到小敛、大敛、成服、朝夕奠,再进入葬礼阶段等,都有详尽的规定;同时,又融合、杂糅了大量佛、道、阴阳家的观念与方式。首先,火葬流行。司马光在《书仪》中感叹:"(火葬)出于羌胡之俗,浸染中华,行之既久,习以为常,见者恬然,曾莫之怪,岂不哀哉!"其次,"有丧之家,多命僧道诵经、设斋、作醮、作佛事"①。《书仪》也反映,"世俗信浮屠诳诱,于始死及七七日、百日、期年、再期、除丧,饭僧,设道场,或作水陆大会,写经造像,修建塔庙,云为此者,灭弥天罪恶,必生天堂,受种种快乐;不为者,必入地狱,剉烧舂磨,受无边波吒之苦。"皇家帝室也崇尚这种风气②。另外,宋人还相信葬师之说,请阴阳家相葬地、卜葬日。宋代丧葬活动呈现出的这种色调,为后世承袭。面对佛、道、阴阳家观念和方式的渗透、浸染,在现实生活中,宋儒一般予以默认和接受。但是,在礼的问题上,他们则表示了不可侵犯、坚决维护的态度。例如《书仪》和《朱子家礼》对佛、道、阴阳家都给予抨击,认为"凡人所贵身后有子孙者,正为收藏形骸耳",行火葬是子孙的"悖谬";世俗社会相信葬师之说,"愚惑可谓甚矣"。两书对冠婚丧祭和其他日常家用礼仪重新作出规定,表明了对佛、道、阴阳家行为方式的否定。就这样,历史上出现了这种情况:一方面是"三教合流",一方面是用礼来保持与佛、道的泾渭分明。在典章制度的层面上,礼坚决地维护了中国传统社会的宗法、专制制度,以及与之相关联的一套行为规范。这说明儒、释、道的融合,只能在一个特定的模式中进行;如同哲学领域是援佛道入

---

① 王栐:《燕翼诒谋录》。
② 参见《司马温公文集》卷四。

儒,在实际生活中,也是以儒家的观念和方式为基准,兼容佛、道。

2. 导向功能

感染和模仿是民俗产生的心理基础;礼俗的承袭,除了需要依靠感染和模仿,还需要凭借强劲的规范和有意识的教化。因此,较之一般的民俗,礼俗复合系统强化了它的导向功能。具体而言,它在中国文化中起着凝聚民心、以夏化夷、增强传承力和再生力的效应。世界上许多光辉的古文明都形成断层,唯有中国文化直贯古今,成为人类文明史上的一个特例,这特别受惠于礼俗复合系统的导向功能。

在中国古代社会,从军国大事到百姓的日常生活,礼都给予详尽的规定,秦汉以后,儒家的礼教思想更是影响和支配了人们的思想意识、行为方式。以礼节俗,使社会行为趋于规范化、系统化、有序化;在这个过程中,社会也形成了对礼俗的认同心理。这种认同成为华夏民族的共同心理素质,是民族构成的基本要素之一;就连华夏民族的名称也体现着这种认同,所谓"中国有礼义之大,故称夏;有服章之美,谓之华。华、夏一也"[①]。如果说,"中国"更多地属于一个地域性概念,"华夏"则意味着代表了一个文化共同体,而礼俗就是该共同体区别于其他文化集团的一个根本性标志。因此,孔子在评价管仲时就曾说:"微管仲,吾其被发左衽矣。"[②]他以为一旦改变了礼俗,必然出华夏而入于夷。

秦出自戎狄,习俗与中原有别,所以春秋时常受人鄙视;及至秦强大以后,仍有人借礼俗上的差别,辱骂秦为虎狼之国。秦文化最终得以融入华夏文化,一个重要的原因,是它对华夏的礼俗采取了认同的态度。商鞅变法明确主张"因事而制礼"[③]。秦建立统一

[①] 《左传·定公十年》孔颖达疏。
[②] 《论语·宪问》。
[③] 《史记·商君列传》。

的帝国后,更是"悉纳六国礼仪,采择其善"。赵武灵王推行"胡服骑射",表面上是遵从了蛮夷的习俗,而实质上是以华夏的礼俗为本,去接纳少数民族的某些文化因素。他本人就说过,他的目的在于"观时而制法,因事而制礼"①。在以后的两千多年历史中,中国曾发生过数次少数民族大规模入主中原,但中国文化都没有出现在西方曾经上演过的先进民族文化被落后民族武力破坏殆尽,甚至不复存在的惨剧,而是不断地重复这样的过程:武力上取得胜利的少数民族,逐渐向华夏礼俗认同;至少是双方的礼仪风俗并存一体。据记载,辽朝有《辽礼仪志》,"皆其国俗之故";又有《辽朝杂礼》,以"汉仪为多"②。金朝统治者占领北方后,曾"命官参校唐、宋故典沿革,开'详定所'以议礼"③。金朝还编纂有《集礼》④。蒙古人统治的元朝,礼制参用蒙、汉⑤;其中冠服车舆之制,则"近取金、宋,远法汉、唐"⑥。满族入关,顺治三年(1646),清世祖即"诏礼臣参酌往制,勒成礼书,为民轨则"⑦。以后更有《钦定大清通礼》的颁行。

中国社会在经历了每一次大的动荡之后,新掌权的统治者总是注意整饬风俗,编订礼制,使朝廷官员和全国百姓以固有的方式生活。传统礼俗能够消除动荡,给人以社会安定感和相互间的亲近感、信赖感,使政权得到巩固。由此,中国社会能够由乱变治,从分到合,不断地治乱相替,分合相迭,而不是一"乱"便不可收拾,一"分"就永不再统一。每一个新建立的王朝都要向传统礼典寻找精

---

① 《战国策·赵策二》;《史记·赵世家》。
② 《辽史·礼志》。
③ 《金史·礼志》。
④ 据《四库总目提要》:《金集礼》"不著撰人名氏,亦不著成书年月。据黄虞稷《千顷堂书目》,盖明昌六年礼部尚书张玮等所进"。
⑤ 参见《元史·礼乐志》。
⑥ 《元史·舆服志》。
⑦ 《清史稿·礼志》。

神上的支柱、心理上的依靠,寻找行为的准则和规范。因此,从所谓的"周公制礼",到"三礼"的集结,到唐代的《开元礼》,到宋代的《太常因革礼》《政和五礼新仪》,再到明代的《集礼》,清代的《通礼》,不断地"推陈出新",而中国农业宗法社会所特有的顽强生命力也在此中不断地再生和绵延。

三、矛盾运动:发展与停滞

从共时态角度考察,礼俗在中国文化中耦合成一个复合形态的系统;从历时态角度分析,礼俗的对立在中国文化中构成了一种基本的矛盾运动。礼要给俗以规范,俗又要冲破礼的约束。这对矛盾如果从礼形成之时算起,直到它在近现代逐渐消亡[①],其间几千年一直贯穿于中国文化发展的全过程,影响和制约了历史的进程。

中国古代文化,从它的发生一直到晚清的式微,始终处在不同源流、族属、性质的文化的融合中,每一次文化高峰的出现,前面都有一次文化的大融合为其铺垫。汉代文化的勃兴是先秦各种地域文化交汇的产物;唐代文化的鼎盛,是从所谓"五胡乱中华"开始的异族文化输入,经过各民族长期融合的结果;宋代文化的繁荣,既得益于民族的融合,还有儒释道互相影响和渗透提供动因。可以说,如果离开了不同文化的互相碰撞、刺激和涵化,中国文化不会有如此绵延不绝、代有高峰出现的生命力。而不同文化的碰撞实际上又常常在礼与俗的矛盾斗争中表现出来。

礼俗在其矛盾运动中,自身也发生着变化,并影响系统和功

---

① 直到1943年,中华民国政府还曾在成都附近的北温泉,征召中枢机关及中央礼乐馆的职员等,制定新礼草案,名《北泉议礼录》。

能。这大致经历了四个阶段。(1) 从礼脱胎于祭祖的仪式①,到春秋战国礼崩乐坏。这一阶段的礼,以周礼为典型。它与宗法制相联系,主要用于规范贵族的行为和交往②;以人情为本,以节仪为文③。(2) 春秋战国时期,社会激剧变化,风俗人情大异于前世。面对社会的"失范"状态,思想家们纷纷发表对礼的见解,给礼注入新的内容,像孔子、荀子分别援"仁""法"入礼,使礼获得新的生命力,继续规范、制约社会生活。这一阶段一直延续到唐代。其间汉代"三礼"的整理和注释意味着被改造、加工过的礼,再次在社会生活中确立了指导地位。到唐代,出现官方颁定的一百五十卷的《开元礼》,完成了中国礼制的法典化④。(3) 中唐以降,人身依附关系减弱,商品经济因素增多。发展到宋代,人情风貌又发生很大的变化,反映到被称为"礼之大者"的婚丧活动中,越礼逾制的现象十分普遍。如同春秋战国一方面是礼崩乐坏,一方面是复兴礼的呼声四起,宋代也出现了关于礼的炽烈讨论。讨论的结果,是肯定"礼即理",而"理"即是"天理",从而把礼确立在哲学的本体论基础上。"礼即理"成为以后"存天理,灭人欲"的张本。唐宋之际礼的形态也有变化,那就是民间通用礼的酝酿产生⑤。这标志着宋代以后礼的功用,重心已落在对民间生活的规范和约束上。这个阶段延伸至晚清。(4) 晚清以后,伴随闭守的国门被轰破,西方的政制、法制被引进中国,中国社会从经济基础到上层建筑都发生了前所未有的变动,礼逐渐开始退出历史舞台,礼俗复合系统缓慢地消

---

① 《观堂集林》卷六《释礼》:"盛玉以奉神人之器谓之若丰,推之而奉神人之酒醴亦谓之醴,又推之,而奉神人之事通谓之礼。"
② 有"礼不下庶人,刑不上大夫"一说。但更重要的是,当时庶人在社会生活中影响不大,故不是施礼的主要对象。
③ 《礼记·问丧》:"人情之实也,礼义之经也,非从天降,非从地出,人情而已矣。"
④ 朱维铮先生对中国封建制度的法典化作过论述,参见《走出中世纪》,上海人民出版社,1987年,第21—22页。
⑤ 参见拙稿《〈书仪〉、〈家礼〉研究》,复旦大学硕士学位论文稿本。

解。不过,尽管披着古老外衣的礼渐渐隐去,在中国现代社会的各个层面,还是能够经常看到"礼"的原型,直到"十年动乱","四人帮"把马克思主义篡改歪曲成极"左"的教条,并奉之为"天理",其中还可以找寻"礼"的踪影。

从上面粗略的考察,可以看到中国礼俗矛盾运动的一个总趋向:礼对俗的箝制力不断加强。从把礼当作一种产生于人情的仪节和规范,发展到礼成为道德的约束力,再到礼与法结合起来,再到礼被抬升至"天理"的高度。如果说唐代以前,礼在中国文化中还具有很多的灵活性,许多人都表示应该"礼从宜""礼从俗"①,而在宋代以后,礼就变得越来越僵化,及至明清,竟发展到"礼教吃人"的地步。随着礼对俗的箝制不断加强,礼俗系统的整合功能渐趋弱化,于是,宋代以后就再也没有汉、唐那种闳放的气象;同时,礼俗系统的导向功能则愈加强化,驱使中国文化朝着既定的方向迟缓地向前,造成死的拖住活的,扼杀新生力量。中国礼俗复合系统既增强了传统文化的稳定性,又在历史的进程中起了保守作用,滞缓了文化的发展。

四、结语:中国传统社会是礼俗社会

借鉴、参照和套用西方文化理论中的概念、范畴来分解和诠释中国文化,是目前研究中常见的一种做法,这对于中国学术界的现状来讲,无疑非常自然并且带有积极的意义。然而,随着研究的推进,如何从中国文化自身寻绎范畴类型,从而更准确、更实在,也更深入地认识、把握中国文化独特的结构、特征和发展机制,其重要性也日益凸显出来。本文就是在这样的思想指导下,尝试从"礼俗"这一特定的范畴入手剖析中国文化。也是基于这种目的,笔者

---

① 《慎子·佚文》。

倾向于把中国传统社会称作为"礼俗社会"。

中国传统社会不同于西方古代社会依恃宗教,也不同于西方现代社会依恃法律,而是利用礼俗进行调控。在礼俗复合系统的矛盾运动中,中国人形成了自己民族独特的价值观念和心理素质,形成了独特的思维方式、抒情方式、行为方式,形成了独特的创造力,从而,中国的历史和文化表现出有别于异邦的特点。

认识和评估中国礼俗社会的发生、发展和其种种长短得失,对于思考我们将迎来怎样一个现代化的未来社会,是会有裨益的。比如,在一个更具有普遍性的意义上,礼象征的是社会的文化规范,俗代表的是人的生物本性,中国古人对礼俗关系的认识和把握,其实是对于如何调解、处置文化规范与生物本性之间的矛盾,在历史的过程中做出的选择;那么,面对文化规范与生物本性这一对人类永恒的矛盾,走出了传统社会的我们,又将选择怎样一种理想中最佳的调解、处置方式,又能从历史中得到一些什么启悟呢?具体说,西方的法制能否完全植入中国;法律(law)的手段在中国未来社会应该和将会起什么作用、扮演怎样的角色……诸如此类的问题,值得进行很好的思索。

(原载《复旦学报(社会科学版)》1990年第3期)

中国礼学史发凡

在中国现代史学史上,礼学史是一个弱项。尤其在20世纪50—70年代,礼学史研究在大陆学术界近乎沉寂。最近十余年,情况有所改变,有关的论著不时地问世。但目前的研究状况,仍属于局部的个案的探讨,有系统的研究工作尚付阙如。不仅如此,即使是礼学史的总体框架,以及建立在这种框架之上的研究的基本思路,也都未见有人提出。笔者不揣谫陋,撰此发凡,陈一己之见,与学界同仁共商讨。

一、分类与界域

在礼学的名下,所指往往不一。换言之,礼学之名包含着狭义的、广义的多重意涵。为了给礼学史确定界域,我们将礼学划为四类:礼经学、礼仪学、礼论、泛礼学。

礼经学　它的研究对象是礼经以及其他儒家经典中记载的礼,属于经学的范畴。礼经是指《周礼》《仪礼》《礼记》这三部礼书。有关"三礼"互相之间的关系及其地位,历史上颇存歧说:有的奉《仪礼》为"经",视《礼记》为"传"(朱熹);有的尊《周礼》为"经礼",称《仪礼》为"曲礼"(郑玄);也有的以《周礼》为"礼经"(韦昭、颜师古);还有的则斥《周礼》为"伪书"(胡安国、胡宏)。鉴于"三礼"在古代都曾成为钦定之"经",所以今人站在礼学史的立场,可以将它们都唤作礼经①。此外,《大戴礼记》《逸礼》(已佚)也是儒家重要的经典作品,并且,《逸礼》在汉代曾立于学官,《大戴礼记》与《礼记》(即《小戴礼记》)在传授上有渊源关系(是否曾立于学官说法不一),故也可将它们泛称为礼经。要而说之,礼经学即研究这些礼经的专门之学,其主干是"三礼"学。

除了礼经,礼经学还涉及对其他儒家经典("十三经")中记载的礼的研究。像〔宋〕张大亨《春秋五礼例宗》、〔清〕凌曙《公羊礼疏》、〔清〕侯康《谷梁礼证》(未完帙)、〔民国〕张其淦《左传礼说》,即属礼经学。

礼仪学　礼经学的侧重点在"经",礼仪学则在"仪"。后者包含两方面的内容:仪制的撰作和仪制的研究。秦汉以降,几乎每一个朝代都要制定本朝的礼仪制度,有的还形成礼典,著名的如《唐开元礼》《政和五礼新仪》《明集礼》《清通礼》。在官修礼书之外,历史上还出现了大量的由私人编撰的有关冠婚丧祭仪制和日用伦常的家礼、乡礼类著作,像〔宋〕司马光《书仪》、〔宋〕朱熹《家礼》、〔明〕黄佐《泰泉乡礼》。无论官修还是私纂,编订这些礼书的主观意图往往十分明确,是想借此确立仪制的规范,指导现实生活中的礼仪活动。与上述仪制的撰作旨趣有违,仪制的研究,仅着意于搜辑考订。它们对繁琐的名物、制度、礼节,或述或考,或明其沿革,或究其礼意,却并不图以用于实施。像〔唐〕杜佑《通典》中的《礼典》,〔元〕马端临《文献通考》中的《郊社考》《宗庙考》《王礼考》,〔清〕秦蕙田的《五礼通考》,就属此类。

礼论　它是对礼的本质、价值、功能和历史作用等问题进行理

---

① 在传统礼学研究中,所谓"礼经"一般是指《仪礼》(如凌廷堪《礼经释例》、邵懿辰《礼经通论》)或《周礼》(如叶时《礼经会元》)。今人蒋伯潜在《十三经概论》中还曾申言:《礼记》是"记"非"经"。然而,这都是从三部著作互相之间的关系和地位立言的。又,今人有称"三礼"为"礼经"、"三礼"学为"礼经学"的,如周予同。见周著《朱熹》(上海商务印书馆,1929年)第四章第四节"礼经学"。

论性的论证和阐发。载录于《论语》和《礼记》诸篇的孔子礼学,就基本上属于礼论。荀子以及北宋李觏的礼学,也是典型的礼论。礼论常散见于经、史、子、集各种著作及篇章之中,不似礼经学、礼仪学多专著、专篇,显得繁杂散漫。对这一类礼学,礼学史可择其有影响者加以探讨。

泛礼学 即泛化的礼学。在古代中国,礼几乎是无所不包的社会生活的总规范,影响、浸淫至制度、器物、行为、观念、心态各个层面,以至于可以说,中国社会处处有礼学,研究中国文化处处会遇到礼学。比如,称谓尊谦、姓氏等级、避讳习俗,就曾经是一门不可或缺的"礼"学。再以儒家经典"六经"言,皮锡瑞《经学通论·三礼》就说:"六经之文,皆有礼在其中。六经之义,亦以礼为尤重。"近代礼学专家曹元弼也说:"六经同归,其指在礼。《易》之象,《书》之政,皆礼也。"[①]礼在中国社会的泛化现象,滋生了泛礼学。

承上所述,礼学,狭义的是指礼经学;扩而言之,包括礼仪学和礼论;再推而广之,就成为广义的礼学,它涵括泛礼学。中国礼学史,应以泛礼学为铺垫、作衬托,而集中于礼经学、礼仪学、礼论这三类礼学的研究。

礼学不同于礼制或礼俗,它的特点在"学",其表现形式是著述或言论。那么,中国礼学史的研究对象,当然就是历史上的礼学文献。这又以专门的著作和篇章为主,旁涉各种信札、诏令、奏议等等内容。

从文献目录学的角度,对礼经学和礼仪学该如何定位?《隋书·经籍志》所确立的四部四十类是我国古代比较成熟的图书分类法,后来历代官修史志、官簿、私家书目均以此为依据。《隋书·经籍志》的经部"礼"类,大致就是本文所说的礼经学;史部的"仪

---

① 曹元弼:《礼经学》卷四《会通》。

注"类,大致就是礼仪学。《隋书·经籍志》的经部"礼"类,上承《汉书·艺文志》六艺略的"礼"和〔梁〕阮孝绪《七录》经典录的"礼"部(六艺略、经典录相当于四部分类法中的经部)。《隋书·经籍志》史部所设"仪注"一目,可溯源至《七录》记传录的"仪典"部。在《汉书·艺文志》中没有与"仪典""仪注"相接近的类目,这表明礼仪学在西汉尚未发育成熟。《隋书·经籍志》经部"礼"类著录书籍共 136 部 1 622 卷,通计亡书合 211 部 2 186 卷,居"六艺经纬"之首①;史部"仪注"类著录汉魏以来历代王朝有关礼仪制度的著作共 59 部 2 029 卷,通计亡书合 69 部 3 094 卷。

经部"礼"类在以后的古代书目中相沿不变,史部"仪注"类则有变化。在清朝乾隆修《四库全书总目》以前,史籍目录均依《隋书·经籍志》设"仪注"。另有书目标题为"典章""礼注""仪典",它们与"仪注"相通。《四库全书总目》史部设"政书"类,将"仪注"改为"典礼"列入"政书"子目。同时,在"政书"下又设"通制"子目,列于"典礼"之前。"通制"收入《通典》(《宋史·艺文志》将其归在子部类事类)、《文献通考》(《千顷堂书目》将其归在史部典故类)、历代会要(《宋史·艺文志》将"会要"归在子部类事类)等书。这些书的部分内容,也属于礼仪学(系仪制的研究、记录)。

我们将目录学四部分类法中的经部"礼"类对应于礼经学,将史部"仪注"类或史部"政书"类的"典礼"、"通制"(部分)对应于礼仪学。这当然仅出于一种粗略的比较,不能作为绝对的准绳。本文对礼学的分类,与古代目录学的分类,由于在出发点和衡量标准上都存在不同,所以对比中的出入在所难免。试举一例。《四库全书》"礼"类分六个子目——"周礼""仪礼""礼记""三礼总义""通礼""杂礼书",共收入著作八十三种。其中纳入"杂礼书"的《书仪》

---

① "易"类只有 69 部,"书"类 32 部,"诗"类 39 部,"乐"类 42 部,"春秋"类 97 部,均远远低于"礼"类,由此可见礼经学的昌盛。

《家礼》《泰泉乡礼》,按我们的分类,明显地应归进礼仪学。

礼经学、礼仪学、礼论以及泛礼学这四者之间的分野具有相对性,因为它们的内容有时会交错杂糅地并存在一起。像朱熹的礼学,就包括了礼经学、礼仪学、礼论三方面的内容;朱熹所撰的《仪礼经传通解》,具有礼经学和礼仪学的双重特点。事实上,四类礼学的分判标准本身就不是绝对的。举一个例子,《仪礼》在汉代成了"经",但若放在先秦的话,它的特点又表现为"仪"。《仪礼》可视作礼仪学的开山之作,只是从整个礼学史发展的角度,我们将《仪礼》归进礼经学。

总之,我们是尝试从总体上给礼学进行分类。这样做有助于把握礼学的内涵,并对中国礼学史研究的对象、基本范围,给予比较明确的界说。

二、发展阶段及其主要特点

中国古代礼学的发展,可划分为四个阶段:先秦、两汉、魏晋南北朝隋唐、宋元明清。

(一) 先秦礼学的发展有两条主要线索,一是"三礼"的撰述;一是礼论由萌蘖到成熟(形成学说)。对于"三礼"的作者和成书过程,历代学者争讼不已。现在一般地可以认为:《周礼》系战国时人参考西周、春秋时代的文献以及当时的现行制度,又掺合作者的理想写成的[①]。《仪礼》是先秦各项礼仪的记录汇编[②]。至于《礼

---

① 郭沫若《周官质疑》(载《金文丛考》)、范文澜《经学讲演录》(载《范文澜历史论文选集》)、顾颉刚《"周公制礼"的传说与〈周官〉一书的出现》(载《文史》第六辑)、杨向奎《宗周社会与礼乐文明》(人民出版社,1992年),均持此说。其中顾颉刚、杨向奎进一步认为,《周礼》出于齐国,与法家有关。但也有不同的意见,如彭林博士论文《〈周礼〉主体思想与成书年代研究》(中国社会科学出版社,1991年),则以为《周礼》成书于汉初。
② 据沈文倬《略论礼典的实行和〈仪礼〉书本的撰作》(载《文史》第十五辑、十六辑)一文的考证,《仪礼》是在公元前5世纪中期到公元前4世纪中期这一百多年中,由孔子的弟子、后学陆续撰作的。

记》,作者既有孔子后学,也有汉儒,主要篇目由西汉戴圣编定①。

对礼进行带有理论色彩的分析、说明始于何时,尚待考察。进入春秋以后,礼论得到重大发展,则有《左传》可证。《左传》出现"礼"字凡462次②,说明礼的问题已受到那一时代政治家们的高度关注。他们将礼视作重要的统治手段,认为礼是"政"的根本。他们还开始注意对礼的概念进行分析,比如提出"礼"与"仪"的区别③。

在春秋嗜好谈礼而另一方面却又"礼崩乐坏"的氛围中,诞生了孔子的礼学(鉴于孔子与《仪礼》的关系尚需考辨,这里仅述及孔子的礼论)。在现实政治的操作和策划的层面上,孔子以恢复周礼为核心的礼学思想确乎迂阔。但他从哲学本体论和社会历史观的角度,对其选择和维护周礼所作的论证,却奠定了中国文化关于生命本质与意义目标的基本观念,创拟了中国等级社会进行阶级统治却又充满道德气味的理想模式,并为古老的礼传统在秦以后重获发展生机,筑下了基本的支点。孔子的礼学思想,对后世礼学的发展以及中国历史文化的走向产生了深远的影响。这里略述三点。(1) 孔子以仁释礼,将传统的周礼与宗法制结为一体,将防民的礼制同仁、义联系起来,使之成为道德之礼,并且视之为人性自然流露的结果。由孔子开先河,先秦儒家以礼与仁规定人的本质属性,确定自我在宇宙间的位置,使"人"摆脱与自然缠绕不清的浑沌状态,形成理性化的观念(若以西方雅斯贝尔斯"轴心时代"和帕森思"哲学的突破"理论审视之,孔子的这一思想实是中国古代文明发生"突破"的引发点)。(2) 孔子强调礼是作为人的一个普遍

---

① 《隋书·经籍志》载:"戴圣又删《大戴》之书,为四十六篇,谓之《小戴记》。汉末马融,遂传小戴之学。融又足《月令》一篇,《明堂位》一篇,《乐记》一篇,合四十九篇。"
② 据《春秋经传引得》,《左传》讲"礼"字462次,另外还有"礼食""礼书""礼经""礼秩"各1次,"礼义"3次。
③ 《左传》昭公二十五年,子大叔说:"是仪也,非礼也。"

的行为准则，从而将传统的主要局限于作为贵族行为规范的礼，推向全民各阶层。缘此，中国历史上出现了在道德面前，天子与庶人一律平等的观念，"礼下庶人"的历史进程也得以开启①。(3)孔子认为礼是可以"损益"的，并以"损益"来阐释、说明中国历史与文化的继承和发展的关系。

孔子之后，荀子对礼的起源、本质、作用等问题作了详细的论述，形成相对完整的礼论的学说体系。荀子的礼论源自孔子，然而由于所处时代不同，又形成很多自己的特点。最突出的，是荀子以"法"解释礼，以"法"补充礼，将在孔子那里完全对立的礼与法结合起来。这种"礼法论"格外强调礼是外在的社会规范，并且认为，应该对士大夫"以礼乐节之"，而对庶民百姓则"以法数制之"②。荀子的礼论，成为孔子之外，后世中国礼学发展的又一重要的思想源泉。

（二）秦王朝有其"秦礼"，但在带有特定导向的文化政策下，礼学几近绝灭。这种状况影响到西汉开国后在相当长的时间里，礼学不振。唯赖少数几位人物私下的传授，《仪礼》等先秦礼书（包括若干篇章）才得以传续下来。汉武帝建元五年，《仪礼》立于学官。至平帝，又立《逸礼》。不过礼经在西汉不甚受重视。成帝时，刘向、刘歆父子校理秘籍，发现《周礼》（原名《周官》），至王莽新政，立于学官。这些礼书被立学官，表明其取得了"正经"的地位，其性质由私学变而为国教，烙上"统治学说"的印痕。同时，它们还被当作谋取利禄甚至服务于改朝换代需要的工具。东汉时《周礼》未得立学官，然而由于杜子春、郑兴、郑众、贾逵、卫宏、马融、卢植等一班经学大师为之训诂解说，《周礼》大行于世。按照东汉许慎的《五经异义》，两汉的群经各家学说，存在今文、古文两派的基本界限；

---

① 参阅拙文《"礼下庶人"的历史考察》，《社会科学战线》1994年第6期。
② 《荀子·富国》。

两派区分的标准,又在礼制。晚清廖平发挥许慎的观点,进一步指出:"今学博士之礼制出于《王制》(指《礼记·王制》——本文作者识),古文专用《周礼》,故定为今学主《王制》、孔子,古学主《周礼》、周公,然后二家所以异同之故灿若列眉,千溪百壑得所归宿。"①经学今古文问题非常复杂,是否正如廖平所言,尚可探讨②,然而有一点却是清楚的,那就是礼经学特别是《周礼》之学,在东汉经学的发展中处于枢纽的地位。从两汉之际始,学界渐以"三礼"尤其是《周礼》移释他经。及至马融、郑玄,更突出地将其他经义纳入礼学的阐释系统③。两汉是礼经学的发展、奠基时期,东汉末的郑玄是集大成者。郑玄破除经学的门户之见,博综兼采,遍注群经。其中他最重礼学,又特别尊崇《周礼》,以为《周礼》系周公亲著。郑注"三礼",乃始有"三礼"之名和"三礼"之通常排名次序(先《周礼》,后《仪礼》,再《礼记》)。孔颖达说:"《礼》是郑学。"④确实,郑氏"三礼注"构成中国中世纪礼学(包括礼经学和礼仪学)的脊柱。

　　两汉的礼论,贯穿一个主题:为统一大帝国论证建构礼治秩序的必要性。在具体的规划上,思想家们承接先秦儒家、法家关于礼、法之争的余绪,对礼、法关系再作思考,形成了德主刑辅、礼法合治的思想。西汉礼论复兴于贾谊,他"恢复了从春秋以来的关于'礼'与'法'的辩论"⑤。这种辩论在昭帝时举行的盐铁会议上,曾以比较激烈的形式爆发出来。进入东汉,类似的争辩渐趋沉寂,而隆礼之势逐渐增强。从西汉贾谊、董仲舒到东汉班固、王符、荀悦,

---

① 廖平:《四益馆经学四变记·初变记》。
② 李学勤《〈今古学考〉与〈五经异义〉》一文(载《国学今论》,辽宁教育出版社,1991年)对时下流行的今文、古文分派的观点提出了疑问。
③ 皮锡瑞曾批评马融、郑玄等人"尊信《周礼》太过,一经明而各经皆乱","古文学家即尊信《周礼》,亦但可以《周礼》解《周礼》,不可以《周礼》解各经。而马、郑注《尚书》官制服制,皆引《周礼》为证"(《经学通论·三礼》)。
④ 《礼记·月令》题《疏》。
⑤ 冯友兰:《中国哲学史新编》第3册,人民出版社,1985年,第25页。

礼与刑的主从关系在理论上得到充分的阐述。班固根据章帝时白虎观会议记录整理成的《白虎通德论》对纬书提出的"君为臣纲、父为子纲、夫为妻纲",作了更具体的规定和解释。"三纲"成为中世纪礼学最根本的指导思想。

汉代仪制的建设,始于汉初叔孙通。以后,统治者对此渐渐给予越来越多的关注,不断地加大力度。《汉书》礼、乐合志,且礼部较简,《后汉书》礼仪专志,且叙述较详,于此可见发展的走向。不过,两汉的礼仪学尚属草创,没有出现有系统、有影响的作品①。东汉末郑玄"三礼注"问世,给以后礼仪学的发展提供了可赖以支撑的基础。

(三)从魏晋到隋唐,礼仪学在吉、嘉、军、宾、凶"五礼"的框架中发展、成熟。据《晋书·礼志》:"魏氏承汉末大乱……命侍中王粲、尚书卫觊草创朝仪。及晋国建,文帝又命荀顗因魏代前事,撰为新礼……成百六十五篇。"此"新礼"又称《晋礼》,其内容以"五礼"编排。南北朝各代多"撰五礼事"。像梁武帝,"命群儒,裁成大典"——明山宾撰吉礼,严植之撰凶礼,陆琏撰军礼,贺玚撰宾礼,司马褧撰嘉礼②。隋文帝一统寰区,"命太常卿牛弘集南北仪注,定《五礼》一百三十篇"③。隋炀帝时又修《江都集礼》。经陈寅恪考证,隋礼有三个源头:梁、陈;北魏、北齐;河西④。这疏通了从魏晋到隋唐礼仪学发展源流关系中极其重要的一环。在隋礼和初唐《贞观礼》《显庆礼》的基础上,唐玄宗开元盛世又纂修了《开元礼》。"由是,唐之五礼之文始备,而后世用之,虽时小有损益,不能过

---

① 《旧唐书·礼仪志》云:"(西汉)五礼无著定之文。……光武受命,始诏儒官,草定仪注,经邦大典,至是粗备。汉末丧乱,又沦没焉。而卫宏、应仲远、王仲宣等掇拾遗散,裁志条目而已。东京旧典,世莫得闻。"
② 《隋书·礼仪志》。
③ 《旧唐书·礼仪志》。
④ 陈寅恪:《隋唐制度渊源略论稿》,上海古籍出版社,1984年。

也。"①《开元礼》集汉晋以降仪制撰作的大成,确立了中世纪仪制的基本构架。唐末杜佑撰《通典》,其中《礼典》一百卷详述唐以前礼仪制度的演变,在仪制研究方面竖起一块里程碑。《通典·礼典》内有《开元礼纂类》,改《开元礼》"吉、宾、军、嘉、凶"的次序为"吉、嘉、军、宾、凶"。

东汉隆礼暴露出礼教虚伪的一面,加之魏晋司马氏集团肆意践踏礼教最基本的准则,遂激起魏晋时代玄学的反动。又,从东晋开始,佛教兴盛。南朝,儒家经学退居次要的地位(经学博士出身的梁武帝,竟承认孔子是释迦的学生),唯《易》学(《周易》与《老子》《庄子》合称"三玄")和《礼》学十分红火。据《南史·儒林传》记载,当时有许多人或"通三礼""善三礼"或"尤精三礼""尤长三礼"。《南史·何承天传》载:"先是《礼论》有八百卷,承天删减并合,以类相从,凡为三百卷。"由此可以瞥见其时礼学的发达。唐长孺概括东晋以后的学风是"礼玄双修"②,诚乃慧眼别具。在玄学与佛学的两面夹攻下,礼学所以能独炽不衰,与当时的门阀制度有关:门阀世族将礼学视作维护等级特权的重要依凭。正因此,最能体现宗法社会尊卑亲疏关系的丧服制度,和《仪礼·丧服》,更备受时人的青睐。六朝礼学以丧服学最为精密。在《隋书·经籍志》经部"礼"类著录著作中,标明"丧服"者有五十部,占三分之一强。北朝的礼学也颇为兴盛,但它有自己的一些特点。比如,比较偏重《周礼》。据《北史·熊安生传》:"时西朝既行《周礼》,公卿以下,多习其业。"北周文帝更以《周礼》为立国的根本大法。这又直接影响隋唐的政治制度。唐初,孔颖达、贾公彦撰"三礼"义疏,完成了对南北朝礼经学的总结工作。其时,朝廷上下还有一大批包括魏徵、房

---

① 《新唐书·礼乐志》。
② 唐长孺:《魏晋玄学之形成及其发展》,载《魏晋南北朝史论丛》,生活·读书·新知三联书店,1955年,第338页。

玄龄等在内的礼学专家。所以,赵翼在《廿二史札记》中说:"六朝人最重'三礼'之学,唐初犹然。"这种状况在以后还延续:"大历中,尚有仲子陵、袁彝、韦彤、韦茝以礼名其家学。此可见唐人之究心'三礼',考古义以断时政,务为有用之学。"①

魏晋士人围绕名教与自然问题展开的讨论,体现了对礼(社会规范)与情(人类本性)的关系的思索。这种思索构成这一时期礼论发展的一大特色。

(四)由《晋礼》到《开元礼》所积累形成的撰作"五礼"的传统,在宋以后的历史中继续传衍和发展。《政和五礼新仪》《明集礼》《清通礼》,便是留存至今的几部具有代表性的作品。在此之外,以司马光《书仪》、朱熹《家礼》、黄佐《泰泉乡礼》为代表的家礼、乡礼类著述,在宋元明清大量出现并广为流传,形成礼仪学的一个新的发展支脉。这类著作基本上都是由士大夫或乡绅私人纂订,内容着重于冠、婚、丧、祭"四礼"及其他日常生活中的行为规范。这些"四礼"类作品②,在宋元明清的民间礼教中占有极重要的地位。清人秦蕙田撰《五礼通考》,对中国古代的仪制作通贯的研究,带有总结性的意义。

宋人治经,重在阐发"义理",并喜好排斥汉唐旧说。这种学风同样反映在"三礼"学中,典型的如王安石《周官新义》、陈祥道《礼书》、李如圭《仪礼集释》。宋儒在保存和传播前人礼经学成果方面也功不可没。像卫湜《礼记集说》,"自郑注而下,所取凡一百四十四家。……可云礼家之渊海"③;张淳《仪礼识误》,使"古经汉注之

---

① 赵翼:《廿二史劄记》卷二十《唐初三礼汉书文选之学》。
② 这类著述有时径以"四礼"为标题,像明代宋纁《四礼初稿》、吕坤《四礼疑》《四礼翼》、马从聘《四礼辑》、韩承祚《四礼集说》、吕维祺《四礼约言》、清代王心敬《四礼宁俭编》。因此我们简称其为"四礼"类作品或"四礼"学。为了便于把握中国古代礼学及其发展,我们作这样的区分和概括:"三礼"学是礼经学的主体,"四礼"学和"五礼"学是构成礼仪学的两大板块。
③ 《四库总目提要·礼记集说》。

讹文脱句藉以考识,旧椠诸本之不传于今者亦藉以得见崖略"①。宋代积贫积弱,有人(如李觏、张载、王安石)想借助《周礼》谋求强盛,《周礼》受到推崇。而另一方面,宋人有疑经的风气,在有一些人眼里(如胡安国、胡宏父子俩反对王安石援《周礼》变法),《周礼》是刘歆的"作伪"。王安石熙宁变法,废罢《仪礼》,此后"学者不复诵习"②。这种状况直至南宋孝宗时方由张淳、李如圭加以改变。朱熹试图重新确立《仪礼》在"三礼"中作为"经"的地位,同时他又尊崇《周礼》。他以《仪礼》为经、以《礼记》为传、以《周礼》为纲,构筑他的礼学体系。朱熹的礼学强烈地表现出着重"践履"的特点。他是想为封建衰世重新制礼作乐。不过,《仪礼经传通解》这部倾注朱熹晚年心血和理想的巨著,在他生前仅完成了家礼、乡礼、学礼、邦国礼、王朝礼等部分内容,未及完稿。他的另一部编订于中年时期的礼学小册子《家礼》,则在明清二朝传遍全国,成为家庭礼仪的圭臬③。在中国礼学史上,朱熹是继孔子、荀子、郑玄之后又一位极其重要的人物。

元、明是"经学的积衰时代"④。礼经学在经过元、明两代的凋敝之后,于清初开始复兴,并于乾、嘉时趋于昌盛。清儒注重实学,有清一代,礼经学的名家、名著层出不穷:徐乾学《读礼通考》,凌廷堪《礼经释例》,胡培翚《仪礼正义》,黄以周《礼书通故》,孙诒让《周礼正义》……他(它)们宛如一座座山峰,矗立在古代礼学史的尾端。在《清经解》中,"三礼"学的专著占所有专著的百分之二十;在《清经解续编》中,更占百分之二十八。礼经学于清朝经学中所占地位之显要,由此可见一斑。

---

① 《四库总目提要·仪礼识误》。
② 《四库总目提要·仪礼集释》引。
③ 参阅拙文《〈朱子家礼〉:民间通用礼》,《传统文化与现代化》1994年第4期。
④ 皮锡瑞语。见皮著《经学历史》。

宋代开始，中国步入了封建社会的后期。与这种变化相对应，思想家们在礼论方面的探讨，将重点转移到了礼与维系道德秩序、社会政治秩序的关系上。其中宋儒与清儒围绕"礼""理"关系的辨析，颇典型地反映出这个历史时期的礼论的某些特色和内蕴。宋儒（周敦颐、张载、二程、朱熹）反复论证"礼即理"，而"理"又是"天理"。清儒（凌廷堪、阮元、焦循）则以为凡"理"皆虚，唯"礼"最实，应以"礼"代"理"。在这两种相反的取向背后，潜藏着的是同一种焦虑：应迫切地、牢固地确立礼治秩序，俾使封建统治"长治久安"。

三、研究的思想与方法

传统礼学所赖以存在的社会基础早已发生改变。今人研究传统礼学，在目的以及手段上自然与古人多有不同。如何运用现代历史科学的思想和方法开展礼学史研究，值得深思。这里谈三点看法。

（一）礼学史以历史上的礼学文献为研究对象，但研究者的眼界绝不能囿于礼学文献。首先，礼学史研究的主要目的，是通过现存的礼学文献，探索中国礼学发生、发展的历史及其规律，认识传统礼学的本质、特征及其社会作用、历史地位……这些若仅依靠文献学的手段是不可能达到的。其次，礼学史研究的内容极为丰富。礼学应该被置放到中国礼文化的背景中加以考察，尤其应将礼学与礼制、礼俗、礼法等问题联系起来进行分析。唯其如此，才能洞悉礼学观念与社会存在的关系、礼学思想与统治学说的关系，以及礼学与整个中国文化的关系；才能由表及里，揭示礼学的深层意蕴。再次，必须充分利用人类学、民族学、民俗学、考古学等有关学科的手段，拓宽研究的思路。许多聚讼千年的礼学难题，在这些学科的理论、资料的映照下，有可能得到合理的解释。

(二) 传统礼学在发展过程中形成若干的基本原则和基本方法,今人(研究者)应掌握它们,然而又不能简单地与之认同。这些原则和方法包括:

(1) 损益。此观点由孔子提出,以后朱熹又将其表述为"因其大体之不可变者,而少加损益于其间"①。礼学家均以此来理解和把握礼的"变"(革)与"不变"(因)的关系。

(2) 爱礼存羊。语出《论语·八佾》。子贡认为当时既然"告朔饩羊"的制度已经形同虚设,就可以废此形式;孔子则反对,以为尽管是残存的形式,保留总比不保留要好。后世礼学家常以这一典故表示礼的形式的重要性。因而,古代的许多仪制,仅是徒具形式的虚文而已。

(3) 折中、弥缝、会通。秦汉以后,说礼所据,主要是经文和师说。但经文常有抵牾,师说也存在分歧。对不同的经文和师说,礼学家或取折中,或弥补缝合,或融会贯通②。

(4) 研治"三礼"的一些基本读法。比如,研读《仪礼》,强调从分节、绘图、释例入手;研读《礼记》,可仿刘向《别录》之法,分类读之;研读《周礼》,可以大宰八法为纲领。晚近黄侃在《礼学略说》中又曾概括云:"治《礼》次弟,窃谓当以辨字读、析章句为先务;次则审名义,次则求条例,次则括纲要。"

上述原则、方法无疑仍是今人理解古代礼学、研治礼学史所必须执掌的入门钥匙,否则便会迷失在汗牛充栋并且是文句古奥、歧说纷错的礼学资料之中。但是,掌握这些原则和方法,并不意味着

---

① 《家礼·序》。
② 黄侃《礼学略说》曾以为:"固知师说短长,断以经义;经义差牾,出以弥缝;师说纷歧,考其证左。此乃治经之通法,非独治礼为然。"(载《黄侃论学杂著》)又,梁启超则认为:"……所记各项礼制,往往东一鳞西一爪,非互勘不能说明。互勘起来,更矛盾百出。学者对于哪部经都不敢得罪,只好四方八面弥缝会通。根本不能全通的东西,越会通越弄到一塌糊涂。议礼所以纷如聚讼,就是如此。"见梁著《中国近三百年学术史》。

即与礼学史研究画上了等号。今人的研究，既要能够理解和把握传统礼学，又必须超越传统礼学。

（三）古代礼学具有悠久、深厚的经世传统，中国当代历史学的发展也充满着学以致用的冲动（它来自学术自身和外部两个方面），于是，如何处理礼学史"学"与"用"的关系就十分重要。中国古代的礼学，可以说最集中地沉积着中华民族传统的伦理道德。许多礼学家，他们同时又是道德学家、伦理学家。其中更有不少的人士，或强调礼学研究关乎社会风气的建设，或希望通过考订礼制以求取治世之方。时下，国学的价值又重被发现和重视，弘扬优秀传统文化特别是继承发扬传统美德的呼声日益高涨。在这种背景下，礼学史研究有可能得到推进，并且，它需要（也有必要）去关注诸如古代的道德建设等问题，以此为借鉴，并从中汲取有益的精神养料，以服务于社会主义精神文明建设。然而，如何"借鉴"，又如何"汲取"，必须以严肃的态度加以对待。礼学史只有通过认真地清理历史资料并且对其作出实事求是的分析、说明，才能对社会、对现实有所"用"。如果以过分功利的态度来要求传统礼学研究的效用，则不仅礼学史的科学性将遭到损害，而且会连传统礼学（以及附着其中的传统的伦理道德）的精华与糟粕都可能认识不清。为此，必须保持清醒的头脑。

（原载《复旦学报（社会科学版）》1995年第6期）

汉代礼制和文化略论

春秋、战国"礼崩乐坏";至汉代,礼制逐渐地又在社会的各个方面确立起指导地位。汉代是中国礼制发展史上承上启下、继往开来的一个重要时期,汉代礼制对后世中国文化的发展具有深远影响。本文拟对汉代礼制传承发展中的若干问题试作研讨。

一、中国礼制的儒家化

礼乐并非出自儒家。夏王朝有"夏礼",殷王朝有"殷礼",周王朝有"周礼"。后来秦始皇统一天下,"悉纳六国礼仪,采择其善,虽不合圣制,其尊君抑臣,朝廷济济"①,乃又有"秦礼"。即使是强调礼对政治和社会主导作用的理论观点,也非出自儒家。在孔子之前,周代统治阶级早已认识到礼的重要性②。

儒家创始人孔子,以及稍后的孟子、荀子,是古老的礼乐文化传统的继承者。在社会处于变革、古礼已渐被废弃的时代,儒家明确提出"为国以礼"③"安上治民,莫善于礼"④的主张,并对"礼"予以新的阐释(比如以"仁"释"礼"),为以后封建社会礼制、礼教和礼

---

① 《史记·礼书》。
② 比如,《左传》僖公十一年有言:"礼,国之干也。敬,礼之舆也。不敬则礼不行,礼不行则上下昏,何以长世?"襄公二十一年有言:"礼,政之舆也。政,身之守也。怠礼失政,失政不立,是以乱也。"
③ 《论语·先进》。
④ 《孝经》。

治的发展确立了精神指向和理论基础。春秋、战国时期,儒生"不合时宜"地担负起讲习、传授古礼的责任;直到后来刘邦"诛项籍,举兵围鲁,鲁中诸儒尚讲习礼乐,弦歌之音不绝"①。从而,儒家与"礼"结下因缘,崇"礼"成为儒家的一大特征。这是中国礼制儒家化的第一阶段。

在古礼渐废的同时,适应新的政权结构和社会基础的礼仪制度也渐趋形成。商鞅变法带动了秦国礼俗的变革。齐国由于齐宣王想成为统一天下的君主,便有人构拟起统一王朝的典礼②。待秦王朝兼并六国,在秦国风俗的基础上,吸收、借鉴六国的礼仪,形成所谓的"秦礼"。更为耐人寻思的是,秦始皇一面焚书坑儒——"六艺从此缺矣"③,其中包括古礼学;另一面又提倡三代礼教,以矫正各地的风俗④。这些现象明白地告诉我们:汉代以前,中国礼制是多源的,并不为儒家所专有。就连秦始皇,他在重视刑名法术的同时,也注意到"礼"的重要性。然而这一点常常为治史者所忽略。

汉代开始了中国礼制发展的一个新时期,并进入礼制儒家化的第二阶段。经过两汉四百余年(公元前 206 年—公元 220 年)的时间,中国礼制被纳入儒家文化的范畴,有关的种种说法经过删汰被编织进儒家学说的体系之内,同时,多源的中国礼制被整合成一个相对完整的系统。这一过程大致又可分成三个段落。

一是汉初叔孙通采秦礼和古礼制定朝仪,开汉代制礼的先河。到汉武帝时,"兴太学,修郊祀,改正朔,定历数,协音律,作诗乐,建封禅,礼百神"⑤,汉代礼制初备。自武帝尊崇儒术、罢黜百家,朝

---

① 《史记·儒林列传》。
② 参阅顾颉刚:《"周公制礼"的传说和〈周官〉一书的出现》,载《文史》第六辑。
③ 《史记·儒林列传》。
④ 参阅顾炎武:《日知录》卷 13《秦纪会稽山刻石》。
⑤ 《汉书·武帝纪·赞》。

廷议礼议政征引儒家经典为依据之事,在《史记》、前后《汉书》中屡见记载。比如,"上(武帝)与公卿诸生议封禅。封禅用希旷绝,莫知其仪礼,而群儒采封禅《尚书》、《周官》、《王制》之望祀射牛事"①。但是,儒家对当时国家制度仪式的影响仍然有限。时人和后人都指出和讥讽过武帝时礼制不符合儒家思想和传统的现象:"然甘泉实奉太(泰)一之祠,音律或杂郑、卫之声,以封禅则惑方士之言,以宗庙则遗七庙之制。大典既失,末节何讥?"②这种状况延续到汉宣帝。宣帝时,王吉曾上疏要求"述旧礼,明王制",但"上(宣帝)不纳其言"③。宣帝甚至郑重申言:"汉家自有制度,本以霸王道杂之,奈何纯任德教,用周政乎!"④

二是从西汉元帝始,掀起一股恢复"古礼"的浪潮。元帝好儒,重用贡禹、韦玄成、匡衡等儒家学者为公卿。"(贡)禹建言汉家宗庙祭祀多不应古礼,上(元帝)是其言。"⑤成帝继位,匡衡等人即提出改革郊礼的建议,内容主要有三点:(1)将甘泉郊泰畤的活动移至长安;(2)古制祭祀上帝"贵诚上质",而甘泉紫坛"有文章采镂黼黻之饰及玉、女乐"等,"宜皆勿修";(3)罢除雍五畤和一切淫祀,凡"不应礼"者,一概罢除。当时有五十八位朝臣参加了关于甘泉泰畤"徙置长安"的讨论,结果匡衡一派以五十票的优势获胜⑥。儒臣们以为,汉武帝"立甘泉、汾阴之祠,皆出方士之言,非据经典者也"⑦。这场讨论反映了儒家与神仙方术家之间的斗争及其

---

① 《史记·孝武本纪》。
② 《东汉会要·礼一》。西汉中期,神仙方士的影响很大,如渭阳五帝庙,是文帝听信了方士新垣平的说教而建;至上神太一信仰的确立和长安太一坛的建置,是武帝听信了方士谬忌的说教而为;甘泉泰畤,是武帝听信了方士公孙卿的说教而建。均见《史记·封禅书》。
③ 《汉书·礼乐志》。
④ 《汉书·元帝纪》。
⑤ 《汉书·郊祀志下》。并参见《汉书·韦贤传》。
⑥ 均据《汉书·郊祀志》。
⑦ 《三国志·吴书·吴主传》裴松之注引虞喜《志林》。

走向。

虽然从元帝到西汉末,儒臣恢复"古礼"的运动几经变更,或兴或废,但议礼引经(即征引《礼记》《诗》《书》等儒家经典),托用古制(即文、武、周公之制)来增加儒家的色彩和影响,却成为这一时期礼制发展的主流和主导力量。这一趋势,到王莽时又发展出一个新的高潮。王莽"托古改制",动辄称引《周官》《诗》《书》《春秋》等儒家经典和孔子、先王之言,所拟定的礼仪多依准于儒家的理想。

三是东汉统治者更加推崇儒学,儒家思想的统治地位进一步巩固。反映到礼制的发展上,呈现出以下三个特点:(1)确立了用儒家经典的内容作衡量是否合"礼"的标准。例如应劭《风俗通义·愆礼篇》就引《仪礼》《礼记》《孝经》《周易》《春秋》等经典中的准则,来判定"愆礼"行为。(2)确立"三纲五常"为中国封建礼制和伦理规范、社会秩序的最高准则。根据公元79年白虎观会议的记录整理而成的《白虎通》,明确提出"君为臣纲、父为子纲、夫为妻纲"。《白虎通·礼乐篇》还强调:"有贵贱焉,有亲疏焉,有长幼焉。朝廷之礼,贵不让贱,所以明尊卑也;乡党之礼,长不让幼,所以明有年也;宗庙之礼,亲不让疏,所以明有亲也。此三者行,然后王道得。"(3)通过对儒家经典"三礼"的整理、诠解,进一步将中国礼制系统化、规范化、严密细致化。限于篇幅,本文仅就这第三点略作申论。

"三礼",又称"周三礼",指《周礼》《仪礼》《礼记》。《周礼》,初名《周官》。古代曾有"《周礼》为战国阴谋之书"①的说法。又据顾颉刚先生的考证,《周官》"出于(战国时)齐国以及别国的法家,跟周公和儒家根本不生关系"②。西汉末刘歆发现此书,后将其立于

---

① 《东坡续集》卷九"策"《天子六军之制》篇。
② 参阅顾颉刚:《"周公制礼"的传说和〈周官〉一书的出现》,载《文史》第六辑。

博士,并改名《周礼》①。王莽新政,奉《周礼》为"国典"。东汉儒生私下传授《周礼》,直到郑玄(公元127—200年)合注"三礼"("三礼"由此得名),遂大行于世。《仪礼》,一名《士礼》,汉时称《礼》《礼经》,一般认为是春秋、战国时人所作。汉初高堂生传《仪礼》十七篇,后立于学官。《礼记》是一部先秦至秦汉的礼学文献的汇编,初为西汉戴圣(小戴)所编,故又名《小戴礼记》;东汉学者又加以增删编定。《礼记》各篇的作者与时代纷杂不一,其中《月令》篇或被"断为秦法"②(汉代另有《大戴礼记》《逸礼》等礼典)。上述材料来源纷杂而又色彩斑驳的礼典,经过儒家学者有意识、有目的的整理、加工、编纂、注释,在汉代被作为儒家经典而结集(或重新结集)、流传或被立于学官。我们称此为礼典的儒家化。礼典的儒家化是礼制儒家化的一个重要组成部分,也可将它视作是礼制儒家化的一个重要结果。

毋庸说,汉儒对"三礼"的整理、诠解,有许多是为了迎合统治者的需要,或是为了争立学官,其中不乏趋时附会之说。但是从总体上看,对礼典的整理、诠解,起到了这样一个作用:在文本规定上,导致中国礼制逐渐趋向系统化、规范化和严密细致化,进而影响和推动实际生活中礼制的系统化、规范化和严密细致化。在这方面,东汉末的郑玄完成了一项集大成的工作。郑玄"三礼注"博综兼采,会通经今、古文学,择善而从,"删裁繁诬,刊改漏失"③。"三礼注"存在谬误自不待言,然而郑玄将夏、商制,周制,春秋、战国诸侯国之制,秦汉之制,予以排比、条理,形成一个相对完备的礼制系统。

---

① 孙诒让《周礼正义》卷一"《周礼》"疏:"……盖歆在汉奏《七略》时,犹仍《周官》故名,至王莽时奏立博士,始更其名为《周礼》。"
② 任铭善:《礼记目录后案》,齐鲁书社,1982年。
③ 《后汉书·郑玄传·论》。

综上所述,在古礼渐被抛弃的春秋战国时期,儒家担当起讲习和传授古礼的责任,礼和儒家由此紧密联系起来。汉儒在因袭、糅杂秦礼和古礼的基础上创制汉礼。汉礼在发展过程中越来越多地受到儒家思想的影响,从议礼引经发展到确立以儒家经典作为衡量是否合"礼"的标准,并通过礼典的整理、诠解,使礼制趋向系统化、规范化、严密细致化。这就是所谓的中国礼制的儒家化。需要说明的一点是,对汉代的儒家和儒家思想,应作动态的把握,即应看到它们一直处在发展变化之中。

汉代完成了中国礼制的儒家化,进而开启了中国法律的儒家化,这就是陈寅恪先生曾提到过的:"古代礼律关系密切,而司马氏以东汉末年之儒学大族创建晋室,统制中国,其所定之刑律尤为儒家化。"[①]法律的儒家化,以礼制的儒家化为前提和前奏。

"二千年来华夏民族所受儒家学说之影响,最深最巨者,实在制度法律公私生活之方面。"[②]而这种情形的形成,实有赖于汉代礼制的儒家化。中国的"礼治"使小而至于个人的修身接物,大而至于国家的制度法纪,都可以"礼"统之,儒家的思想学说,即通过"礼"渗透、影响到整个社会。不仅如此,汉代以后中国社会出现儒、道、佛三种势力的角逐,而儒家尽管在哲学等层面上受到佛教、道教的诸多影响,却仍能长期成为中国文化的支配力量,一个重要的原因就是儒家在礼制的层面上抵御了佛、道的浸染。

二、因袭与创制:封建礼制的形成与发展

封建礼制既是在奴隶社会旧礼制的废墟上萌芽、创立起来的,也是借用了旧礼制的形式而注入新内容演化、发展出来的。封建

---

① 陈寅恪:《隋唐制度渊源略论稿·刑律》,上海古籍出版社,1984年。
② 陈寅恪:《冯友兰中国哲学史下册审查报告》,《金明馆丛稿二编》,上海古籍出版社,1980年。

礼制至迟在战国时代已经萌芽。商鞅变法反对因循守礼,但又主张"因事而制礼"。变法中有一条:"明尊卑爵秩等级,各以差次;名田宅、臣妾、衣服以家次。有功者显荣,无功者虽富无所芬华。"①这是维护封建等级差别的一种礼制。有学者通过对墓葬的研究,得出在战国早、中期之际,秦国已出现"从奴隶制的礼制向封建等级制"过渡的结论②。东方的齐国也较早出现了封建礼制的萌芽。如顾颉刚先生以为:"西汉末年,刘歆要立《逸礼》三十九篇于学官,其中有《天子巡狩礼》、《朝贡礼》、《烝尝礼》、《禘于太庙礼》、《王居庙堂礼》等等,实在就是齐国稷下先生们放言高论的成就和他们拟定的开国制度。"③秦王朝对封建礼制的建构,由于时间短促等原因未成大观,然而却对汉代礼制的发展产生了影响。

汉代的制礼活动,主要集中在创制适应于新的封建统一王朝和政权结构的礼仪。如:叔孙通起朝仪、定宗庙仪法,武帝草巡狩、修郊祀、建封禅、兴太学,刘歆、王莽营明堂、辟雍,东汉明帝时定南北郊、冠冕、车服制度,"天子始冠通天,衣日月,备法物之驾,盛清道之仪"④;卫宏撰《汉旧仪》;应劭作《汉官礼仪故事》等。下面择取郊祀、封禅、明堂三种具有代表意义的典礼的创制活动,来窥探汉代封建礼制传承发展的一些具体情况。

郊祀　这是帝王祭天或上帝的典礼。"郊",城外的意思⑤。《史记·封禅书》:"祀上帝于郊,故曰郊。"这是自西周以来历代统治阶级祭天常礼中被视为"正祭"的一种祀典,是中国古代社会至上神崇拜的一种最高表现形式⑥。秦统一天下,为适应神化皇权

---

① 《史记·商君列传》。
② 李进增:《关中东周秦墓与秦国礼制兴衰》,《考古与文物》1991年第1期。
③ 参阅顾颉刚:《"周公制礼"的传说和〈周官〉一书的出现》,《文史》第六辑。
④ 以上均据《西汉会要》《东汉会要》。
⑤ 《尔雅·释地》。
⑥ 有关今人对郊祀礼的研究,可参阅杨天宇:《秦汉郊礼初探》,《河南大学学报(社会科学版)》1989年第1期。

的需要，对郊祀礼十分重视。但秦自有其称为天或上帝的至上神信仰，没有继承三代郊祀礼仪，而是承袭了秦文公以降在旧都雍（今陕西凤翔）郊祀四畤的做法。汉初刘邦在秦畤四帝的基础上立五帝祠，奠定了有汉一代郊祀五帝的大典。然而汉初在五帝之上不再有至上神存在，这是与秦不同的。到汉武帝时，随着大一统形势的巩固和发展，这种五帝崇拜已不能满足统治者的需要，故在五帝之上，又出来一个至上神"泰一"。这便形成"泰一加五帝"的天神系统。汉代的天神系统虽有所变化，但"泰一加五帝"却一直是其主干。

文帝时立五帝坛，这是有文献明确记载的中国历史上最早建立的郊坛，实开汉代以后郊坛建置的先例。武帝时建泰一坛，这是汉代第一座泰一坛，并且是文献中第一次明确记载的建于国郊的郊坛。后武帝又令建泰畤于甘泉。甘泉泰畤坛将泰一、五帝与群神按等级依次布列，是历史上第一座综合性郊坛。值得注意的是，武帝时郊祀礼的创制，神仙方士的说教起了支配作用。元帝以后，儒臣托古改制的呼声越来越大，纷纷主张恢复西周古制，认为祭祀天地必于长安之郊。几经反复，到平帝王莽时，最终确定长安南北郊之制。

平帝元始五年，王莽等人又提出一套新的祭祀改革方案，其中关于郊礼的主要有两项内容：(1) 天和地应有合祭、有分祭，同时应建立相应的以祖妣与天地相配的制度。(2) 根据《周礼》"祭五帝于四郊"之说，应分祭五帝于长安四郊。王莽的新朝虽然为时不长，但他所建立的一套郊坛建置制度和郊祭制度，却为东汉刘秀所继承和发展。东汉的郊祀制度，皆"采元始中故事"[①]。自西汉末年到东汉初年，中国郊祀礼基本上形成定制，后世只不过在此基础

---

① 关于汉代郊祀礼、封禅礼，主要据《史记·封禅书》《汉书·郊祀志》《后汉书·祭祀志》。

上有所损益而已①。

封禅 这是帝王祭天地的一种典礼。在泰山上筑土为坛祭天,报天之功,称"封";在泰山下的一座小山上辟场祭地,称"禅"。相传古时举行过封禅的有七十二家,包括禹、汤、周成王。但这都不可考。春秋时齐桓公曾有过行封禅的念头。第一个实践封禅说的是秦始皇。公元前219年,秦始皇举行封禅大典,以显示君主的威仪和至高无上的皇权。西汉从高帝到景帝,封禅未提上议事日程。直到武帝即位,"天下艾安,缙绅之属皆望天子封禅改正度也"。于是,武帝与公卿诸儒生共议封禅事,草拟封禅仪式。公元前110年,武帝第一次举行大规模的泰山封禅活动:事先北巡朔方,东巡海上;再登泰山行封礼;次日在泰山下行禅礼。此后武帝下诏改元为"元封",以纪念封禅之壮举。元封元年之后,武帝隔五年即到泰山封禅一次,前后计五次②。东汉建武三十二年,刘秀举行封禅大典,并改年号为中元元年。

按照儒家的观点,"受命然后得封禅",意即行封禅是为了表示帝王是接受天命的。这又限定了并不是所有帝王都可行封禅礼的,只有具备了相当的功德,才能行封禅之礼。这无非是为了树立上帝的权威来神化地上的皇权。封禅礼一直延续到宋代。南宋后,皇帝到泰山封禅的形式虽是废止了,但实质还保留着,即以后几朝皇帝把封禅与郊祀合二为一了。

明堂 先秦及汉代典籍一般认为明堂起源于周公,或黄帝、神农之时,并将明堂看作古代帝王宣明政教的地方。春秋、战国时期明堂学说提出的背景,是人们希望有一个天子能像周公一样,坐在明堂,接受诸侯的朝拜,确立起社会生活的秩序。汉代明堂之议源

---

① 参见《文献通考》《续文献通考》《清朝续文献通考》的《郊社考》。
② 关于汉代郊祀礼、封禅礼,主要据《史记·封禅书》《汉书·郊祀志》《后汉书·祭祀志》。

于汉文帝时,但未能实施。汉武帝一继位,就着手立明堂,他将此作为与太皇太后窦氏斗争的一个步骤。元封元年,武帝"登封泰山,降坐明堂"①。据《汉书·郊祀志下》记载,这明堂乃古代明堂的旧址。元封二年,武帝根据济南人公玉带所上黄帝时明堂图,"作明堂于泰山下"②。又载:"太初元年,(武帝)行幸泰山……祀上帝于明堂。"③可见其时明堂已从先前儒生设计中的宣明政教的场所,变成祭祀上帝的地方。但是,武帝时的明堂建筑弥散着很浓的神仙家味道。

王莽执政,刘歆按照正统儒学的礼制设计出"复古"形式的明堂,建于"国之阳"(长安南面)。东汉光武帝在洛阳起明堂。洛阳明堂继承了长安明堂的基本尺度和基本形式,但更加规整,更加富有象征性。"井"字形的布局仍然代表秩序、规则;然而它的对称性更强,完全是一个轴对称的格局,这样它的中心极点也就更加突出,显示出皇权的绝对权威④。

以上所述基本都属于王朝礼。它们的形成和演化,与汉代专制主义中央集权制的强化和完善密不可分。正是对应着这种封建统治的需要,所以在这些礼仪的制定过程中,充满了"三王不相袭礼,五帝不相沿乐"的言论和创新精神⑤,并且是"尽心极虑以建其制"⑥。至于那些貌似"复古"的行为,则不少是以"旧瓶装新酒"、托用古制而行己意。

相形之下,汉代家常日用的礼仪和社交方面的礼仪,诸如冠、婚、丧葬、乡饮、大射、投壶,在礼制的传承发展上则表现出明显的

---

① 《汉书·武帝纪》。
② 同上。
③ 据《汉书·郊祀志》。
④ 参阅王世仁:《明堂形制初探》,载《中国文化研究集刊》第4辑。
⑤ 见两汉《会要》的《礼》。
⑥ 据《汉书·郊祀志》。

因袭的特点,基本上都依准"古礼"(《仪礼》《礼记》中的有关规定),或稍作损益。

一是没有出现新的有影响的文本规定。据载:西汉刘歆等人曾"杂定婚礼"①;东汉建武初,张纯"自郊庙婚冠丧纪礼仪,多所正定"②,但都未见有文本规定形成或流传。笔者唯见一例曾有文本规定刊布,即章帝时曹褒"受命,乃次序礼事,依准旧典,杂以五经谶记之文,撰次天子至于庶人冠婚吉凶终始制度,以为百五十篇,写以二尺四寸简。……和帝即位,褒乃作章句,帝遂以《新礼》二篇冠"。但是,"后太尉张酺、尚书张敏等奏褒擅制《汉礼》,破乱圣术,宜加刑诛。帝虽寝其奏,而《汉礼》遂不行"③。

二是虽有一些局部的或细节的新规定,但并不改变该礼仪的基本格局和面貌。比如,汉文帝以后,废除了臣为君服丧三年的制度,但汉民族子为父母服丧三年之制没有变更(从春秋末年提出一直流传到近代),整个丧礼也无大的变动。

三是《后汉书·礼志》载:天子加冠,"仪从冠礼";《后汉书·梁后纪》载:桓帝大婚,"一如旧典"。由此可见汉代冠、婚因袭、遵循旧礼之一斑。汉代冠、婚、丧葬、乡饮、大射、投壶多因循旧礼,这一情形正对应于汉代社会在相当程度上保留了先秦家族体制和宗法纽带的现实。

总之,汉代礼制的传承发展,反映在王朝礼仪方面,既有因袭的一面,也有创制的一面,而以创制为其主要特点。反映在家庭礼仪和社交礼仪方面,其特点主要是因袭中有损益。前者是为了适应政治制度的转化,后者体现了宗法制度的继续存在和发展。

"三礼"的整理、诠解和刊布,是研究汉代礼制传承不可忽略的

---

① 《汉书·平帝纪》。
② 《后汉书·张纯传》。
③ 《后汉书·曹褒传》。

一个重要方面。"三礼"在文字上集"周礼"之大成,并将周代礼制理想化。它们的整理、诠解和刊布,既起到了敦教化、醇风俗、规范社会秩序、维护统治稳定的作用,也确立和支撑起了中国封建礼制的骨架。从唐《开元礼》、宋《政和五礼新仪》,一直到明《集礼》、清《通礼》,我们可以看到"三礼"对封建礼制发展的影响和制约,也可从中看到中国古代文化发展的连贯性及其保守性格。

三、礼制的下渗和普及

礼制,是指由政府推行的或由礼典一类的文本规定确立的礼的准则,是一种制度化的文化产物。西周是否已有礼典一类的文本规定尚待论证,不过西周礼仪已经制度化并形成一种严密的体系,却是勿须争辩的事实。但要注意,周代礼制主要施行于贵族阶层,即所谓"刑不上大夫,礼不下庶人"是也;且周代礼制又主要施行于王畿及一定的区域,并未在全国各地普及。汉代儒生和统治者重建礼制,力图把加工、改造过的"周礼"变成社会普遍的行为规范,又将推行礼制作为巩固"大一统"局面的一种措施和手段。在这种背景下,礼制向民间和大众渗透、普及,统一化的婚丧嫁娶、处世为人的礼仪规则,在整个社会受到不同程度的认同、遵循、仿效、参照。前面提到东汉章帝时曹褒曾"撰次天子至于庶人冠婚吉凶终始制度",虽曹褒所撰《新礼》后遭废弃,此事却折射出礼制的下渗和普及。

礼制的下渗和普及,使各地的风俗在差异中显出同质的内容。由此,在秦朝"车同轨、书同文"和汉武帝用儒学统一思想的基础上,汉代又进一步在礼俗的层面上实现了"大一统",开创了中国文化的新局面。

(原载《复旦学报(社会科学版)》1992年第3期)

《司马氏书仪》和《朱子家礼》研究

《司马氏书仪》和《朱子家礼》(又称《温公书仪》《文公家礼》,本文简称《书仪》《家礼》)是宋代两部关于家庭礼仪的著作。前者为司马光所撰,后者在朱熹的名下流传①。两书被后世奉为经典,尤其是《家礼》,成为中国封建社会后期的民间通用礼。本文拟从宋代社会文化发展、嬗变和家庭礼仪制度调整、更新的相关度入手,对两书试作研讨。

一、士庶通礼的发展和完善

诚如《明集礼》指出的,"汉晋以来士礼废而不讲,至于唐宋,乃有士庶通礼"②。所谓"士礼",主要指记载在《仪礼》《礼记》中的一套礼仪制度③。由于"士礼"过于繁缛复杂,随着社会的变迁,其适用的面越来越小。至唐、宋,社会上出现和流传经过简化和调整的家庭礼仪著作,其适用和推广的对象为一般士绅和百姓之家——他们大抵相当于宋代和宋代以后礼制等级中的士庶阶层,故称"士庶通礼"。士庶通礼取代"士礼",在现实生活中发挥指导作用。其中,《书仪》《家礼》是影响最大,并且被完整保留下来的两部作品。

---

① 《家礼》作者问题为一悬案。本文将《家礼》视作一定历史条件下的文化产物,不涉及作者是谁。
② 《明集礼》卷24。
③ 《仪礼》在汉代又名《士礼》,因其记述的冠、婚、丧、相见礼均为"士礼",首篇又冠之以《士冠礼》。

士庶通礼出现于唐代而完善于宋代。这与门阀贵族逐渐退出历史舞台,社会结构和等级制度发生变化有关。唐代开始,东汉以后形成的士族与庶族之间森严的界限趋于淡漠。进士科的确立使庶族参与政治获得重大突破。公元780年颁布的"两税法",明言"人无丁中,以贫富为差"①。伴随门阀贵族影响和地位的削弱,士(人)庶(人)地位渐渐提高,这就促使士庶要求有能够反映和适合于自己生活方式的礼仪。以此为重要动因,士庶通礼出现了。

　　经过唐末五代的大动荡,到宋代,士族和庶族间的界限,在现实和人们的观念中都基本消失。比如,婚姻问题历来被视作"礼之本",但宋代"婚姻不问阀阅"②,士族、庶族可以通婚。与此相应,士庶的社会地位最终在礼制上得到承认和确立。宋徽宗时颁定的《政和五礼新仪》,开始出现了《唐开元礼》中没有的士庶礼仪,即"庶人冠仪""庶人婚仪""庶人丧仪",成为"礼下庶人"的一大转折。《宋史·礼志》也第一次在正史的礼志中记述士庶婚丧嫁娶的情况;《舆服志》就"士庶人车服之制""臣庶室屋制度"作有记录。宋代开始,礼制将社会成员大致划分为三大等级:皇帝和宗室,品官,士庶③。正是在这样的背景下,士庶通礼才在宋代得以发展和完善。

　　由于材料的亡佚,现已很少知晓士庶通礼的早期发展情况。不过,20世纪在敦煌发现的卷子中,有一些唐代叙述和规定婚丧礼俗的写本"书仪"。据今人研究,这些"书仪"适用于一般庶民,"在民间很受重视,广为流传"④,它们属于士庶通礼当无疑义。在司马光《书仪》之前,略有线索可征的还有:唐代后期的郑余庆,

---

① 《唐会要》卷83。
② 《通志》卷25《氏族略第一·氏族序》。
③ 《政和五礼新仪》划分为:皇帝和宗室,品官,庶人。《明集礼》和《清通礼》的划分依此相同。唐代《开元礼》则划分为:皇帝和宗室,三品及以上,四品五品,六品及以下。
④ 周一良:《敦煌写本书仪中所见的唐代婚丧礼俗》,《文物》1985年第7期。

"尝采唐士庶吉凶书疏之式,杂以当时家人之礼,为《书仪》两卷"①;五代刘岳著《书仪》,"苟取一时世俗所用吉凶仪式,略整齐之"②;宋初胡瑗撰有"吉凶书仪"二卷,"略依古礼而以今体书疏仪式附之"③。另外,有宋一代曾出现许多私人编订的关于家庭礼仪的著作,如高闶《送终礼》等,然而大多没能留传下来,难知其貌。

从上述所引几例,可知士庶通礼当时曾冠以"书仪"之名出现④。书仪,《四库全书总目·书仪提要》谓"古私家仪注之通名";并指出,司马光取"书仪"之名,是"从旧称也"。

《书仪》十卷:卷一,有关表奏、公文、书信的格式;卷二,"冠仪";卷三、卷四,"婚仪";卷五至卷十,"丧仪"。其中卷二有"深衣制度",卷四有"居家杂仪",卷六有"五服制度""五服年月略",卷九有"居丧杂仪",卷十包括"祭"和"影堂杂仪"。《书仪》所撰年月不可详考,但据书中提到"仁宗时",必编定于1063年英宗继位之后。又据载,《书仪》问世,"元丰(1078—1085年)中荐绅家争相传写,往往皆珍秘之"⑤,似可进一步推论《书仪》成书于司马光(1019—1086年)的晚年。

《书仪》对传统"士礼"进行了一些省简,结合社会的现实情况做了一些变通,在许多地方提出应该"从俗""从众""从简""从简易"。其时,程颐、程颢、张载等人也曾编订家礼,后来朱熹对他们作有比较,认为"二程与横渠多是古礼,温公则大概本《仪礼》而参以今之所可行者;要之,温公较稳,其中与古不甚远,是七分好"⑥。

---

① 《新五代史·刘岳传》。
② 欧阳修:《归田录》卷2。
③ 晁公武:《郡斋读书志》卷2。
④ 并非凡称"书仪"者都是士庶通礼。周一良《敦煌写本书仪中所见的唐代婚丧礼俗》(《文物》1985年第7期)认为书仪有三种类型。《隋书·经籍志》记录有隋以前的"书仪"。
⑤ 宋版《书仪》序文。
⑥ 《四库全书总目·书仪提要》。

朱熹指出《书仪》对古礼做了变通，但还不够，"与古不甚远"，这正是《书仪》的一大特点。《书仪》仍保留着大量古雅繁复的礼节，比如婚姻"六礼"中的纳采、问名、纳吉、请期、亲迎，男方使者都要执雁，没有活雁则用木刻雁代替，并说明此举是"取其顺阴阳往来之义"，不敢违反《仪礼》奠雁的传统。因此，虽然《书仪》在当时和后来被一些士大夫所遵奉，但由于自身的局限性，它对广大士庶的日常生活指导意义并不大。故朱熹评价说："读者见其节文度数之详，有若未易究者，往往未见习行而已有望风退怯之意。又或见其堂室之广，给使之多，仪物之盛，而窃自病其力之不足。是以其书虽布，而传者徒为篋笥之藏，未有能举而行之者也。"①

尽管如此，《书仪》在士庶通礼的发展过程中仍是一个极为重要的环节。一方面，它毕竟对传统礼仪作了一定的省简和调整；另一方面，它形成了一个相对完整的家庭礼仪系统②。这两点在体例和具体仪节的安排上，都使后出的《家礼》得以借鉴和依仿。《家礼》一半以上的文字语句援引于《书仪》，其中直接搬用了《司马氏居家杂仪》。《书仪》可说是《家礼》的雏形；《家礼》以《书仪》为基础，才将士庶通礼在形式和内容两方面臻于完善。

从《书仪》到《家礼》之间有一事必须一提。政和三年（1113年），《五礼新仪》编定，诏开封府刊本通行，"遇民庶之家，有冠婚丧葬之礼，即令指授新仪"③；"使悉知礼意，其不奉行者，论罪"④。事过七年（宣和元年），新仪实难推行，开封府乃申请不再施行："顷命官修礼，施之天下，冠婚丧祭，莫不有制。俗儒胶古，便于立文，不知违俗。间阎比户，贫篓细民，无厅寝户牖之制，无庭阶升降之所，

---

① 《晦庵先生文集》卷83《跋三家礼范》。
② 宋代程颐、张载等人虽曾构筑家礼的体系，"然程张之言犹颇未具，独司马氏为成书"（同上）。
③ 《宋会要辑稿·刑法二》。
④ 《宋史·礼志一》。

礼生教习,责其毕备,少有违犯,遂底于法……立礼欲以齐民,今为害民之本。"①徽宗遂下令罢之②。《五礼新仪》的颁行和废除,从侧面反映出产生一部具有广泛适应性,可供民庶之家参考、遵循的家庭礼仪著作,在那时已成了社会普遍而急迫的需要。

正是对应着这种需要,《家礼》至迟在1216年问世了③。

《家礼》体例完备而眉目清晰,分通礼、冠礼、婚礼、丧礼、祭礼五卷④。《通礼》含"祠堂""深衣制度""司马氏居家杂仪"三节,统领全篇。《丧礼》述及五服制度和"居丧杂仪"。作者对传统礼仪的更新具有较强的自觉意识,认识到"三代之际,礼经备矣,然其存于今者,宫庐器服之制,出入起居之节,皆已不宜于世"⑤。因而,对古礼做了大刀阔斧的删减,如并婚姻"六礼"为"三礼"(纳采、纳币、亲迎)。正文不订"厅寝户牖""庭阶升降"的繁礼缛文,仅为主体过程的描述,这为平民百姓的参考使用留有较大余地,可以因人、因地、因时而宜。敢于对古制作大胆革新,如创设祠堂,对以前庶人祀祖祢于寝和士大夫立家庙两种做法进行折中⑥,于正寝之东祭高、曾、祖、祢四世,适合于一般士庶之家。文字表达也简洁,礼仪安排紧凑、连贯,这都便于发挥对现实生活的指导作用,达到"崇化导民"⑦的目的。《家礼》作者还博采众长,融会贯通,"冠礼则多取司马氏;婚礼则参诸司马氏、程氏;丧礼本之司马氏……及论祔迁,则取横渠……祭礼兼用司马氏、程氏……节祠则以韩魏公所行者

---

① 《宋大诏令集》卷148。
② 《宋史·礼志一》。
③ 黄榦《书家礼后》写于嘉定丙子夏至,即1216年。该文见于宋版《家礼》,又收入《勉斋集》。
④ 现所见宋刻本如此。明代丘濬析《家礼》为8卷。另外,有《家礼附录》1卷。
⑤ 《家礼序》。
⑥ 明代丘濬认为:《家礼》确立祠堂之制,"盖通上下以为制也"。见《重编琼台稿》卷6《南海亭岗黄氏祠堂记》。
⑦ 《家礼序》。

为法"①。

由于《家礼》具有以上的特点和长处,加之在朱熹的名下流传和推广,其影响不断增大。至明、清,《家礼》被奉为家庭礼仪的圭臬。有人将《家礼》与汉代郑玄"三礼注"相提并论:"二千余年天下相为法守,独康成郑氏及朱子之书(指《家礼》)。"②有人认为"《家礼》为人家日用不可无之书"③。《家礼》成为中国封建社会后期的民间通用礼,这是士庶通礼发展的一个必然结果。

二、建设家族组织的理论构想

从礼制的变化讲,《书仪》《家礼》体现了士庶通礼的不断发展和逐渐完善;而从家庭礼仪的内容实质分析,《书仪》《家礼》是为家族生活撰作的行动指南。

宗法关系松弛,"礼义亡阙",乃是宋初社会的一大突出现象。北宋开始,宋儒特别强调家族组织的建设,希望通过家族活动的实践,倡导、发扬孝悌的宗法思想。《书仪》《家礼》重订日用伦常和礼节制度,实际上是想为家族组织确立一套理想的生活方式,即长幼有序,贵贱有等,人们言行举止各从规矩,冠、婚、丧、祭皆由定式,以此有助于达到家族和社会的至治。

但《书仪》《家礼》的意义还不仅仅在此。其时,门阀等级性宗法宗族制已经解体,家族组织在结构形态上正处于变化之中。对于如何建设和发展家族组织,宋儒议论纷纷;《书仪》《家礼》从家庭礼仪的角度,也提出了各自的理论构想。这些构想影响了中国封建社会后期家族组织的发展。这才是问题的重要性所在。

---

① 魏堂:《文公家礼会成·序》。
② 郭嵩焘:《校订朱子家礼本序》,见光绪十七年思贤讲舍刊本郭嵩焘校订《朱子家礼》。
③ 汪佑订:《朱子家礼》语,见紫阳书院定本。

《书仪》有三个现象值得特别注意。第一、影堂的设置。按古礼,每家都有祭祀祖先的场所,天子、诸侯、士大夫设家庙,庶人祭于寝①。经过唐末五代的社会震荡,"礼义大坏,士大夫无袭爵,故不建庙,而四时寓祭室屋"②。宋代虽曾规定建庙的制度,但未能实行③。既无家庙,祖宗却又不可不祭,替代物便出现了。影堂就是代为行使家庙职能的。《书仪·影堂杂仪》规定,影堂内存放先公遗文、祠版、祖先等影图等物。"影堂门无事常闭。每旦,子孙诣影堂前唱喏,出外归亦然。""有时新之物,则先荐于影堂。"影堂主要用于祭祀祖先,遇冠、婚、丧和升官、远出,也都要到那里举行相应的仪式。《书仪》影堂之制旨在加强家族的凝聚力。

第二,突出家长的地位,肯定和推行父权家长制的专横统治。《居家杂仪》认为:"号令出于一人,家政始可得而治矣。"子女应绝对服从父母,"凡父母有过,下气怡色,柔声以谏,谏若不入,起敬起孝,悦则复谏,不悦,与其得罪于乡党州闾,宁熟谏;父母怒不悦,而挞之流血,不敢疾怨,起敬起孝"。"凡子事父母,父母所爱,亦当爱之;所敬,亦当敬之。""子甚宜其妻,父母不悦,出;子不宜其妻,父母曰:是善事我,子行夫妇之礼焉。"在冠、婚、丧、祭的礼节安排中,《书仪》始终突出和强调家长的尊严。

第三,森严男女大防,女子受到诸多限制。《书仪·丧仪》规定:"男子不绝于妇人之手,妇人不绝于男子之手。"原注又说:"凡男子疾病,妇人侍疾者,虽至亲,当处数步之外;妇人疾病,男子亦然。此所谓能以礼自终也。"《居家杂仪》又申明:"男治外事,女治内事。男子昼无故不处私室,妇人无故不窥中门。有故出中门,必

---

① 《宋史·礼志十二》:"群臣家庙,本于周制,适士以上祭于庙,庶士以下祭于寝。"《礼记·王制》:"天子七庙,诸侯五庙,大夫三庙,士一庙。庶人祭于寝。"
② 《宋史·礼志十二》。
③ 据罗大经《鹤林玉露》统计,有宋一代大臣得赐家庙者仅 14 人。

拥蔽其面。……女仆无故不出中门,有故出中门,亦必拥蔽其面。""七岁,男女不同席,不共食。"又反对女子"作歌诗、执俗乐",提倡男子十岁以后学文辞,"女子则教以婉婉听从,及女工之大者"。

《书仪》立影堂制度以"敬宗收族",直接启发《家礼》创设祠堂制度。《书仪》宣扬父家长的绝对统治地位和子女对父母的"无违",鼓吹男女的授受不亲和女子应"婉婉听从",这些观念虽然古已有之,但将其提炼为治家要诀,让人们在每日的举止、应对中反复记取,无疑增强了它们的效力。宋代以后,"三纲五常"逐渐被推向极端;在家族组织中,因维护封建统治的需要,族长对族众的控制力不断强化,在这些方面,《书仪》具有开风气之先的作用。

在《书仪》的基础上,《家礼》拟定了一套更切近实际的礼节制度和更完备的有关建设家族组织的总体构想。《家礼》为后世效法,成为家族生活的指导思想和家族组织在理论上的最高权威。《家礼》最富建设性的内容是关于祠堂的设计。

《家礼》"祠堂"一节,许多内容出于《书仪·影堂杂仪》,然而又有明显的不同。(1)《影堂杂仪》放在《书仪·丧仪》的祭礼篇内,几乎在书末,《家礼》"祠堂"则放在卷首。作者自注这是为了突出"报本反始之心,尊祖敬宗之意",是为了"使览者知所以先立乎大者,而凡后篇所以周旋升降、出入向背之曲折,亦有所据以考焉"。通览《家礼》,祠堂被确立为整个家族生活的中心场所,是表明家族存在和维系家族团结的灵魂和纽带。(2)在建制上,祠堂较影堂也更完备。《家礼》规定,祠堂建于正寝之东,或三间或一间,内设四龛以奉祀先世神主;只祭高、曾、祖、祢,若易世,原高祖亲尽而迁其主,埋于墓田。主人即族长、家长,每天要到祠堂晨谒。家族成员"出入必告","有事则告"。逢正旦、冬至、每月朔望日,要到祠堂参拜神主,遇俗节(如清明、寒食、重阳)要献以时食,"或有水火盗贼,则先救祠堂,迁神主、遗书,次及祭器,然后及家财",等等。《家礼》祠堂之制为以后祠堂的发展提供了蓝本①;虽然后世祠堂在形式上各有所不同,但在原则上一般都以《家礼》的规定为准。《明集礼》"祠堂制度"条就全文照搬《家礼》。(3)《家礼》将奉祀祖先与立"宗子法"、置族产结合起来。笔者以为,这第三点是《家礼》祠堂制度的精髓,意义尤为重要。

《家礼》规定,宗子主持祠堂的祭祀,是主人。"祠堂所在之宅,宗子世守之,不得分析。"祠堂内四龛自西而东分别为高祖、曾祖、祖、祢所依。若大宗及继高祖之小宗,祭四世先祖,若继曾祖之小宗,则虚西面第一龛而不祭高祖,依此,继祖之小宗则不祭曾祖,虚西龛二,继祢之小宗则不祭祖,虚西龛三。根据宋代家族组织传代世数都比较短,《家礼》又指出:"若大宗世数未满,则亦虚其西龛,如小宗之制。"这样,经过改造,古老的"宗子法"被"推陈出新",融化在祠堂制度中,服务于新的历史条件下的家族组织。

《家礼》还认识到经济问题对于家族组织的重要性,因而在祠堂制度中列入"置祭田"一款,它的设立,不仅使祭祀祖先的费用有了稳定的来源,而且宗子掌握祭田,由此也加强了他对家族的控制。

《家礼》强调宗子对祭祀权和族产的把持,利用祠堂维护家族的稳固和世代相传,这套制度在以后的家族活动中得到运用和发展,以此为特征,终于形成所谓的"由宗祠、支祠以至家长的宗族系统(族权)"②。《家礼》对家族组织的发展,影响巨大。

----

① 至迟到元代,已有人按照《家礼》的设计建立祠堂。浦江《郑氏规范》:"立祠堂……其仪式并遵《文公家礼》。"
② 见毛泽东:《湖南农民运动考察报告》,《毛泽东选集》第1卷,人民出版社,1952年,第33页。

三、"大体不变,少加损益"

《书仪》《家礼》以《仪礼》为本,同时又参考了唐代《开元礼》中有关品官冠婚丧祭的礼制,这可由《书仪》经常提到《开元礼》证之。《书仪》婚礼、丧葬礼分节目叙述,条理清楚,易于掌握,如丧礼分为"初终""复""易服""讣告""沐浴"……这显然也是受《开元礼》的影响。在此基础上,《家礼》又把类似做法推广到冠礼、祭礼。从《仪礼》《开元礼》到《书仪》,再到《家礼》,演变趋势是逐渐简约,根据社会发展和现实状况不断变通。但也不尽如此,在个别方面,后出者也有恢复或者比前出者更接近古制的。从《仪礼》《开元礼》到《书仪》《家礼》,冠婚丧祭礼制的基本构架未变,其因革可用《家礼序》的一句话加以说明:"因其大体之不可变者,而少加损益于其间。"下面,分冠、婚、丧、祭,具体看看《书仪》《家礼》在"大体不变"的前提下做了哪些比较重要的损益,又是如何做损益的。

冠 《书仪》冠礼仪式基本同于《仪礼·士冠礼》,但将"三加"的缁布冠(郑玄注)、皮弁冠、爵弁冠,代之以宋代通行的巾、帽、幞头。《家礼·冠礼》的内容基本来源于《书仪·冠仪》而更为简略。有一点《家礼》做了变化:在"宾字冠者,出就次"后,增加"主人以冠者见于祠堂"。

婚 《书仪·婚仪》基本遵循《仪礼·士婚礼》,不同之处有:(1)在纳采前一日,增加"主人以香酒脯醢先告于影堂","女方主人亦告于祖祢"。原注提示:"《士婚礼》无先告庙之文……夫婚姻,家之大事,其义不可不告。"(2)亲迎前一日,增加"女氏使人张陈其婿之室"。原注:"俗谓铺房,古虽无之,然今世俗之用,不可废也。"(3)《士婚礼》规定婿"乘墨车"亲迎新娘,《书仪》改为"婿乘马",并允许新妇若乘毡车会呕吐者,可乘檐子。(4)《士婚礼》定新妇"三月而庙见",新妇在行庙礼之前,不能算是夫家的正式成员,如死了,要归葬女家。《书仪》取消三月庙见之礼,改为新妇入门,即和新婿一起拜祖先。原注:"古无此礼,今谓之拜先灵,亦不可废也。"司马光此举颇受一些礼学家的非议①。(5)拜祖先后,婿、妇入室,《书仪》又规定婿妇交拜。原注:"古无婿妇交拜之仪,今世俗始相交拜,拜致恭,亦事理之宜,不可废也。"(6)在婿妇入室之时,"主人以酒馔礼男宾于外厅,主妇以酒馔礼女宾于中堂"。原注:"古礼,明日舅姑乃享送者,今从俗。"

《家礼·婚礼》承袭了《书仪》铺房、婿亲迎乘马、婿妇交拜等新设的仪节,而改纳采前一日告祖为纳采当日清晨"告于祠堂",将三月庙见和"拜先灵"折中为亲迎后三日"主人以妇见于祠堂"。《家礼》对婚礼的最大变革,是把"六礼"省并为纳采、纳币、亲迎"三礼"。这在一定程度上影响了后世的婚姻礼制②。《家礼·婚礼》的正文十分简略,分议婚、纳采、纳币、亲迎、妇见舅姑、庙见、婿见妇之父母七节。

丧 《书仪·丧仪》《家礼·丧礼》将《仪礼》讲丧葬的《士丧礼》《既夕礼》《士虞礼》和《丧服》四篇内容,予以简化、分节、条贯。其损益可注意者有:(1)《书仪》定"复"至寝庭之南、北面招,《家礼》则仍因《士丧礼》及《开元礼》,升屋北面招。《书仪》原注:"今升屋而号,虑其惊众。"(2)《开元礼》在初终时即行"易服",《书仪》将"易服"列入"复"之后,"沐浴、饭含、袭"之前。《家礼》承《书仪》,又在"易服"之后列入丧者亲戚邻里"不食"和"治棺"的条文。(3)《书仪》循《仪礼》《开元礼》,有"卜宅兆葬日"一节,但同时又提出:"今若不晓卜筮,止用杯珓可也。若葬于祖茔,则更不卜筮。"对

---

① 《四库全书总目·书仪提要》。
② 《元典章》士庶人婚仪定议婚、纳采、纳币、亲迎"四礼",明洪武元年定制庶人结婚用《家礼》,见《明史·礼志》;《明集礼》用《家礼》"三礼";《清通礼》庶士婚礼、庶人婚礼,订有纳采、纳币、请期、亲迎。

此,《家礼》仅在"治葬"一节中规定"三月而葬,前期择地之可葬",并注云:"今人不晓占法,且从俗,择之可也。"(4)《书仪》遵《仪礼》《开元礼》有"启殡"一节,《家礼》略,而在迁柩前一日加行"朝奠",原注:"盖古有启殡之奠,今既不涂殡,则其礼无所施,然又不可全无节文,故为此礼也。"(5)《书仪》《家礼》从《开元礼》,在"下棺"后祭祀后土,《仪礼》无此礼节。(6)《家礼》"虞祭"须行"降神"古礼,《书仪》无。(7)《书仪》《家礼》均定"祔"在"卒哭"次日。《书仪》在原注中说:"按《士虞礼》,始虞祝词云,适尔皇祖某甫,告之以适皇祖,所以安之,故置于此。"《家礼》原注则另有解释:"商礼既亡,其本末不可考,今之虞、卒哭皆用周礼次第,则此不得独从商礼。"两书此举也颇受非议①。(8)《家礼》"大祥"有迁祧之礼,《书仪》无。这是因为《家礼》祠堂设四龛。(9)《书仪》《家礼》都无"受服"。司马光曾以为:"古者既葬、练、祥、禫皆有受服,变而从轻。今世俗无受服,自成服至大祥,其衰无变。故于既葬别为家居之服,是亦受服之意也。"②《书仪》也说:"按世俗无受服,谓大祥为除服即著禫服,今从众。"除上所述,《书仪》《家礼》对《仪礼》(包括郑玄注)的规则,还做了许多变通。例如《书仪》在"沐浴"一节中提到:"古者疾病废床。人生在地,去床,庶其生气反也。将沐浴,则复迁尸于床矣……今人既死乃卧尸于地,讹也。古者沐浴及饭含皆在牖下,今室堂与古异制,故于所卧床前置之,以从宜也。古者沐浴设床袒簀。袒簀者,去席,盛水便也。今籍以簀,不设毡褥,亦于沐浴便。"如此等等,不胜枚举。

关于五服的规定,《书仪》《家礼》大致相同,只是《家礼》在斩、齐、功、缌之上又细分正、加、降、义。有几点值得注意:(1)《仪礼》

---

① 《四库全书总目·书仪提要》。
② 转引自《续通典》卷79《五服制度考》。

《开元礼》都定妇为舅姑服齐衰不杖期,后唐始改妇为舅姑服三年①,《书仪》《家礼》予以采纳,影响及于后世。(2)《书仪》《家礼》妇人都不杖,这与《礼记·丧大记》《丧小记》不同;《开元礼》也尚有"主妇杖"。(3)两书都采纳了唐代魏徵改为舅服缌麻为小功②。

关于五服的布料,《书仪》斩齐用古制,功缌不用古制:"大功、小功、缌麻,皆用生白绢。"《家礼》遵古制,斩齐功缌仍依次用生、粗到熟、细的麻布。

祭 《开元礼》依据《仪礼》讲祭礼的《特牲馈食礼》《少牢馈食礼》《有司彻》,整合出一套品官的家祭制度。《书仪》参照《仪礼》《开元礼》,在《丧仪》中制定了家祭(主要指时祭)的程序和规则。《家礼》专设《祭礼》一卷,以《书仪》为基础,加以简约、条贯,确定了时祭的程序和规则,并标明"四时祭";再采用程颐的主张,立出"冬至祭始祖""立春祭先祖""季秋祭祢"三节目;又拟定"忌日"之祭和"墓祭"的程序、规则,从而形成了较为完整的一套家祭制度。

《开元礼》的祭礼对古制颇作变通,相形之下,《书仪》在有些方面更接近古仪礼。比如,《开元礼》无关于女子的条文,《书仪》有;《开元礼》无馂,《书仪》有。《书仪》也做了一些省约从简,如略"省牲",以焚香酹酒"降神"。以后,《家礼》又恢复"省牲",在"降神"节目中详注如何灌酒于茅。

总的来说,在冠婚丧祭礼制的演变史上,《书仪》《家礼》占有重要地位,两书对传统礼制的因革损益,具有承上启下的意义。两书还形成了中国封建社会后期家礼的基本格局。

应该指出的是,把握两条基本原则,有助于我们理解《书仪》《家礼》对传统礼制的因革损益。南宋杨复注《家礼》曾指出,《家

---

① 参见《宋史·礼志二十八》。
② 参见《唐会要·服纪上》。

礼》在诸家礼说之间采取的是"去取折衷"①。这道出了一个带有普遍性的问题。《书仪》《家礼》既崇古,所以因袭了传统礼制的"大体";又反对泥古,故而因情循俗做了损益。在崇古与泥古、遵礼守旧与因情循俗以及诸家礼说之间,进行权衡和取舍的准则,是取"中"。这一点在本文前述内容中已可多有所见。这里再举一例。关于婚龄问题,历代聚讼不断,《书仪》《家礼》将其折中为"男子年十六至三十,女子十四至二十"。《书仪》认为这是"参古今之道,酌礼令之中,顺天地之理,合人情之宜"②。"去取折衷",此其一。

其二,"爱礼存羊"③。南宋周复编《家礼附录》,其中提到"爱礼存羊"之典故,以此说明有些古礼虽已在现实中废失,但条文中仍应保留,"尔爱其羊,我爱其礼",虽是残存的形式,留着它总比什么也不留要好。《书仪》《家礼》的许多条文,乃至中国礼制发展上的许多问题,都必须联系"爱礼存羊"的原则和心态加以理解。比如,冠礼在宋代之前就早已废失,而《书仪》《家礼》仍把它视作"礼之始",将其作为一个重要的组成部分编订在家礼之中。深衣在宋代仅为少数几个士大夫家居时穿服,被看作为"物外高人之野服""取骇于俗观"④,但两书却仍因《礼记·深衣》,把深衣奉作极重要和完备的服装,详加考订,各立《深衣制度》一篇。《书仪》《家礼》的不少条文,都出于"爱礼存羊"之意,切不可把它们当作现实生活的记录。

作为产生于中国封建社会从前期向后期转型阶段的文化产物,《书仪》《家礼》在继承和发展传统礼仪问题上表现出的强化宗法意识的价值取向,应予注意。《书仪》《家礼》加妇为舅姑服三年

---

① 参见南宋周复所编《家礼附录》。
② 《书仪·婚仪上》。
③ 典出《论语·八佾》。
④ 清代汪佑订《朱子家礼》语,见紫阳书院定本。

(为舅服斩衰三年,为姑服齐衰三年),在服制上折射出当时宋儒着力鼓吹和强化"三纲五常"的动向。《书仪》冠礼前主人要"亲临筮日于影堂门外";纳采要先告于影堂;婿迎妇至家,首先到影堂见祖祢;丧葬礼的许多仪节也都要到影堂举行。如此把冠婚丧活动都与先祖联系起来,根本的目的是想培植和强化族人的宗法意识。较之《书仪》,《家礼》又进了一步:建立祠堂制度;冠礼中增加祠堂拜祖;改《书仪》"拜先灵"为三日后参拜祠堂,等等。清人王懋竑曾指出:"《家礼》重宗法,此程(颐)张(载)司马氏(光)所未及。"[1]《书仪》《家礼》汇入宋代思想文化演变的潮流,以家庭礼仪的形式影响和改变社会。

(原载《浙江学刊》1993年第1期)

---

[1] 《白田杂著·家礼考》。

《朱子家礼》：民间通用礼

《朱子家礼》（又称《文公家礼》，以下简称《家礼》）是中国封建社会后期的民间通用礼。研究宋元以迄近代中国社会生活的变化、发展，不能置《家礼》于不顾。若不考究《家礼》及其流传和影响，这段历史时期内有关礼俗、家族乃至文化发展、演变的诸多问题，便不宜搞清。遗憾的是，这么重要的一部著作，半个多世纪以来却绝少有人问津；直到最近几年，方有学者对此书给予关注，但仍局限于作者问题的考辨①。本文对《家礼》的内容、影响和文化意蕴试作论述。

一

有关家庭（家族）礼仪的规范，最早散见于《仪礼》《礼记》诸篇。根据现存文献资料，唐代以前，涉及家庭礼仪的著述，或是作为一种纯粹的礼学研究，或像《颜氏家训》一类是为训导子弟之用，尚未出现专门用作指导家庭礼仪活动的家礼著作。唐代"书仪"类著作有很大发展，明显突破传统书仪作为写信的格式和范本的模式，有相当一部分叙述的是民间婚丧嫁娶的程序和仪式②。北宋司马光

---

① 可参阅束景南：《朱熹〈家礼〉真伪辨》，《朱子学刊》第5辑，黄山书社，1993年；陈来：《朱子〈家礼〉真伪考议》，《北京大学学报（哲学社会科学版）》1989年第3期。经束、陈二人的考辨，已可基本认定《家礼》为朱熹所作。
② 可参阅周一良：《敦煌写本书仪所见的唐代婚丧礼俗》，《文物》1985年第7期。

撰《书仪》，兼包书札和家庭礼仪两方面的内容，而后者的比重远远超出前者，成为此书的主体。《书仪》将家庭礼仪按冠、婚、丧条贯排列，撰作了《居家杂仪》等一套相关的规则，形成一个相对完整的体系，已是较为成熟的家礼著作。

朱熹上承《仪礼》，又特别注意吸取司马光《书仪》的成果，参酌古今，编订《家礼》，拟定了一套冠、婚、丧、祭和其他家常日用的礼仪制度，将中国古代的家礼进一步臻于完备。相较于宋代其他的家礼著述，《家礼》具有如下几个特点：

（1）体例完备而眉目清晰。《家礼》分《通礼》《冠礼》《婚礼》《丧礼》《祭礼》五部分。《通礼》含《祠堂》《深衣制度》《司马氏居家杂仪》三节，统领全篇。《丧礼》述及五服制度和居丧杂仪。全篇文字分正文和注两种，正文不订"厅寝户牖""庭阶升降"的繁礼缛文，仅记叙礼仪的主体过程。这样，一方面使得语言简洁，礼仪安排相对紧凑、连贯，便于记诵和操作；另一方面，也为平民百姓的参考使用留有较大余地，可以因人、因地、因时而宜。

（2）对传统礼仪的更新具有较强的自觉意识。《家礼序》云："三代之际，礼经备矣。然其存于今者，宫庐器服之制，出入起居之节，皆已不宜于世。"所以朱熹根据时代和社会的变化，对古礼进行修改。或将古礼所用的一些器具除去，或代之以当时通用之物；或对古礼程序作删减、省略，使之简约易行，如并婚姻"六礼"为"三礼"（纳采、纳币、亲迎）。朱熹还勇于革新，如创设祠堂，对从前庶人祀祖祢于寝和士大夫立家庙两种做法进行折中，于正寝之东祭高、曾、祖、祢四世，让其适用于一般士庶之家。朱熹在《家礼》的许多地方，提出应"从俗""从众"，表现出变通的精神。

（3）博采众长，融会贯通。宋代许多大儒如程颐、程颢、张载等，都曾做过编订家礼的工作。朱熹早先作《祭仪》，是主二程之说。后来经过反复比较，他改变了观点，认为"二程与横渠多是古礼,温公则大概本《仪礼》而参以今之所可行者。要之,温公较稳,其中与古不甚远,是七分好"①。于是朱熹作《家礼》,就转为本司马光之说而参以诸家。对此,朱熹曾有明确表示:"熹尝欲因司马氏之书,参考诸家之说,裁订增损,举纲张目。"②《家礼》一半以上的文字语句援引于司马光《书仪》,其中直接搬用了《司马氏居家杂仪》。从冠、婚、丧、祭的内容言,"冠礼则多取司马氏;婚礼则参诸司马氏、程氏;丧礼本之司马氏……及论祔迁,则取横渠……祭礼兼用司马氏、程氏……节祠则以韩魏公所行者为法"③。

总之,《家礼》既以《仪礼》等古礼为本,又能依时因情循俗,作损益、变通。它是宋代家礼著述中具有集大成性质的一部,并确立了中国封建社会后期家礼的基本范式。

二

唐末五代的社会大动荡,使旧有的家族组织分崩离析,宗法关系松弛,礼文亡阙;士族制度解体,农民对地主的人身依附相对减轻;商品经济发展,土地买卖增多。这一切,使一个讲究等级秩序、注重对人的约束的传统社会,无疑陷入一种"失重"状态。传统在其产生的经济基础和社会文化背景没有根本改变之前,其对历史发展的作用力仍是巨大的。因此,重建家族组织,通过家族组织来倡导、发扬孝悌的宗法思想,用求诸以内的所谓"修养"代替已经失落的外在的经济、政治的制约,由此巩固社会秩序的稳定,在宋代就自然成为一个时代课题。围绕这一中心,随着时间的推移,一场文化运动逐渐向纵深发展。这呈现在后人眼里特别能引起注意的,一方面是家族组织作为一种实体的重构,一方面是理学作为一

---

① 《四库全书总目·司马氏书仪提要》。
② 《晦庵先生朱文公文集》卷83《跋〈三家礼范〉》。
③ 〔明〕魏棠:《文公家礼会成·序》。

种学术和观念的形成。两者相辅相成,对封建政治秩序和道德秩序的稳固起了巨大的作用。包括《家礼》在内的宋代家礼著述,正是在这种背景下产生的。

《家礼》重订日用伦常和礼节制度,目的是想为中国家族确立一套理想的生活方式,即长幼有序、贵贱有等,人们言行举止均从规矩,冠、婚、丧、祭皆由定式,以此有助于达到家族和社会的至治。然而,《家礼》的意义还不仅仅在此。其时,门阀等级性宗法宗族制已经解体,家族组织在结构形态上正处于变化之中。对于如何建设和发展家族组织,宋儒议论纷纷。朱熹从家庭礼仪的角度提出了他的理论构想。其中最富建设性的意见,便是《家礼》关于祠堂的设计。

《家礼·通礼·祠堂》一节的许多内容源自《书仪·影堂杂仪》。朱熹的祠堂之制系司马光影堂之制的发展。按古礼,每家都有祭祀祖先的场所,天子诸侯士大夫设家庙,庶人祭于寝。经过唐末五代的震荡,"礼文大坏,士大夫无袭爵,故不建庙,而四时寓祭室屋"①。宋代虽曾规定建庙的制度,但未能实行。司马光遂设计出影堂②代为行使家庙的职能。同样,朱熹的祠堂③也即庙制。不过,《家礼》创设的祠堂,其功能远远超出以往的家庙。

朱熹将《祠堂》一节置于卷首。他自注这是为了突出"报本反始之心,尊祖敬宗之意",是为了"使览者知所以先立乎大者,而凡后篇所以周旋升降、出入向背之曲折,亦有所据以考焉"。通览《家礼》,祠堂被确立为整个家族活动的中心场所,是表明家族存在和维系家族团结的灵魂和纽带。

---

① 《宋史·礼志》。
② "影堂"一词最早见于晋朝崔豹的《古今注》:"庙者,貌也,所以仿佛先人之容貌。庶人则立影堂。"作为祭祖的场所,"影堂"一词在五代、北宋使用较多。
③ "祠堂"一词至迟在汉代就已出现。有的建于墓所,有的用于纪念名宦名贤。《家礼》赋予"祠堂"以新的内涵。

《家礼》规定，祠堂建于正寝之东，或三间或一间，内设四龛以奉祀先世神主。祭高、曾、祖、祢；若易世，原高祖亲尽而迁其主，埋于墓田。主人（即族长、家长）每天要到祠堂晨谒。家族成员"出入必告"，"有事则告"。逢正旦、冬至、每月朔望日，要到祠堂参拜神主，遇俗节（如清明、寒食、重阳）要献以时食。"或有水火盗贼，则先救祠堂，迁神主、遗书，次及祭器，然后及家财"等。《家礼》的祠堂之制，为以后现实生活中家族祠堂的兴建提供了蓝本。至迟到元代，已有人按照《家礼》的设计建立祠堂。如浦江《郑氏规范》云："立祠堂……其仪式并遵《文公家礼》。"虽然后世祠堂在形制上会各有所不同，但原则上一般都以《家礼》的规定为准。《明集礼》"祠堂制度"条即全文照搬《家礼》。

《家礼》祠堂制度最具深意之处，在于将奉祀祖先与立"宗子法"、置族产结合起来。周代宗法制与分封制相互依存。作为制度，先秦的宗法制早已死亡。然而其区分大宗、小宗的基本原则，"继别为宗，继祢者为小宗"，大宗百世不迁，小宗五世则迁[①]的思想则影响深远。宋代家族组织重建伊始，就有人将恢复"宗子法"作为一个重要的理论主张提出来。苏洵、苏轼、欧阳修、张载等都发表过实行"宗子法"的见解。古代"宗子法"当然不能依样恢复，但在复古的旗帜下，通过选立"宗子"（其实就是族长或家长）加强"宗子"的权力和地位，却起到了"敬宗收族"的效果。这形成了封建社会后期家族组织发展变化的一个新的重要特征。《家礼》也倡导"宗子法"，并且把抽象的理想和原则落实在具体的祠堂制度之中。

按照《家礼》，宗子主持祠堂的祭祀，是主人。"祠堂所在之宅，宗子世守之，不得分析。"祠堂内设四龛，自西而东分别为高祖、曾

[①] 见《礼记》的《丧服小记》和《大传》二篇。

祖、祖、祢所依。若大宗及继高祖之小宗，祭四世先祖；若继曾祖之小宗，则虚西面第一龛而不祭高祖；依此，继祖之小宗则不祭曾祖，虚西龛二；继祢之小宗则不祭祖，虚西龛三。针对宋代家族传代世数都比较短的情况，《家礼》又指出："若大宗世数未满，则亦虚其西龛，如小宗之制。"以此适应现实的实际情况。经过朱熹的改造，古老的"宗子法"被"推陈出新"，融合在祠堂制度中，服务于新的历史条件下的家族组织。

家族既要依靠"敬宗"来"收族"，也少不了一定数量的族产作为凝聚族员的物质基础。宋代以前，门阀士族的经济地位比较稳定，他们拥有资产供给家族活动和救恤族人。但到宋代，等级变化加快，贫富分化加剧，家族的经济地位处于相对不稳定状态，于是，置办族产问题就突出起来。北宋时范仲淹办"义庄"，有"义田""义屋"为其族产，创立了一个解决的方式。《家礼》则提出另一设想："初立祠堂，则计见（现）田每龛取其二十之一以为祭田。……宗子主之，以给祭用……不得典卖。"《家礼》"置祭田"的方案，不但使祭祀祖先的费用有了稳定的来源，而且宗子掌管祭田，也加强了他对家族的控制力。

《家礼》强调宗子对祭祀权和族产的把持，利用祠堂维护家族的稳固和世代传衍，这套制度在以后的家族活动中得到运用和发展。以此为特征，中国历史上逐渐形成了所谓的"由宗祠、支祠以至家长的宗族系统（族权）"[①]。正是朱熹为近世家族制度规划了一个相当完整而又十分细致的方案。除了后来形成的家谱他没谈到以外，大凡祠堂、族田、祭祀、家法、族长等体现近世家族制度形态结构的主要内容，《家礼》都提了出来。可以说，后世的家族制度大体上就是按照朱熹设计的模式建立起来的。

---

① 毛泽东：《湖南农民运动考察报告》，前引《毛泽东选集》第1卷。

再回到本节的开头。以《家礼》为代表的宋代家礼著述的大量涌现,与家族组织的发展、理学思潮的兴盛之间存在内在的关联。家礼依存、服务于家族这个实体,受制又作用于家族的发展。家礼的变化,还体现出理学思潮的某些动向。宋儒讲求穷理尽性、躬行践履,强调由修身、齐家达到道德的自我完善和社会道德水准的提高,因此,许多人都非常重视倡导家族活动,积极编订家礼,以此推广理学的道德说教。由此也可见,集大成的《家礼》,成于理学大师朱熹之手,绝非偶然。它是宋儒强调"理即礼"的一个绝好说明。

三

作为产生于中国封建社会从前期向后期转型阶段的文化产物,《家礼》在继承和发展传统礼仪中表现出的一些价值取向,值得注意。

一、强化宗法意识

《家礼》突出宗子的地位,充分肯定父家长制的专横统治,认为"号令出于一人,家政始可得而治矣"。子女要绝对服从父母,"凡父母有过,下气怡色柔声以谏。谏若不入,起敬起孝。悦,则复谏;不悦,与其得罪于乡党州闾,宁熟谏。父母怒不悦,而挞之流血,不敢疾怨,起敬起孝"。"凡子事父母,父母所爱,亦当爱之;所敬,亦当敬之。""子甚宜其妻,父母不悦,出;子不宜其妻,父母曰:是善事我,子行夫妇之礼焉。"就这样,专制主义带着它的残忍和无情,掩藏在宗法关系温情脉脉的面纱下,被推向整个社会。

《家礼》又森严男女大防,女子受到诸多限制。它规定:"男治外事,女治内事。男子昼无故不处私室,妇人无故不窥中门……妇人有故出中门,必拥蔽其面。"对人之将亡,《家礼》强调:"男子不绝于妇人之手,妇人不绝于男子之手。"《家礼》又申明"七岁,男女不同席,不共食",反对女子"作歌诗、执俗乐",提倡男子十岁以后学文辞,"女子则教以婉婉听从,及女工之大者"。以上一些思想虽非朱熹首创,但被发展为治家要诀,广为流传,便格外发生威力。

宗法的人伦关系和等级制度,在五服中得到最集中、鲜明的体现。《家礼》详定五服制度,其中又加妇为舅服斩衰三年,为姑服齐衰三年。表面上这有违古代"妇不贰斩"的原则,但妇从属于夫,夫又从属于舅,所以实际上是加紧了"三纲五常"的箝制。《家礼》创设祠堂,以此维系和强化宗法关系。在冠礼中增加祠堂拜祖的仪式,婚礼又定新妇三日参拜祠堂,所有其他冠、婚、丧活动中的重要事项,也都与先祖挂起钩来。这一切,如同清人王懋竑所言,"《家礼》重宗法,此程(颐)、张(载)、司马氏(光)所未及"①。

二、申严礼教,遏制人欲

《家礼》对冠婚丧祭领域和其他日常生活中种种非礼的现象进行了批评,对宋代因商品货币经济发展而引出的所谓"人欲"横行,抨击尤甚。宋代婚姻论财十分盛行,为此《家礼》感叹云:"今世俗之贪鄙者,将娶妇先问资装之厚薄,将嫁女先问聘财之多少。至于立契约云,某物若干,某物若干,以求售其女者,亦有既嫁而复欺绐负约者,是乃驵侩卖婢鬻奴之法,岂得谓之士大夫昏姻哉!"《家礼》强调把符合礼教思想的道德标准放在首位:"凡议婚姻,当先察其婿与妇之性行及家法何如,勿苟慕其富贵。"

《家礼》还倡导同居共财,反对财产"私有",申明:"凡为子为妇者,毋得蓄私财,俸禄及田宅所入,尽归之父母舅姑。当用则请而用之,不敢私假,不敢私与。"让人们在大家庭的同居共财中,取消个人"私欲"和"私利"的合理存在。

以礼矫俗,尤其是面对金钱意识膨胀、拜金主义泛滥,冀图通过申严礼教予以遏止,在这一点上《家礼》体现了"存天理、灭人欲"的理学精神。就其社会意义言,有正面的,这主要指它重视伦理道

---

① 《白田杂著·家礼考》。

德建设的重要性；也有负面的，比如它同时也压抑了正常的人性，等等。至于包括《家礼》在内的由宋代统治者和儒家文人竭力推行的民间礼教，到明清两代变成一种畸形发展，则毫无疑问，严重阻扼了中国历史和文化的健康发展。

三、以礼抵御佛、道、阴阳家的浸染

伴随南北朝隋唐以来儒、佛、道的"三教合流"，佛、道及阴阳家的观念和生活方式，对社会生活浸染日深。这突出地反映在丧葬问题上。在宋代，虽然儒家传统丧葬礼的基本程序仍被沿用，但整个社会的丧葬活动已糅杂、混合了大量佛、道及阴阳家的东西，呈现出一种新的格局和色调。《家礼》就此提出批评："世俗信浮屠诳诱，于始死及七七日、百日、期年、再期、除丧、饭僧、设道场，或作水陆大会，写经造像，修建塔庙。云为此者，灭弥天罪恶，必生（升）天堂，受种种快乐；不为者，必入地狱，剉烧舂磨，受无边波叱之苦……举世滔滔信奉之，何其易惑难晓也！"又说：火葬"出于羌胡之俗，浸染中华。行之既久，习以为常，见者恬然，曾莫之怪，岂不哀哉！"认为行火葬是做子孙的"悖谬"。《家礼》对阴阳家和葬师将择地而葬说成能决定子孙的贫富贵贱、贤愚寿夭，也给予驳斥，以为极其"愚惑"。

宋儒包括朱熹，在现实生活中对佛、道等的观念和行为时常默认，但在"礼"的问题上，他们就往往表示不可侵犯。于是，历史的发展就表现为，一方面是"三教合流"，一方面是用礼的典章制度来保持与佛、道等的泾渭分明。因此，虽然各种不同的文化因素在融合，但在典章制度的层面上，礼则维护了中国传统社会的宗法、专制制度，以及与之相关联的一套行为方式。儒家视冠婚丧祭活动极其重要，认为是"礼之大者"，所谓"冠以责成人，婚以承祭祀，丧以慎终，祭以追远"[①]。《家礼》重订冠婚丧祭礼，试图为整个社会

---

① 〔清〕张伯行：《小学集解》。

确立儒家规范,在日常生活领域里发挥了抵御佛、道、阴阳诸家的作用。

四、"爱礼存羊"

《家礼》拟定的礼节制度,有些是根本不可行的;而且是知道其不可行,作者又故意要将其制定出来。对这种现象,南宋周复在《家礼附录》中称之为"爱礼存羊"。

爱礼存羊,说的是周代有"告朔饩羊"的制度,但到春秋孔子生活的时代,已濒于灭亡;鲁君不但不亲临祖庙,而且也不听政,只是杀一只羊"虚应故事"。子贡认为不必留此形式,干脆连羊也不杀。可孔子表示"尔爱其羊,我爱其礼"①,以为尽管是残存的形式,却比什么也不留好。朱熹很赞同这种做法。《家礼附录》引朱熹的话说:"宗法虽未能立,然服制自当从古。父为长子三年,是爱礼存羊之意,不可妄有改易也。如汉时宗子法已废,然其诏令犹云,赐民当为父后者爵一级,是此礼犹在也。"依朱熹的话,宋代实际生活中父亲并不为嫡长子服三年丧,但为体现古礼的这一精神,《家礼》还需保留该条文。此等事例在《家礼》中还有很多。最典型的莫过于"冠礼"和"深衣"。

冠礼在宋代之前就早已废失,唐代柳宗元即说过:"冠礼数百年来不复行。"②《家礼》却仍坚持冠礼是"礼之始",将其作为一个重要的组成部分编入家礼的体系中。深衣在宋代仅为少数几个士大夫家居时穿服,被目为"物外高人之野服""取骇于俗观"③,然《家礼》仍因袭《礼记·深衣》,把深衣奉作极重要和完美体现儒家理想的服装,详加考订,立《深衣制度》一篇。

"爱礼存羊"是一个相当重要的问题症结所在,了解它是我们

---

① 《论语·八佾》。
② 引自〔清〕秦蕙田:《五礼通考》卷一百四十八。
③ 引自汪佑所订《朱子家礼》,紫阳书院定本。

研究古代礼制和文化不可或缺的一把钥匙。正是基于这种文化心态，一些在现实中早已废除的东西，会在制度上长期得以保存；而现实中合理的一些事物，又难以名正言顺地被制度化；热衷于徒具虚名的形式，成为民族普遍的积习。

剖析《家礼》的价值取向及其内蕴、意义，能帮助我们进一步认识、理解《家礼》，进而对它作出全面、恰当的评价。

四

《家礼》问世后，即被人奉作封建家礼的圭臬。朱熹门人黄榦撰《书家礼后》，云：《家礼》所作，"无非天理之自然，人事之当然，而不可一日缺也。见之明，信之笃，守之固，礼教之行，庶乎有望矣"[①]。但是，《家礼》之所以能成为中国封建社会后期的民间通用礼，还有赖于两个重要的因素：一是官方有意识的尊崇，二是民间刊布了大量有关《家礼》的注本和传本。这里所谓的注本、传本，是指那些对《家礼》进行注释，或加以损益、易以浅近之语，甚或加诸插图，依附于《家礼》的名下而印行、流传的家礼著作。依靠这些注本、传本，朱熹的礼学思想广为传播，《家礼》一书家喻户晓。下面对《家礼》的推广过程略作考订。

南宋有三人给《家礼》作注：杨复附注，刘垓孙补注，刘璋增注。南宋周复撰《家礼附录》，收录杨复附注，并认为杨复"有功于《家礼》"。据周复所题年月，《家礼附录》成于淳祐五年（1245年）。《家礼附录》常被后人置于《家礼》之后一并刊行。元代有人将杨复、刘垓孙、刘璋三人的注合为《文公家礼集注》刊行。

明初，儒学独尊朱学，从官方到民间，朱子声名显赫。与此同时，《家礼》的地位也日趋尊隆。洪武元年，政府颁令："民间婚娶，

---

① 《书家礼后》既收录在黄榦文集《黄勉斋先生文集》，又见诸现藏北京图书馆善本部的宋版《家礼》。

并依《朱子家礼》。"①洪武三年修成《明集礼》,其中多处采纳《家礼》的内容。永乐年间,又"颁《文公家礼》于天下"②。至此,《家礼》被官方礼制所吸纳,其性质也由私人编撰的家礼著作,变成为官方认可、体现官方意志的礼典。有明一代,城乡读书人家都把《家礼》奉为金科玉律。杨慎为《家礼》作序言认为:《家礼》补《周礼》之未备,可以"引人于孝子慈孙之列","引人于端人正士之林","引人于安分循理之地",甚至提出:"人不熟二经(案:指《周礼》、《家礼》)者,犹之人不为《周南》、《召南》,面墙而立,跬步行不去,何以申孝思,何以裕后昆,何以敦教化,何以厚风俗?"

在此背景下,明代有关《家礼》的注本、传本便层出不穷。大略有:汤铎《家礼会通》,黎贞《家礼举要》,王源《家礼易览》,方瀚《家礼旁附》,丘濬《家礼仪节》,杨慎《别本家礼仪节》,朱廷立《家礼节要》,朱天球《家礼易简》,魏堂《家礼会成》,王叔杲《家礼要节》,令狐鏓《家礼集要》,冯善《家礼集说》,翁正春《补选文公家礼》,丰庆《家礼从宜》,李廷机《家礼简要》,黄芹《家礼易行》,陆侨《家礼易简》,彭滨《补注文公家礼正衡》,邓元锡《家礼铨补》,冯复京《遵制家礼》,桑拱扬《家礼维风》,等等。

清人继续为《家礼》编著注本、传本,但已不似明人那般蜂拥而起。较为重要的有:王复礼《家礼辨定》,郭嵩焘校订《朱子家礼》,汪佑编订《朱子家礼》,李元郎《家礼拾遗》等。《家礼》在清代的地位依然隆显。汪佑以为:"《家礼》为人家日用不可无之书。"③郭嵩焘将《家礼》与郑玄"三礼注"相提并论,认为"二千年天下相为法守,独康成郑氏及朱子之书耳"④。

---

① 《明会要·礼九》。
② 《明史·礼志》。
③ 见汪佑所订《朱子家礼》。
④ 见郭嵩焘:《校订朱子家礼本序》,光绪十七年思贤讲舍刊本郭嵩焘校订《朱子家礼》。

依凭自身的诸多长处,又借助官方的力量和那么多文人儒士的宣传、推广,《家礼》对社会生活造成了极其深远的影响。前已提到《家礼》与后世家族制度发展的关系,这里再就《家礼》与宋元以降礼俗发展的相关性稍作考察。

以《中国地方志民俗资料汇编·华北卷》①为例,在该书所收京、津和河北地区有关婚、丧、祭礼的资料中,有32个州县的志书直接提到诸如"均遵《文公家礼》""率如《文公家礼》"一类字句。至于所记礼俗与《家礼》大致相合的州县就更多。这种情况不独华北一个地区如此,其他地区的地方志史料,提到遵行《家礼》的也所在多多。例如,《嘉靖常德府志》(湖南)风俗条载:"人家丧祭颇依《家礼》。"《万历新昌县志》(浙江)卷四风俗条载:"大率用《文公家礼》。"如此等等,不一而足。

值得一提的是,《家礼》提倡的墓葬建构法,对后世也影响殊大,被广为采用。基于长期的实地考察和亲身实践,朱熹对墓葬构筑进行了变革。根据南方地区的地理条件,他不盲从传统的"深葬"之说,而倡导和普及一种新型的"灰隔"使用法。《家礼》对此作有详细的记述。《家礼》所记,恰与今天考古发掘出的以三合土浇筑墓圹,以松脂(沥青)灌注棺椁,放置木炭作为防潮材料的南宋、元、明、清的"灰隔"墓葬,完全一致。诚如清朝万斯同认为的,真正有效解决了南方地区墓葬防水问题的,是朱熹提倡的这种灰隔。万氏云:"厥后《朱子家礼》虽不为木椁而易之灰隔之制,则坚与铁石无异,实胜于木椁。此后人所当法也。"②从这件事例也可看到朱熹这位理学大师强调躬行践履的本色。

《明集礼》卷二十四曾指出:"汉晋以来士礼废而不讲,至于唐宋,乃有士庶通礼。"作为士庶通礼的代表作,《家礼》在明清两代又

---

① 书目文献出版社,1989年。
② 引自〔清〕徐乾学:《读礼通考》卷八十二。

进一步成为民间通用礼。在对社会生活的影响和作用方面,《家礼》远远超过"四书五经"。

(原载《传统文化与现代化》1994年第4期)

"礼下庶人"的历史考察

围绕如何读解《礼记·曲礼》"礼不下庶人,刑不上大夫"一语,形成了一场由古及今的学术争议。近年又有学者对《曲礼》这段原文的标点和语意提出新的看法[①],试图以此进一步否定"礼不下庶人,刑不上大夫"在先秦的历史真实性。本文的主旨不在继续评判这段争议,而想跳出《曲礼》文本的特点语境[②],对历史上的"礼不下庶人"现象,和以后又如何"礼下庶人",提出分析与论证,借此寻绎一条可以理解和把握中国古代社会与文化演变的线索。

一、何谓"礼不下庶人"

诚如识者已指出的,周代庶人行礼的记载显见于经传[③]。兹举几例。《礼记·王制》:"诸侯无故不杀牛,大夫无故不杀羊,士无故不杀犬豕,庶人无故不食珍。"《礼记·曲礼》:"天子之妃曰后,诸侯曰夫人,大夫曰孺人,士曰妇人,庶人曰妻。""天子死曰崩,诸侯曰薨,大夫曰卒,士曰不禄,庶人曰死。"《仪礼·士相见礼》:"庶人见于君,不为容,进退走。"《周礼·春官·大宗伯》:"孤执皮帛,卿

---

① 参阅栗劲、王占通:《略论奴隶社会的礼与法》,《中国社会科学》1985年第5期;谢维扬:《"礼不下庶人,刑不上大夫"辨》,《学术月刊》1980年第8期;张全民:《"刑不上大夫"辨正》,《社会科学战线》1991年第4期。
② 这主要基于以下两个原因:(1)有关《曲礼》的作者、集结过程和最后形成的时间,尚待进一步研究。(2)汉语文具有语意的渗透性、扩张性和多义性的特点。因此倒不如在历史的大背景中,反观《曲礼》的文本。
③ 谢维扬曾列举14例。详《"礼不下庶人,刑不上大夫"辨》一文。

挚兰,大夫挚雁,士挚雉,庶人挚鹜,工商挚鸡。"从周代推行礼治的角度看,庶人也必须遵循礼的规范。《国语·鲁语》云:"夫礼,所以正民也。"《左传》昭公二十五年也载:"夫礼,天之经也,地之义也,民之行也。"这里的"民",包括庶人在内。

然而,必须注意的是:(1)在《仪礼》十七篇中,冠、婚、丧、相见为士礼,乡饮、乡射通于士与大夫之间,少牢馈食、有司彻为大夫礼,燕、聘、公食大夫为诸侯礼,觐为诸侯见天子礼,唯独没有庶人礼。而且,庶人之礼在先秦没有任何已形成文本的痕迹。在这个意义上,清人孙希旦所说的"制礼士以上","不为庶人制礼"①,无疑是正确的。庶人行礼,并有简单的条文,但没有专门成文的庶人礼,即礼的文本规定。

(2)文献中提到庶人行礼的条文,大抵都是在与天子、诸侯、大夫、士的对比中出现的。这固然说明庶人属于礼制系统中最低的一个等级,但同时也反映了,之所以要明确庶人该行何礼,目的在于"别等差",也即防止出现僭越的违礼现象。周礼的功能,对于庶人言,主要是"防";对于士以上(包括士)的贵族阶层,则主要是让他们在周旋升降、揖让跪拜的仪式中宣露其情感与意志,展开其社会的交往。故士以上阶层订有详尽的礼文,而庶人没有;庶人只在若干极其简略的条文中,明确该行何礼,以示与其他等级的差异。

(3)从周礼的整个内容看,庶人所行之礼仅是其中极小的一个部分。周礼基本上都是贵族之礼,主要施行于士以上的阶层。如果说周代的礼文化为贵族专有,并不过分。

基于以上三点,我们认为,先秦确是"礼不下庶人"。所谓"礼不下庶人",并非说庶人完全不行礼,或不受礼制的约束,而主要是

---

① 孙希旦:《礼记集解》。

指官方仅为贵族制礼,庶人没有适合于他们生活方式的礼的文本规定。若究其原委,或如孙希旦所云:以其质野,于节文有所不能习;以其卑贱,于仪物有所不能备①。而以笔者之见,最根本的一条,是因为庶人地位低下,他们在当时的政治格局和社会生活中无足轻重。

二、"礼下庶人"的开启和滞缓

"礼下庶人"的启动,首先在思想理论领域里酝酿。孔子乃第一人。

孔子生活的时代,表面上仍然只有天子才有资格议礼。虽然其时学术已经下移,由"学在官府"而步入下层,伴随这一过程,包括礼经在内的典籍散入民间;但是,时人仍无权损益周礼,他们的职志至多是对传统的礼经进行传述和考订而已。孔子在对礼经进行传述的同时,对礼的概念作了超越前人的新阐释,从而为"礼下庶人"确立了一个理论上的基点。

孔子以仁释礼,将传统的周礼与宗法制结为一体、将防民的礼制同仁、义联系起来,使之改造成道德之礼。孔子提出"礼也者,理也"②,认为"人而不仁,如礼何?"③主张"导之以德,齐之以礼"④。孔子又强调礼是作为人的一个普遍的行为准则,以为"不知礼,无

---

① 孙希旦:《礼记集解》。关于"礼不下庶人",历史上还有一些比较重要的解释,兹录于此,以供参考。郑玄《曲礼》注云:"为其遽于事,且不能备物。"孔颖达疏云:"礼不下庶人者,谓庶人贫,无物为礼。又分地是务,不服燕饮,故此礼不下与庶人行也。"孔颖达疏又引张逸云:"非是都不行礼也。但以其遽务不能备之,故不著于经文三百、威仪三千耳。其有事则假士礼行之。"宋人卫湜《礼记集说》卷7引广安游氏云:"礼不下庶人,古注详矣。如庶人不庙祭,则宗庙之礼所不及也。庶人徒行,则车乘之礼所不及也。庶人无燕礼,则酬酢之礼所不及也。庶人见君子不为容,进退趋走,则朝廷之礼所不及也。不下者,谓其不下及也。然非庶人举无礼也,特自士以上之礼所不及耳。"
② 《礼记·仲尼燕居》。
③ 《论语·八佾》。
④ 《论语·为政》。

以立"①,"不学礼,无以立"②,"非礼勿视,非礼勿听,非礼勿言,非礼勿动"③。孔子是主张"有教无类"的,因此他自然也把礼视作是庶人的行为标准和道德准则。这样,孔子就将传统的主要局限于贵族行为规范的礼,推广至全民各阶层。缘此,中国历史上便出现了在道德面前天子与庶人一律平等的观念。《礼记·中庸》就提出:"自天子以至于庶人,一是皆以修身为本。"这一观念是"礼下庶人"的理论前提。

在孔子试图将礼的观念普化于民众之后,仍有人坚持"礼不下庶人"的老传统。荀子当属典型。一方面,荀子以"隆礼"著称,他把礼推崇为宇宙原则,肯定礼对社会的普遍规范作用。而另一方面,他又强调:"由士以上则必以礼乐节之,众庶百姓则必以法数制之。"④"听政之大分,以善至者待之以礼,以不善至者待之以刑。"⑤荀子对贵族节以礼乐、对百姓制以刑法的价值取向,成为后来有人倡导"礼不下庶人,刑不上大夫"的理论张本。从荀子既主张礼治又强调对百姓只可制以刑法这种貌似矛盾实则内在统一的表述中,我们今人又可进一步体会古代"礼不下庶人"的内蕴。

经过春秋、战国的"礼崩乐坏",至汉代,礼制逐渐地又在社会的各个方面确立起指导地位。汉代儒生和统治者重建礼制,力图将礼推广为社会普遍的行为规范,并以此来实现和巩固政治与文化的"大一统"。在这种背景下,礼制向民间和大众渗透、浸润。汉代礼制的下渗与儒学的传播同步进行⑥,以各级官吏推行教化、移

―――――――
① 《论语·尧曰》。
② 《论语·季氏》。
③ 《论语·颜渊》。
④ 《荀子·富国》。
⑤ 《礼记·王制》。
⑥ 拙文《汉代礼制和文化略论》(载《复旦学报(社会科学版)》1992年第3期)曾论及汉代礼制的儒家化。

风易俗为重要渠道。试举几例，以窥一斑。

著名西汉官员韩延寿每出守一郡，都着力推行儒家的礼乐教化。《汉书》卷七十六本传记他任颍川郡太守时，"民多怨仇，延寿欲更改之，教以礼让。恐百姓不从，乃历召郡中长老为乡里所信向者数十人，设酒具食，亲与相对，接以礼意；人人问以谣俗，民所疾苦，为陈和睦亲爱销除怨咎之路。长老皆以为便，可施行，因与议定嫁娶丧祭仪品，略依古礼，不得过法。延寿于是令文学校官诸生皮弁执俎豆，为吏民行丧嫁娶礼。百姓遵用其教"。本传又记他以后任东郡太守云："延寿为吏，上礼义，好古教化……举行丧让财，表孝弟有行；修治学宫，春秋乡射，陈钟鼓管弦，盛升降揖让，及都试讲武，设斧钺旌旗，习射御之事。"

数任桂阳郡太守相继举礼乐、兴教化，也很有代表性。其地"与交州接境，颇染其俗，不知礼则"。东汉初卫飒为太守，"修庠序之教，设婚姻之礼。期年间，邦俗从化"①。和帝时许荆就任，又"设丧纪婚姻制度，使知礼禁"②。顺帝时栾巴又任太守，再次"为吏人定婚姻丧纪之礼"，并且要求所有的郡吏都必须学习礼经，并将此作为擢降的重要标准③。

一些乡村大族中的地方士绅，也凭借其地位和影响，身体力行，有意、无意地推广、传播儒家的礼乐教化。比如东汉末右北平大族田畴，因战乱聚众避于徐无山中，他为居民"制为婚姻嫁娶之礼，兴举学校讲授之业，班行其众，众皆便之，至道不拾遗"④。

汉代礼制的下渗推动了"礼下庶人"的进程。但是，终及东汉覆亡，礼又始终没有真正下达于庶人。换句话说，汉代仍是"礼不

---

① 《后汉书》卷七十六《循吏列传》。
② 同上。
③ 《后汉书》卷五十七《栾巴传》。
④ 《三国志·魏书》卷十一《田畴传》。

下庶人"。前文曾概括先秦"礼不下庶人"具有三个要点。三点中又以第一、二点最为根本。这里对照这两点,再对汉代的情况略作申论。

第一,汉代的庶人之礼没有形成文本形式加以流传。据《后汉书·曹褒传》:章帝时曹褒"受命,乃次序礼事,依准旧典,杂以五经谶记之文,撰次天子至于庶人冠婚吉凶终始制度,以为百五十篇,写以二尺四寸简。……和帝即位,褒乃为作章句,帝遂以新礼二篇冠。……后太尉张酺、尚书张敏等奏褒擅制汉礼,破乱圣术,宜加刑诛。帝虽寝其奏,而汉礼遂不行"。曹褒为庶人制礼,并曾得到皇帝首肯,可谓破天荒头一遭,其意义还从未被人提及。不过,曹褒撰作的礼书不久即遭废弃,其影响自然就无从谈起。在汉代史料中,庶人礼形成文本的唯有这一例。因此,只能说汉代已出现了"礼下庶人"的趋势,仍没有突破"礼不下庶人"的传统。

第二,从礼的功能角度看。汉武帝以后,儒生和统治者普遍重视礼的功用,东汉更是隆礼。但对于庶民是否应该施行礼乐仁义,存在不同的意见。贾谊就曾指出:"古者礼不及庶人,刑不至大夫,所以厉宠臣之节也。"[1]但贾谊还是非常重视礼乐教化对民众具有防微杜渐、潜移默化的作用。《白虎通义》则明确重申"刑不上大夫""礼不下庶人"的原则,提出"礼为有知制,刑为无知设"[2]。对这种说法及其做法,有竭力反对的。元帝时匡衡就上疏批评:"今俗吏之治,皆不本礼让而上克暴。……故犯法者众,奸邪不止,虽严刑峻法,犹不为变。"[3]宣帝时王吉上疏则希望皇上"述旧礼,明王制,驱一世之民,济之仁寿之域"。[4] 前述韩延寿这一班官员当

---

[1] 《贾谊集·治安策》,上海人民出版社,1976年。
[2] 《白虎通义》卷下《五刑》。
[3] 《汉书》卷八十一《匡衡传》。
[4] 《汉书》卷七十二《王吉传》。

然也持后一种态度。赞同《白虎通义》那种观点的,以为对老百姓只可施用刑法,完全反对"礼下庶人";即使是持后一种态度的,他们在对礼的功能的认识上,看重的也只是礼自上而下的"推导"作用,而远未注意庶人之礼本身的价值和重要性。从两汉客观的历史进程看,礼的功能也主要表现在帮助确立新的政治体制,促进文化的"大一统"。汉代尚未形成产生庶人礼的社会环境和需要。

从东汉末年开始,"礼下庶人"的趋势,遭到了形成中的门阀士族制度的阻扼。在以后"士庶天隔"的几百年里,门阀贵族将礼法作为炫耀门第、维护特权的工具。士族的高贵身份,都用一定的礼仪或生活习惯表现出来。例如,士族与庶族车服异制。西晋有人规定庶族不得穿紫、绛二色及绮绣、锦缋二料的衣服①;齐明帝又规定庶族之车不得用四辐伞②。齐东昏侯荒淫无道,好击鼓列幡夜走,常常弄得市民躲避不及,喧哗奔走,以致"士庶莫辨"③,可见平时街上士族与庶族是一眼明辨的。又如士庶互不交接,坐不同席,行不同车,甚至士族不愿与庶族拜官并列。在这样的社会氛围里,庶族纵然位列三公,也尚且在礼法上低士族一等,那就更遑论"礼下庶人"了。

"礼不下庶人"的状况一直延续到唐代。尽管从总体上看,由汉迄唐,借助文化传播等因素,儒家礼制对庶民的影响不断趋于扩大,但庶民始终未能在礼制上真正确立其地位。以唐代玄宗朝编修的《大唐开元礼》为例,它依旧局限于为官僚、贵族制订礼仪规则。《大唐开元礼》皇皇一百五十卷、六十余万言,分皇帝、皇室成员、三品以上、四品五品、六品以下五个档次,撰述礼文。庶人不是其制礼的对象,仅在为区别和强调等级差异时,才于相关条文下以

---

① 《晋书》卷九十《王宏传》。
② 《南齐书》卷六《明帝纪》。
③ 《南齐书》卷七《东昏侯纪》。

附记形式用片言只字指明庶人该行何礼。

唐末杜佑编撰的《通典》可以给予更多一点的信息。《通典》共二百卷,约一百七十万字,其中一半的篇幅详述唐和唐以前历代礼制的沿革。在这鸿篇巨制中,都是王朝礼、皇帝和宗室礼、贵族礼、品官礼;只有极少的几处,极简略地提示了有关庶人的情况。现特此存录:卷四十八《礼八》"诸侯大夫士宗庙"条下,标出"庶人祭寝";在《开元礼纂类》部分,"亲王冠"条下,记"百官一品以下尽九品,庶人并附";"亲王纳妃"条下,记"一品以下至庶人并附";"三品以上丧"条下记"四品以下至庶人并附"。由此可见唐以前"礼不下庶人"的具体情状。

三、"礼下庶人"的确立

宋代完成了"礼下庶人"的转捩。其标志是北宋徽宗朝政和年间颁行的《政和五礼新仪》。《政和五礼新仪》订有"庶人婚仪""庶人冠仪""庶人丧仪"等针对庶人的礼文①。又据载:"《五礼新仪》成……许士庶就问新仪",并"刊本给天下,使悉知礼意",让其在民间通行②。此等情况也从未有过。

在政和年之前,北宋曾有数部礼典问世,然因资料亡佚,许多已不知其貌。不过,将以下几条尚存的线索连贯起来,可以推出几个基本可靠的结论:(1) 太祖朝的《开宝通礼》"本唐《开元礼》而损益之";(2) 仁宗朝景祐年间撰有《太常新礼》;(3) 仁宗朝嘉祐年间欧阳修纂修《太常因革礼》,"主《(开宝)通礼》而记其变,及《(太常)新礼》以类相从"③。根据《太常因革礼》的现存残卷,可确定《太常因革礼》尚未专门为庶人备礼。鉴于几部礼典之间存在因袭关系,

---

① 见《政和五礼新仪》卷一七九、一八五、二一八、二一九、二二〇。
② 《宋史·礼志》。
③ 同上。

又可推断早已亡佚的《开宝通礼》《太常新礼》也未为庶人备礼。那么，《政和五礼新仪》就是可以确认的第一部给庶人制礼的官修礼典。

与《政和五礼新仪》相对应，《宋史·礼志》第一次在正史的礼志中记述了士庶婚丧嫁娶的情况。《礼志十八》在"品官婚礼"下设"士庶人婚礼"，《礼志二十八》设"士庶人丧礼"。《宋史·舆服志》也第一次在正史的《舆服志》中对庶人给予关注，就"士庶人车服之制""臣庶室屋制度"做了记录。这些从另一个方面反映了宋代的礼制已真正下达于庶人，完成了一个历史性的折变。

明、清二代沿袭和发展了宋代肇始的这一传统。以明代洪武年间徐一夔等人奉敕编纂的《明集礼》为例。《明集礼》订有"士庶冠礼""庶人婚礼""庶人丧礼""士庶冠服""士庶妻冠服"[①]。作为历史的记录，《明史·礼志》对"庶人冠礼""庶人婚礼""庶人相见礼""士庶人丧礼"给予反映[②]。

再以清代乾隆年间编修的《钦定大清通礼》为例。它订有"庶士家祭""庶人家祭"，"庶士婚""庶人婚"，"庶士丧""庶人丧"和"士宾友相见"诸礼仪[③]。又，当时官方阐述编写这部礼典的原则称："萃集历代礼书，并本朝会典，将冠婚丧祭一切仪制，斟酌损益，汇成一书，务期明白简易，俾士民易守。"[④]《清史稿·礼志》也专门记述了"士庶家祭""士庶婚礼""士庶相见礼""士庶人丧礼"等内容[⑤]。清朝末年章太炎曾指出："近世齐斩之服，冠婚之制，亦一切下庶人。"[⑥]斯论当缘上述变化而发。

---

① 见《明集礼》卷二十四、二十八、三十七、三十九。
② 见《明史·礼志》之八、九、十、十四。
③ 见《钦定大清通礼》卷十六、二十四、四十四、五十。
④ 《清高宗实录》卷二十一。
⑤ 见《清史稿·礼志》之六、八、十、十二。
⑥ 章太炎《五朝法律索隐》，载《民报》第23号(1908年8月)。

宋明"礼下庶人"还有另外一个重要的表征,那即是士庶通礼的完善,和最终为官方认可,其中的精华还被官方的礼制吸纳。《明集礼》曾提到:"汉晋以来士礼废而不讲,至于唐宋,乃有士庶通礼。"①限于资料,我们对唐代士庶通礼发展的情况知之甚少;幸亏20世纪发现的敦煌卷子中有唐人的写本书仪,略可弥补这方面的不足②。这些书仪有相当一部分内容是叙述民间婚丧嫁娶的程序、仪式的,用以指导老百姓的婚丧等活动。当然,它们产生于民间,流传于民间,不尽符合礼制的规范,只能属于一种"俗礼"。宋儒强调躬行践履,撰作了大量针对日常生活尤其是家庭生活的礼仪著作。在这些著述中,有不少承继了唐人书仪那种面向社会、指导现实的精神。它们以传统礼学为标准,对《仪礼》《开元礼》进行省约和变通,使之简便易行,符合士庶家庭的实际情况。南宋朱熹编撰的《家礼》便是其中的代表作③。

明代洪武元年,"令:民间婚娶,并依《朱子家礼》"④。洪武三年修成的《明集礼》对《家礼》多有采纳。到永乐年间,又"颁《文公家礼》于天下"⑤。至此,《家礼》被官方礼制吸纳,其性质也由私人编撰的家礼著作,一变成为官方认可、体现官方意志的礼典。明清二代,不仅是官宦之家,即使是寻常百姓之家,也都会备有《家礼》一书。时人把《家礼》奉作家庭生活和日常人伦的金科玉律。《家礼》成为明清的民间通用礼,也成为真正意义上的士庶通礼。这是"礼下庶人"走向深层的又一步发展。

再来分析宋代以后礼的功能的变化。政和三年(1113年),

---

① 《明集礼》卷二十四。
② 周一良先生对敦煌唐人书仪有深入的研究,可参阅其成果,如《敦煌写本书仪所见的唐代婚丧礼俗》,《文物》1985年第7期。
③ 参阅拙文《〈司马光书仪〉和〈朱子家礼〉研究》,《浙江学刊》1993年第1期。
④ 《明会要·礼九》。
⑤ 《明史·礼志》。

《政和五礼新仪》编定,即诏开封府刊本通行,"遇民庶之家,有冠婚丧葬之礼,即令指授新仪"[①];"使悉知礼意,其不奉行者,论罪"[②],充分表现出对庶人礼的文本的重视。宋儒又对礼作了新的理论阐释。他们强调"礼即理","理"又是"天理",从而将礼置放到伦理本体论的基础上。他们明确反对"礼不下庶人",肯定"庶人丧祭皆有其礼"[③]。

宋儒之所以提出"庶人丧祭皆有其礼",一个很重要的原因,乃是宋代商品经济空前发展,加之旧有的家族制度瓦解,宗法关系松弛,因而世俗人心发生很大的变化,出现了所谓的"人欲"横流的现象。宋儒有意识地加强民间的礼教,用礼尤其是家礼、乡礼这一类日用伦常来约束和规范广大民众的行为,影响世态人心的变动。较之汉代推行的那种自上而下的礼乐教化,宋代推行民间礼教的特点,在于它着意于激发民众循礼的道德自觉性,冀图通过全社会对礼的认同和遵循,达到道德秩序和政治秩序的稳固。因此它非常看重并大力推广庶人礼的文本规定。

我们大致可以作这样一个概括:先秦的礼主要用于规范和协调贵族之间的行为;汉朝的礼主要发挥了建设新体制、实现"大一统"的作用;南北朝时期,礼被突出地用以维护门阀的特权和地位;到了宋代,礼的重心则已向民间的礼教倾斜;而到明、清,民间礼教的发展达到极致。"礼下庶人",可视作礼的功用重心转移的一种表现。

四、宋代"礼下庶人"的直接动因

前文曾指出,东汉以后的门阀士族制度,滞缓了"礼下庶人"的

---

① 《宋公要辑稿·刑法二》。
② 《宋史·礼志》。
③ 《李觏集·礼论第六》。

进程。当宋代门阀贵族最终退出历史舞台,同时庶人社会地位得以提高时,"礼下庶人"的确立便成为可能。

关于唐宋社会士族、庶族的界限为何日趋淡漠,前人已有许多论述,本文不复赘引。笔者以为这里有必要对"士庶"一词内涵的调整、嬗变作一些分析,一方面借以透视中国古代社会关系、社会结构和社会分层所发生的变动与变化,另一方面,也对"礼下庶人"之"庶人"作一界定,进而深入探索"礼下庶人"的背景和动因。

魏晋以降,"士庶天隔",判若云泥。其时"士庶"所指主要是士族和庶族,而非先秦、秦汉的"士"与"庶"。先秦主要是井田上的耕田农民、西汉主要是小农的庶民,在魏晋南北朝大量沦为依附性极强的佃客、部曲之类,甚至沦为奴婢。门阀士族与出身寒微的庶族,构成社会的两大营垒,他们之间的关系在整个社会运作系统中起着突出的作用。隋唐开始,庶民作为一个阶层重新组合和发展,其在经济上、政治上的重要性日益彰显。反映到语言上,唐人使用"士庶"一词,有时是指士族与庶族,有时是指士(读书人)和庶(庶人、庶民)。及至宋代,士族的影响已近完全消退,故"士庶"除了在个别场合仍表示士族与庶族,大多数情况都是指士人和庶人。

宋代士(人)、庶(人)之间虽然存在等级差别,然已趋于缩小和淡漠。官府下的诏令,每每"士庶"并称,并且是"士庶工商""工商庶人"连称,以此与品官相对。士依然被视作"四民"之首,但在社会分层上,品官与普通"四民"的分野非常醒目。相形之下,"士农工商"之间的差异几可忽略,他们形成一个地位大致相等的庶民阶层,也即庶人。庶人作为一个社会阶层,在宋代的礼制和法律上都得到了确认。

宋代礼制在严格、繁杂的各种尊卑贵贱的等级制之上,形成了一个更为原则性的等级模式,即将社会成员区分为皇帝和宗室、品官、庶人三大等级。这一等级结构至少在仁宗朝即已显露。当时的一个诏文规定："天下士庶之家,屋宇非邸店、楼阁临街市,毋得为四铺作及斗八;非品官毋得起门屋;非宫室、寺观,毋得彩绘栋宇及间朱黑漆梁柱窗牖,雕镂柱础。"①与此段材料相关,《宋史·舆服志》载:"私居,执政、亲王曰府,余官曰宅,庶民曰家。"

《政和五礼新仪》以礼典的形式将此等级模式加以确立。它依照传统,将皇帝和皇室成员作为礼制的一大等级;又改变《开元礼》细分官员品级高下的原则,将所有品官都划归礼制的又一大等级。再加上庶人,就构成一个三元的等级结构。这一结构为后世沿袭,在《明集礼》《清通礼》和《明史》《清史稿》的《礼志》中都可发现。

由宋代下迄近代,"庶人""庶民""士庶""民庶"这几个概念大抵相通,表示不居官位的平民百姓(国家的编户齐民)。《政和五礼新仪》称"庶人";《明集礼》或称"庶人",或称"士庶";《清通礼》则将其析为"庶士"和"庶人"两部分。

在"士庶"一词内涵嬗变的同时,"官户"一词的含义在唐宋之际也发生了前后迥然不同的变化,并与作为士庶之家法定户名的"民户"相对。唐代"官户"曾经是一种属于国家直接控制的依附性很强的农奴的名称,其社会地位比官奴婢略高。但到宋代,官僚地主不再严格地区分清、浊的流品,在法律上和习惯上一般都将一品到九品的官员之家称为"官户"。尤其自神宗熙宁年间实行免役法,规定从前不负担差役的"官户"等都要交纳"助役钱"②,"官户"更成为品官之家的法定户名。宋代"官户"与"民户"相对,正如礼制上品官与士庶相对。这个礼与法的同构现象,更说明了在宋代的社会结构和政治格局中,庶人(平民)已占据重要的地位。

确实,宋代的庶人,在数量上占人口的绝大多数;经济上担负着社会大部分的生产劳动;文化方面,也成为重要的创造者(尤其

---

① 《续资治通鉴长编》卷一一九,景祐三年八月己酉。
② 《文献通考》卷十二《职役一》。

在大众文化、通俗文化方面);政治上,则是官府不能忽视的最广大的社会基础。

庶人地位的提高,当然要在礼制上得到反映。举一例子:古代有皇帝行耕籍之礼,《大唐开元礼》和宋代太祖朝的《开宝通礼》于耕籍礼均不设庶人耕位。而到太宗雍熙年间修定仪注,就增设"庶人耕位,在诸侯耕位之南"。及至编订《政和五礼新仪》,撰者又"乞依此设庶人耕位"。对籍田礼仪的这项更改,《政和五礼新仪·卷首》专门作了记录,《宋史·礼志》也有反映。

总之,庶人社会地位的提高,必然要求产生适合于他们生活方式的礼仪。《政和五礼新仪》订庶人礼,士庶通礼在宋代得以完善、提高,正是对应了这种社会要求。"礼下庶人"最直接的动因,盖来源于此。

从"礼不下庶人"到"礼下庶人",显示出中国古代社会与文化发展、变迁的一条脉络。"庶人""士庶"等概念是本土的、曾客观存在的,循此着手分析中国的史家,把握和阐说中国历史的运动及其特点,比之套用西方的一些概念或框架来进行推演或者比附,应能更准确,也更深切。遗憾的是,这方面的问题在半个多世纪以来的学术研究中常被忽略了。本文试作努力,当否,祈请批评指正。

(原载《社会科学战线》1994 年第 6 期)

明清时代《朱子家礼》的普及与传播

一、《朱子家礼》的地位在国家制度层面得到确立

《明史·礼志一》载:"明太祖初定天下,他务未遑,首开礼、乐二局,广征耆儒,分曹讨究。"

明太祖朱元璋在位的三十余年里,下令编纂的礼书有《存心录》《大明集礼》《孝慈录》《洪武礼制》《礼仪定式》《诸司职掌》《稽古定制》《国朝制作》《大礼要议》《皇朝礼制》《大明礼制》《洪武礼法》《礼制集要》《礼制节文》《太常集礼》《礼书》等①。如此大规模并且持续不断地定礼建制,在中国历代皇帝中诚不多见。《明史·礼志一》开篇引欧阳修的名言:"三代以下,治出于二,而礼乐为虚名。"紧接着话锋一转,说:

> 要其用之郊庙朝廷,下至闾里州党者,未尝无可观也。惟能修明讲贯,以实意行乎其间,则格上下、感鬼神,教化之成即在是矣。安见后世之礼,必不可上追三代哉。

此话应为有感而发,针对的是明代的礼仪教化包括明初对礼乐的极度推重。

《明史·礼志》《大明令》显示,洪武元年(1368年),明廷即有

---

① 《明史·礼志一》。

意识地下令在民间推行《朱子家礼》①。尔后,洪武二年八月,朱元璋"诏诸儒臣修礼书。明年告成,赐名《大明集礼》。其书准五礼而益以冠服、车辂、仪仗、卤簿、字学、音乐,凡升降仪节,制度名数,纤悉毕具"②。《大明集礼》(以下简称《明集礼》)在家庭的冠婚丧祭礼仪方面,多处采纳《朱子家礼》,在国家制度层面肯定并袭用《朱子家礼》。无论于《朱子家礼》的传播史,还是于明清礼制沿革的角度,这都是一件大事,值得究谈。

《明集礼》由徐一夔、梁寅、刘于、周子谅、胡行简、刘宗弼、董彝、蔡深、滕公琰、曾鲁等撰集③。又据《明太祖实录》卷56,《明集礼》于洪武三年(1370年)九月修成,50卷。然嘉靖年间刊印的亦即现所见之本,为53卷本④。下面我们就来了解《朱子家礼》被采入《明集礼》的具体情况。

(一)祠堂制度

先考察朱熹创拟的祠堂制度明初如何被采入官方礼制。《明集礼》卷6《吉礼六·宗庙》所设"品官家庙考"⑤"祠堂制度""神主式""椟韬籍式""椟式""尺式"等条与《朱子家礼》相关。《明集礼》

---

① 例如,《明史·礼志九》"庶人婚礼"条载:"《朱子家礼》无问名、纳吉,止纳采、纳币、请期。洪武元年定制用之;下令禁指腹、割衫襟为亲者。凡庶人婚娶,男年十六,女年十四以上,并听婚娶。"另《大明令》卷二:(洪武元年)"凡民间嫁娶,并依朱文公《家礼》"。
② 《明史·礼志一》。
③ 其中三位作者,《明史·礼志一》作周子谅、蔡深、滕公琰,影印文渊阁四库全书本《提要》作周子谅、蔡琛、滕公瑛。
④ 《明集礼》长期庋藏于内府,嘉靖九年(1530年),世宗命内阁发秘藏刊布天下。如何多出3卷,清人认为系嘉靖时候"纂入"的。《四库全书总目提要》说:"嘉靖八年,礼部尚书李时请刊《大明集礼》。九年六月梓成。礼部言是书旧无缮录,故多残缺,臣等以次铨补,因为传注,乞令史臣纂入以成全书,云云。所称五十卷者,或洪武原本,而今所存五十三卷乃嘉靖中刊本,取诸臣传注及所铨补者纂入原书,故多三卷耳。"《提要》还指出了《明集礼》卷一出现的一个明显的矛盾之处,认为"一卷之内自相矛盾若此,则其为增入可知"。
⑤ 《明集礼·目录》作"品官家庙考",但正文本条的标题为"品官家庙"(影印文渊阁四库全书本)。

"品官家庙考"云:

> ……先儒朱子约前代之礼,创祠堂之制,为四龛,以奉四世之主,并以四仲月祭之。其冬至、立春、季秋、忌日之祭,则又不与乎,四仲之内,至今士大夫之家遵以为常。凡品官之家,立祠堂于正寝之东,为屋三间。外为中门,中门为两阶,皆三级,东曰阼阶,西曰西阶。阶下随地广狭,以屋覆之,令可容家众叙立。又为遗书、衣物、祭器库及神厨于其东,缭以外垣,别为外门,常加扃闭。祠堂之内,以近北一架为四龛,每龛内置一桌……国朝品官庙制未定,于是权仿朱子祠堂之制,奉高、曾、祖、祢四世之主,亦以四仲之月祭之,又加腊日、忌日之祭,与夫岁时俗节之荐享。至若庶人,得奉其祖父母、父母之祀,已有著令,而其时享于寝之礼,大概略同于品官焉。

再看"祠堂制度"条,其曰:

> 祠堂三间,外为中门,中门外为两阶,皆三级,东曰阼阶,西曰西阶。阶下随地广狭,以屋覆之,令可容家众叙立。又为遗书、衣物、祭器库及神厨于其东,缭以周垣,别为外门,常加扃闭。祠堂之内,以近北一架为四龛,每龛内置一桌。高祖居西,曾祖次之,祖次之,父次之。神主皆藏于椟中,置于桌上南面,龛外各垂小帘。帘外设香桌于堂中,置香炉香盒于其上。两阶之间又设香桌,亦如之。若家贫地狭,则止为一间,不立厨库,而东西壁下置立两柜,西藏遗书衣物,东藏祭器亦可。地狭,则于厅事之东亦可。

这《明集礼》"祠堂制度"共计190余字,全部出自《朱子家礼》,

全然是后者卷一《通礼·祠堂》两段注文的缩编①。

可资对照的还有《明史·礼志六》"群臣家庙"条的一段文字，缩写自《明集礼》卷六"品官家庙考"和"祠堂制度"条：

> 明初未有定制，权仿朱子祠堂之制，奉高、曾、祖、祢四世神主，以四仲之月祭之，加腊日、忌日之祭与岁时俗节之荐。其庶人得奉祖父母、父母之祀，已著为令。至时享于寝之礼，略同品官祠堂之制。堂三间，两阶三级，中外为两门。堂设四龛，龛置一桌。高祖居西，以次而东，藏主椟中。两壁立柜，西藏遗书衣物，东藏祭器。旁亲无后者，以其班附。庶人无祠堂，以二代神主置居室中间，无椟。

尚需留意的是，《明史·礼志六》"群臣家庙"条接着说："洪武六年定公侯以下家庙礼仪。凡公侯品官，别为祠屋三间于所居之东，以祀高曾祖考，并祔位。祠堂未备，奉主于中堂享祭。"结合以上诸条史料得知，洪武六年（1373年）之前，对于家庭祭祀祖先，明廷在国家礼制层面倡导"权仿朱子祠堂之制"。权仿的方式，根据各自的家居条件而定，主要的施行对象为品官阶层。

至于祭祖用的木主之制，《朱子家礼》订有"神主式""椟式""椟韬籍式"（均图配文），也全部搬入了《明集礼》。

（二）士庶冠礼

《明史·礼志八》"庶人冠礼"条载："古冠礼之存者惟士礼，后世皆推而用之。明洪武元年诏定冠礼，下及庶人，纤悉备具。然自品官而降，鲜有能行之者，载之礼官，备故事而已。"

《明集礼》卷二十四《嘉礼八·冠礼》分"亲王冠礼""品官冠礼"

---

① 具体讲，是"君子将营宫室，先立祠堂于正寝之东。为四龛以奉先世神主"的注文（影印文渊阁四库全书本）。

"士庶冠礼"。"士庶冠礼"条"总叙"云：

> 古者冠礼唯士独存。后世之所谓冠仪，皆推士礼为之也。汉晋以来士礼废而不讲，至于唐宋乃有士庶通礼。虽采士冠仪文，然失之太繁。今以《文公家礼》为准，而定士庶冠礼。有官者，公服、带、靴、笏；无官者，襕衫、带、靴、通用皂衫、深衣、大带、履、栉、须、掠。其筮日、戒宾、醴、祝之仪，一遵《仪礼》，具著于后，以为今日通行之制。

洪武元年仅"诏定冠礼，下及庶人"，而一年后《明集礼》所订"士庶冠礼"则重点参照了《朱子家礼》，这是值得关注的变化。明廷所订士庶冠礼也因此趋于简明易行，并与"亲王冠礼""品官冠礼"的繁缛形成醒目的区别。

又，《明史·礼志八》"品官冠礼"条言："古者男子二十而冠。"而"庶人冠礼"条则谓："凡男子年十五至二十，皆可冠。"与《明集礼》"士庶冠礼"所言相同。其依据都在《朱子家礼》[①]。

（三）庶人婚仪

《明史·礼志九》"庶人婚礼"条载："《礼》云'婚礼下达'，则六礼之行，无贵贱一也。《朱子家礼》无问名、纳吉，止纳采、纳币、请期。洪武元年定制用之；下令禁指腹、割衫襟为亲者。凡庶人婚娶，男年十六，女年十四以上，并听婚娶。"《朱子家礼》对传统婚礼中的"六礼"进行简省，这一做法洪武元年被明廷采用[②]。反对指

[①] 司马光《书仪》主张"二十而冠"。《朱子家礼·冠礼》："男子年十五至二十，皆可冠。"注云："自十五以上，俟其能通《孝经》、《论语》，粗知礼义，然后冠之，其亦可也。"

[②] 《朱子家礼》卷三"纳币"下注云："古礼有问名、纳吉，今不能尽用，止用纳采、纳币，以从简便。"另外《朱子家礼》也不突出"请期"这个环节。《朱子家礼·婚礼》重点在：议婚，纳采，纳币，亲迎，妇见舅姑，庙见，婿见妇之父母。若追溯历史，这种省并"六礼"的做法，《宋史·礼志十八》《元典章》已有记载。参见拙著《中国礼仪制度研究》，华东师范大学出版社，2001年，第376—378页。

腹为婚,主张男孩 16 岁以上、女孩 14 岁以上可以婚娶,也都是《朱子家礼》的观点①。

《明集礼》卷二十八《嘉礼十二·婚礼》分"品官(婚礼)"和"庶人(婚仪)"。"庶人(婚仪)"条特意指出,是依据《朱子家礼》中的"庶人婚仪","拟国朝庶民婚仪"。而"品官(婚礼)"则上接唐礼,不言《朱子家礼》。由此笔者提出,《朱子家礼》进入国家礼制似呈现三种不同的形态:(1)《朱子家礼》的祠堂制度,是先为品官阶层接受,然后传播、扩散到士庶。(2)相形之下,《朱子家礼》的冠婚仪制先浸入庶民社会,再影响、传播到品官阶层,呈反向趋势。(3)《朱子家礼》的丧仪同时影响品官、士庶,详下。

(四)品官丧仪,庶人丧仪

《明集礼》卷三十七《凶礼二·丧仪》分"品官(丧仪)"和"庶人(丧仪)"。"品官(丧仪)"条《总叙》云:"……今本之《周经》、稽诸《唐典》,而又参以《朱子家礼》之编,列其名物之概,次其仪文之节,斟酌之以著于篇,俾有所法。"

"庶人(丧仪)"条《总叙》云:"……故五服之制,无间乎上下。礼经所载,公卿士庶之礼,多可通行。而唐宋所定《家礼》之所载,庶人与品官亦不甚悬绝。所不同者,衣衾、棺椁、仪物、器馔之厚薄而已。今酌之于古,准之于今,务为可行,以著于篇。"《明集礼》"庶人(丧仪)"杂采唐制、宋制(有时合称唐宋制)《家礼》。

可互相印证的是,《明史·礼志十四》"品官丧礼"条言:"品官丧礼载在《集礼》、《会典》者,本之《仪礼·士丧》,稽诸《唐典》,又参

---

① 《朱子家礼·婚礼》"议婚"注云:"世俗好于襁褓童幼之时,轻许为婚。亦有指腹为婚者,及其既长,或不肖无赖,或身有恶疾,或家贫冻馁,或丧服相仍,或从宦远方,遂至弃信负约,速狱至讼者多多。是以先祖太尉尝曰:吾家男女必俟既长,然后议婚。"又,古礼男三十而娶,女二十而嫁。宋代有时兴男年十五、女年十三以上可婚嫁的。《朱子家礼》提出"男子年十六至三十,女子年十四至二十"可议婚,如此"参古今之道,酌礼令之中,顺天地之理,合人情之宜"。

以《朱子家礼》之编,通行共晓。"同卷"士庶人丧礼"条言:"《集礼》及《会典》所载,大略仿品官制,稍有损益。"

(五)丧服制度、丧仪图

《明集礼》卷三十八《凶礼三》条列丧服制,并配图。其丧服制遵从《朱子家礼》,其中"丧服图"条的 320 多个文字直接来源于《朱子家礼》。《明集礼·凶礼三》计有"本宗五服之图""三父八母之图""妻为夫党服图""袭含哭位之图""小敛图""大敛图"和另 23 个半页的丧服图式,对照影印文渊阁四库全书本《性理大全书》收入的《家礼》,"本宗五服之图""三父八母之图""妻为夫党服图""袭含哭位之图""小敛图""大敛图"全部采自《家礼》(有些局部进行了简化),超过一半的丧服图式采自《家礼》(有些作了简化,有些调整了排列组合)。

需要提及的是,《明集礼》编竣未几,洪武七年(1374 年),朱元璋因孙贵妃之死而敕礼官重新厘定丧服制度,并于当年修成,名《孝慈录》,著录五服丧制。朱元璋甚至亲自作序,更"复图列于《大明令》,刊示中外"①。通过《孝慈录》,朱元璋对传统丧制做了一些调整②,但《孝慈录》的很多内容仍沿用了《朱子家礼》。

二、《朱子家礼》的"一尊"地位及在多元评价中的延续

《明史·礼志一》云:"永乐中,颁《文公家礼》于天下。"此所谓"颁《文公家礼》于天下",最重要的举措指的应该就是纂修《性理大全》(又名《性理大全书》,以下统称《性理大全》)并全文收录《朱子

---

① 《明史·礼志十四》。
② 最大的改动,是长子为父母,庶子为其母,皆服斩衰三年;嫡子、众子为庶母,皆服齐衰杖期。

家礼》^①。

永乐年间,明成祖朱棣为统一思想,防范"天下士所为学,言人人殊,俗异而政无统"[2],特命翰林学士胡广编纂《四书五经大全》和《性理大全》,汇辑宋元各家理学之说,颁行全国,作为学校教育的基本教材和科举考试的基本内容与标准答案。此外凡不符合程朱理学的则视为异端予以排斥。朱棣还为《性理大全》作序,说:

> ……辑先儒成书及其论议、格言,辅翼五经、四书,有裨于斯道者,类编为帙,名曰《性理大全》。……遂命工悉以锓梓,颁布天下,使天下之人,获睹经书之全,探见圣贤之蕴。由是穷理以明道,立诚以达本,修之于身,行之于家,用之于国,而达之天下。使国不异政,家不殊俗,大回淳古之风,以绍先王之统,以成熙皞之治,将必有赖于斯焉。

侯外庐等主编的《宋明理学史》对明初朱学统治的确立及《性理大全》的朱学印迹,作有详细的考论,可参见[3],兹处不赘。需要强调的是,朱棣《性理大全》御制序中说的"所谓道者,人伦日用之理,初非有待于外也",大概最能用来说明这套旨在"家孔孟而户程朱"的"大全",何以选中、收录《朱子家礼》。所谓"人伦日用之理",绝然离不开礼尤其是家礼。当年朱熹已有言在先:

---

① 《性理大全》七十卷,系宋代理学著作与理学家言论的汇编,采录宋儒之说共一百二十家。前二十五卷收入宋儒著作九种,计卷一为周敦颐《太极图说》,卷二、卷三为周敦颐《通书》,卷四为张载《西铭》,卷五、卷六为张载《正蒙》,卷七至卷十三为邵雍《皇极经世书》,卷十四至卷十七为朱熹《易学启蒙》,卷十八至卷二十一为朱熹《家礼》,卷二十二、卷二十三为蔡元定《律吕新书》,卷二十四、卷二十五为蔡沈《洪范皇极内篇》。第二十六卷以后分十三个专题汇编各家言论,列为"理气""鬼神""性理""道统""圣贤""诸儒""学""诸子""历代""君道""治道""诗""文"。
② 《明史》卷六十二《选举志》。
③ 侯外庐、邱汉生、张岂之主编:《宋明理学史(下)》,人民出版社,1997年,第7—54页。

> 凡礼有本有文,自其施于家者言之,则名分之守,爱敬之实,其本也。冠昏丧祭,仪章度数者,其文也。其本者,有家日用之常礼,固不可以一日而不修。其文又皆所以纪纲人道之始终,虽其行之有时,施之有所,然非讲之素明,习之素熟,则其临事之际,亦无以合宜而应节,是亦不可以一日而不讲且习焉者也。①

朱熹在这篇《家礼序》中又言,经由编订家礼、践履家礼,"庶几古人所以修身齐家之道,谨终追远之心,犹可以复见;而于国家所以崇化导民之意,亦或有小补"。黄榦《书家礼后》强调:"是书已就,而切于人伦日用之常,学者其可不尽心与。"②是以又可明了,宋元以降何以兴起"家礼学"——实乃家礼被强调成为"治国""崇化导民"的基础、工具与逻辑起点。

《朱子家礼》在明代学人中受到推崇,拥有独尊的地位,可以丘濬和杨慎的话为例。丘濬(1418—1495年,字仲深,号琼台)辑有《文公家礼仪节》,大大地有功于《朱子家礼》的传播。他在该书的"序"中开头即道:

> 礼之在天下,不可一日无也。中国所以异于夷狄,人类所以异于禽兽,以其有礼也。礼其可一日无乎? 成周以礼持世,上自王朝,下至于士庶人家,莫不有其礼。秦火之厄,所余无几;汉魏以来,王朝郡国之礼,虽或有所施行,而民庶之家,则荡然无余矣。……文公先生因温公《书仪》,参以程张二家之

---

① 此据文渊阁四库全书本。《性理大全》本《朱子家礼》"常礼"作"常体","不可以一日而不讲"作"不可一日而不讲"。
② 载宋刻本《家礼》卷首,收入"孔子文化大全"丛书,山东友谊书社,1992年。又见黄榦:《勉斋集》。

说,而为《家礼》一书,实万世人家通行之典也。①

接着他又指出:

> 礼之在人家,如菽粟布帛然,不可斯须无之。读书以为儒,而不知行礼,犹农而无耒耜,工而无绳尺也,尚得为农工哉? 夫儒教所以不振者,异端乱之也。异端所以能肆行者,以儒者失礼之柄也。世之学儒者,徒知读书而不能执礼,而吾礼之柄遂为异教所窃弄而不自觉。自吾失吾礼之柄,而彼因得以乘间。……噫! 吾家之礼为彼所窃去,而不知所以,反求顾欲以口舌争之哉,失其本矣。窃以为《家礼》一书,诚辟邪说正人心之本也。使天下之人人诵此书,家行此礼,慎终有道,追远有仪,则彼自息矣,儒道岂有不振也哉。

他把振兴儒教和世道人心的希望寄托于对《朱子家礼》的宣传、践履。

杨慎(1488—1559年,字用修,号升庵),正德年间状元,史传推其为明代记诵之博、著作之富的第一人。嘉靖三年(1524年)因在大礼议之争中触怒世宗而受杖笞,随后谪戍至云南,并在戍所终老。在他众多的著述中,有一本《别本家礼仪节》②,说明他关注过"家礼学"。他有一篇流传颇广的家礼序,以为《家礼》补《周礼》之未备,可以"引人于孝子慈孙之列","引人于端人正士之林","引人

---

① 丘濬辑:《文公家礼仪节》(八卷)卷首《家礼仪节序》,北京大学图书馆藏明正德十三年常州府刻本,收入《四库全书存目丛书》经部第114册,齐鲁书社,1997年。
② 《四库全书总目·别本家礼仪节提要》对该书评价很低,全文为:"旧本题明杨慎编。慎有《檀弓丛训》,已著录。是编前有慎序,词极鄙陋。核其书,即丘濬之本,改题慎名。其图尤为猥琐,送葬图中至画四僧前导,四乐工鼓吹以随之。真无知之坊贾所为矣。"

于安分循理之地"。杨慎甚至提出:"人不熟二经(按:指《周礼》《家礼》)者,犹之人不为《周南》、《召南》,面墙而立,跬步行不去,何以申孝思,何以裕后昆,何以敦教化,何以厚风俗?"杨慎这话,必让人想起清儒朱彝尊在《道传录序》中对明代朱学独霸思想界的评论:"世之治举业者……以言《诗》,非朱子之传义弗敢道也;以言《礼》,非朱子之《家礼》弗敢行也。……言不合朱子,率鸣鼓而攻。"①

但是,《朱子家礼》受到推崇,更多的恐怕是在"名分"的层面上。《朱子家礼》的整套仪轨,究竟在多大程度上能够践行于现实生活,这本身就是一个问题。加之时移世易,《朱子家礼》也在岁月流逝中逐渐变为"古礼",它又在多大程度上能够为各地的时俗民风所接纳(或其对时俗民风加以规范和转变),这又是一个问题。由此我们可以从一个特定角度予以解释,为何明代会不断地有注解、增删《朱子家礼》的家礼类书籍出现。对此,近年已有研究者加以垂意,例如台湾何淑宜的论文《明代士绅与通俗文化的关系——以丧葬礼俗为例的考察》就曾指出:"(明代)知识分子对儒礼的提倡,并非执著以复古为职志。他们深切体会古代礼经中部分礼文已经不合时宜的事实,为求儒礼能有效行于民间,检讨礼制并适时加以修改遂成当务之急。这在当时大量出版的《家礼》类注释书籍及丧葬类礼书中可以看出。这些私修礼书大部分虽然形式与内容仿自《朱子家礼》,但由其中对《家礼》条文的释疑与增删,可见士人借着礼文调整儒礼与民间丧俗落差的用意。"②

不过宋元以后涌现的家礼类著述事实上又为《朱子家礼》起到了进一步造势的作用。所有的这类著作,一直到清朝结束,大率都依附于《朱子家礼》。《朱子家礼》在明清"家礼学"中始终占据主导

---

① 朱彝尊:《曝书亭集》卷三十五,影印文渊阁四库全书本。
② 台湾师范大学历史研究所硕士学位论文,1999年。

和核心的地位;不妨可以说,《朱子家礼》在明清"家礼学"中已然拥有"经"的地位,其余都是"传""注""疏"之类。兹引数例。明代王叔杲撰《家礼要节》,隆庆辛未(1571年)春三月王叔杲作"叙",曰:"予家自先世敦行族约,其所以节文之者,实惟《文公家礼》。因删繁撮要,稍稍损益,俾简而易从,总为一帙,曰《家礼要节》。"①元末明初郑泳撰《郑氏家仪》,卷首有欧阳玄《义门郑氏家仪序》,云:"……宋司马文正公,本《周礼》而酌古今之仪,著为《书仪》,有《居家杂仪》,冠婚丧祭等礼皆实行之于家,以为后人法。其后子朱子略加去取,定为《家礼》,而天下后世始可遵而行之矣。婺浦江有义门郑氏,自宋迄今十世同居。其孙泳字仲潜,又遵《书仪》《家礼》,而以谓古礼于今不能无少损益,必求其可行于今不悖于古者,并录其家日用常行之礼,编次成书,名曰《郑氏家仪》。"②郑泳在《郑氏家仪》中自言:"今遵《家礼》而略有损益者,盖时或有所禁,而礼乐之器之文不得不异,吾求其质而已矣。呜呼!是编也,乃吾家日用之仪,序次成书,传之子孙,使谨守而勿废。"万历进士吕坤撰《四礼疑》,其在《四礼疑序》中自谓:"尝就《仪礼》、《礼记》及《家礼会成》《仪节》所未解者,作《四礼疑》。"③而《四库全书总目提要》却指出:该著"大旨亦本于《书仪》《家礼》,然好用臆说,未可据为典要"。

其实,宋元以后凡与社会生活之规范相关的著述,往往或多或少都受到《朱子家礼》的影响。如《泰泉乡礼》参照、吸收了自王安石开始的保甲制度、蓝田吕氏以来的乡约制度、明代产生的里社祭

---

① 王叔杲撰:《家礼要节·叙》,明隆庆五年自刻本,上海图书馆藏。
② 郑泳撰:《郑氏家仪》(不分卷),上海图书馆藏清刻本,收入《四库全书存目丛书》经部第114册。
③ 吕坤撰:《四礼疑》五卷《丧礼》余言一卷,北京大学图书馆藏明万历刻清同治光绪间补修吕新吾全集本,收入《四库全书存目丛书》经部第115册。又,《文公家礼会成》八卷,明魏堂撰。上海图书馆藏《文公家礼会成》卷首有嘉靖丁巳(1557年)刑部尚书何鳌所作序,曰:"(家礼)晦庵浚其源,琼山衍其流,魏君要其极。"

祀制度以及《朱子家礼》等的内容，构造了一个"乡礼"系统①。这些著作的广为传播，又进一步烘托了《朱子家礼》的尊崇地位。

进入清代后，情形有所变化。特别是，第一，清廷编修《清通礼》，以此规范民庶生活，似含有替代《朱子家礼》之意。《御制大清通礼序》第一句话便将重点落在"乡间"，谓："伊古承天之道，治人之情，莫善乎礼。顾其为用，往往详于朝庙，略于乡间。"查乾隆元年发布的命令纂修《清通礼》的上谕，其首句已突出旨在"整齐万民"，原话如下："上谕朕闻三代圣王缘人情而制礼，依人性而作仪，所以总一海内、整齐万民，而防其淫侈、救其凋敝也。"②尽管《清通礼》仍沿袭唐《开元礼》、宋《太常因革礼》《元通礼》《明集礼》的五礼体系，但关注重点已下移至民庶，聚焦于如何化民成俗。该上谕接着说："汉唐以后，虽粗备郊庙、朝廷之仪，具其名物，藏于有司，时出而用之，虽缙绅学士皆未能通晓。至于闾阎车服，宫室饮食，嫁娶丧祭之纪，皆未尝辨其等威，议其度数，是以争为侈恣，而耗散亦由之。将以化民成俗，其道无由。"然后乾隆提到：

> 前代儒者，虽有《书仪》《家礼》等书，而仪节繁委，时异制殊，士大夫或可遵循，而难施于黎庶。

乾隆期望"将冠、婚、丧、祭一切仪制，斟酌损益，汇成一书。务期明白简易，俾士民易守"。所以后来《御制大清通礼序》强调，要让《清通礼》"家诵而户习"，大有一改千百年来礼制大率停留在上层社会或藏诸密阁的积弊，推向社会，为后世垂范③。《四库全书总目提要》的作者清楚地看出这一点，一语破的："赐名曰《通礼》，

---

① 广东乡绅黄佐于嘉靖九年（1530年）撰。
② 见《清通礼》卷首《御制大清通礼序》及上谕，文渊阁四库全书本。
③ 同上。

信乎酌于古今而达于上下,为亿万年治世之范矣。"

第二,思想意识形态包括礼学思想的变动,带来对《朱子家礼》的疑议甚至抵制。典型的事例如清朝颜李学派的代表性人物之一李塨(1659—1733年,字刚主,号恕谷),他曾严守《朱子家礼》,结果在一次居丧过程中因饥饿哀痛过度,几乎断送了性命,于是他提出《朱子家礼》不合人情,对程朱之学加以批判反思。

第三,清人王懋竑在其《白田杂著·家礼考》中否定《朱子家礼》为朱熹作品。此前元代应氏曾作《家礼辨》,认为《朱子家礼》非朱熹所作。可其文不传,仅在丘濬所辑《文公家礼仪节》中提及,而丘濬对王氏辨伪之说又明确地加以驳正,并说明"愚恐学者惑于其说,故载其语而略辨之"①。不同的是,王懋竑的观点被《四库全书总目提要》采用了,四库馆臣确信"是书之不出朱子,可灼然无疑"。并断言:"虽云尊用其书,实未有能行者。故于其中谬误,亦不及察,徒口相传,以熟《文公家礼》云尔。"

以上三点,无疑对《朱子家礼》的价值、意义、作用的认识带来可能的负面影响。然而尽管如此,在"家礼学"的范围内,《朱子家礼》的地位却并未发生实质性的变化,也没有出现其他的作品可以替代《朱子家礼》,以成为家礼的圭臬。读一读清人郭嵩焘校订《朱子家礼》的序言,或可明了:

> 二千余年天下相为法守,独康成郑氏及朱子之书耳。《家礼》一书,其大端一依司马氏《书仪》,而多本之郑氏。其于宗法所以系其族行之尤力,言之尤详,诚欲敦本善俗,以蕲复乎古,舍是奚由哉?……自宋以来,代详礼制,而于品官家礼犹守朱子之遗说,其文或繁或略,民间所尊尚,但知有《朱子家

---

① 丘濬:《文公家礼仪节》卷首"濬按",《四库全书存目丛书》本。

礼》,不知其他。而其间为今世所遵行者,盖亦十无二三也。嵩焘读家礼之书,反而求之礼意,以推知古今因革之宜,而达其变。稍仿秦溪杨氏家礼附注之例,发明所以异同,条次于后,以蕲合乎人心之安,而通乎事变之会,使人不敢疑礼之难行,以乐从事于复古。丘氏所订《家礼》为今世通行本,颇删削原文,参以己意,而益病其繁。亦疑其增损之或未尽当,今一还朱子之旧,而疏通所疑。参稽讨论要于可行,俟言礼之君子择焉。①

郭嵩焘的话自有其所基于的价值观为导向,但所言《朱子家礼》的独尊地位还是基本切于实际。从各地地方志中大量的以《朱子家礼》作为某种标准的记载看,也佐证了这一点(详下)。当然这在很大程度上属于一种"名分"上的尊崇。

三、从民俗资料看《朱子家礼》在各地的传播和普及

明初《朱子家礼》在官方的制度设计和价值导向中确立起尊隆地位后,即以强劲之势向民间传播、扩散。多年前,我曾以《中国地方志民俗资料汇编》②"华北卷"的资料为例,说明《朱子家礼》在民间的传播和普及程度。拙文指出:"在该书所收京、津和河北地区的有关婚、丧、祭礼的资料中,有 32 个州县的志书直接提到诸如'均遵《文公家礼》'、'率如《文公家礼》'一类字句。"基于此类观察,

---

① 郭嵩焘:《校订朱子家礼本序》,郭嵩焘校订本《朱子家礼》卷首,光绪十七年思贤讲舍刊本,中国科学院图书馆藏。
② 丁世良、赵放主编:《中国地方志民俗资料汇编》,北京图书馆出版社,1987—1991年。分华北、东北、西北、西南、中南、华东六卷,每卷以收录有民俗资料的地方志与现在行政区划中有关的省、市、专区、县的顺序排列。选录地方志中各版本的不同内容,尽量保留时代较早或内容较好的版本。分七个大类:礼仪民俗,岁时民俗,生活民俗,民间文艺,民间语言,信仰民俗,其他。

我提出《朱子家礼》实为近世中国的民间通用礼①。下面,我仍依据《中国地方志民俗资料汇编》,对除华北以外的地区再作考察,以勾画《朱子家礼》在各地传播和普及的大致情形。

(一) 东北地区

此地民俗风情呈北方多民族融合的特色;地方志中所述礼制,多沿用《清通礼》,或追溯《仪礼》《礼记》。《朱子家礼》的影响主要体现在两点:(1) 一些汉人大族形成兴建祠堂的传统;(2) 丧葬仪式或遵行《朱子家礼》。

例如,《辽阳县志》(四十卷,民国十七年铅印本)载:"祭祖之礼,汉与满、蒙不同。汉人世家大族,皆立宗祠,岁时致祭,备牲牢,陈俎豆,献帛、侑食如仪。至庶人,则奉木主或宗谱而祭于寝,不过荐其时食而已。"②类似的记录不少,像《西丰县志》(二十四卷,民国二十七年铅印本)载:"祭祖之礼,汉与满不同。汉人世家大族,皆立宗祠,岁时致祭,备牲牢,陈俎豆,献帛、侑食如仪。至庶人致祭,则将木主之龛门展开,影像之幕解除,或以纸绢书先人姓讳,以辈次排列,此即所谓'宗谱',或曰'家谱'。若小户人家,或以红纸书某氏某门先远三代宗亲之位,悬之以代木主、宗谱。"③另,《营口县志》(十篇,民国二十二年石印本)载:"东三省建宗祠者少,皆祀主于中堂。"④

丧制方面,《开原县志》(八卷,咸丰七年刻本)载:"(丧礼)行《文公家礼》之仪。"⑤《复县志略》(不分卷,民国九年石印本)载:

---

① 参见拙稿《朱子家礼:民间通用礼》,载《传统文化与现代化》(中华书局)1994年第4期;《〈朱子家礼〉在中国近世文化史上的地位》,载日本关西大学东西学术研究所《东西学术研究所纪要》第三十四辑(2001年3月)。
② 《中国地方志民俗资料汇编·东北卷》,北京图书馆出版社,1989年,第62页。
③ 同上书,第128页。
④ 同上书,第138页。
⑤ 同上书,第117页。

"(丧礼)遵宋司马温公《家礼》,然惟诗礼家行之,普通人民不尔也。"(按:司马光著《书仪》,朱熹受其影响撰《家礼》)①《庄河县志》(十八卷,民国二十三年铅印本)载:"丧制沿用《家礼》,而繁简不同,贫富有差。"②《庄河县志》(同上)载:"庄境小康之家,遇有齐衰期功之丧,每遵文公所订《家礼》。"③《凤城县志》(十六卷,民国十年石印本)载:"丧礼,汉与满、蒙大同小异。"④

(二)西北地区

本文分华北、东北、西北、西南、中南、华东六大区叙述,但这些大区之内不同地域礼俗特点和文化传统的差异客观存在,或大或小,必须留意。以西北地方论,儒礼的影响,总体上看,在陕西较大,甘肃次之,宁夏又次之。新疆、青海很弱,可以不论。

宁夏的地方志中偶尔会提及《朱子家礼》,说明《朱子家礼》在那里有所传播。甘肃的情况可以《甘肃新通志》(一百卷,光绪三十四年修宣统元年刻本)的几则资料予以体现:

> 丧礼 用《朱子家礼》,不做佛事。 葬前设奠,如《朱子家礼》。 丧,大敛、成服、致奠、题主,皆如《家礼》,惟多动鼓乐,宴宾客,作佛事,制纸彩,殊非古矣。 士大夫家,丧遵《家礼》,惟习俗移人,奢靡是竞…… 丧,不事浮屠,略循《家礼》。 祭,视《文公家礼》,虽未具备,犹不甚远。 祭奠(依)《文公家礼》,视家世斟酌行之。 仕宦家建宗祠,士庶即以主房作影堂,奉祖祢木主。 俗无宗祠,各奉祭木主于寝,

---

① 《中国地方志民俗资料汇编·东北卷》,北京图书馆出版社,1989年,第146页。
② 同上书,第148页。
③ 同上书,第156页。
④ 同上书,第171页。

岁时会亲属祭奠于墓。①

陕西一定程度地行用《朱子家礼》。如《陕西通志》(一百卷,雍正十三年刻本)载:"丧,缙绅家多行《文公家礼》,不做佛事。乡民杂用俳优,屡禁少止。"(《咸阳县志》)②"葬祭之礼,文太青酌《文公家礼》分以三献,阘之士大夫有遵行者。"(《三水县志》)③

《咸阳县志》(二十二卷,清道光十六年重刻本)载:"丧礼,士大夫家遵循《家礼》而行,然习俗移人,侈靡是竞,乃有盛作佛事,或招优酬饮者;甚有惑于阴阳家言,停棺不葬者。"④

《泾阳县志》(十六卷,宣统三年铅印本)载:"婚礼,允亲似纳采,下花似纳币。先期送衾,亦如陈设其室;次晨问安,亦如朝见舅姑。虽与古之六礼未能尽合,然较《朱子家礼》似不相背。""祭礼旧族多建祠宇,壬戌后无存者,岁时伏腊,皆各就其家设位而祀。"⑤

据《三原县新志》(八卷,清光绪六年刻本),也可见《朱子家礼》对当地的影响,如:"冠者,所以责成人之道也。冠礼废,天下无成人。昔张南轩疑其难行,朱子曰:冠是自家屋里事,关了门,将巾冠与子弟戴,有甚难。今亦空谷足音矣。闲同县中一二友人行之,人亦未有甚非之者。自本《家礼》大意,略注仪节,愿与好礼者讲焉。""邑中旧家世族,各立祠堂,四时享祭,俗节献荐,与《家礼》俱不相远。惟元旦奠献,悬像中堂,十月一日焚纸寒衣,冬至门外焚纸,犹沿习俗。"这里除提到依据《家礼》"略注仪节",还说到一本注

---

① 《中国地方志民俗资料汇编·西北卷》,北京图书馆出版社,1989年,第159—163页。
② 同上书,第4页。
③ 同上书,第5页。
④ 同上书,第11页。
⑤ 同上书,第29页。

释类的家礼著作——刘九畹《家礼补注》①。

《盩厔县志》(八卷,民国十四年西安艺材印书社铅印本)的记录同样揭示了《朱子家礼》传播中的一些侧面及民俗的多样性:"冠礼久未举行,惟明孝廉刘来风考《朱子家礼》一行之后,督学曾公访求遗典,来凤具陈仪注,择未冠数人,行于鳣堂。今又废。婚礼,士大夫之家,隆重婚姻,纳币、亲迎,遵行古礼。至世俗之辈,好尚侈靡,又有较量财帛……丧礼,士大夫之家,丧事俱仿《家礼》而行。……其小民之家,乃有盛作佛事……有心世道之君子,亟宜训诫如礼。祭礼,民家多未有家庙,惟一二旧家世族有之。享祭献荐与《家礼》所载尚不甚殊。"②

另,《乾州新志》(六卷,清雍正五年刻本)言:"祭礼,前辈先达教人,必以《文公家礼》,至今相习,日久不增减。礼数从容,周折合度,或丧或葬,颇有可观。"③《新续渭南县志》(十二卷,光绪十八年刻本):"丧礼,绅士家一尊《家礼》。"④《临潼县志》(九卷,乾隆四十一年刻本):"丧礼,绅士家仿《家礼》。"⑤

(三) 西南地区

该地区除西藏流行藏俗,其余四川、贵州、云南均在一定程度上受《朱子家礼》的影响。

四川的《重修成都县志》(十六卷,同治十二年)、《华阳县志》(四十四卷,嘉庆二十一年刻本;三十六卷,民国二十三年刻本)、《金堂县志》(九卷,道光二十四年杨得质补刻本)、《金堂县续志》(十卷,民国十年刻本)等,都有关于《朱子家礼》的记载,特别在成

---

① 《中国地方志民俗资料汇编·西北卷》,北京图书馆出版社,1989年,第31—35页。关于刘九畹《家礼补注》的详情待考。
② 《中国地方志民俗资料汇编·西北卷》,第37页。
③ 同上书,第40页。
④ 同上书,第45页。
⑤ 同上书,第48页。

都地区受其影响比较明显。有关资料如:"丧礼……均与《文公家礼》相符。"①"丧礼,俗以《家礼》为法。祭礼,俗多建祠堂。"②"丧礼,皆以《文公家礼》为法。"③

《贵州通志》(一七一卷,民国三十七年贵阳文通书局铅印本)载:"丧礼,士大夫家衰绖、苫块、哭踊,悉如《家礼》。"④《遵义府志》(四十八卷,道光二十一年刻本):"祭礼,士民家必设香火位于中堂,中大书'天地君亲师位'……士家或别建宗祠,然百不一二。"⑤云南《呈贡县志》(八卷,光绪十一年增刻雍正本)载:"丧事宜遵《文公家礼》,俗尚建斋诵经,治酒宴客,殊为非礼。"⑥《陆凉州志》(八卷,抄本)云:

  冠礼 男女冠、笄遵三加之礼,告于祖祠,速宾示以成人之道。

  婚礼 遵行六礼。……旧俗婿毋往娶,今遵《家礼》行奠雁,婿往亲迎。

  丧礼 自殡至葬,遵《朱子家礼》,惟酬客靡费实多。

  祭礼 立神主于祠堂,四时致祭。⑦

(四)中南地区

先看河南。《汜水县志》(二十二卷,乾隆九年刻本)载:"婚姻于六礼中不问名、纳吉、纳征,因《家礼》有从简之说也。""丧葬一衷

---

① 《中国地方志民俗资料汇编·西南卷(上)》,北京图书馆出版社,1991年,第1页。
② 同上书,第16页。
③ 同上书,第19页。
④ 《中国地方志民俗资料汇编·西南卷(下)》,北京图书馆出版社,1991年,第421页。
⑤ 同上书,第440页。
⑥ 同上书,第734页。
⑦ 同上书,第791页。《陆凉州志》(六卷,乾隆十七年刻本)有类似记录,见上书第790页。

《家礼》,第间里多作佛事,读礼之家或不能免,且好为冥器之类……祭祀不设祠堂,惟奠木主于庭除,往拜于墓首。"①《新郑县志》(三十一卷,乾隆四十一年刻本)载:

> 婚礼　先遣媒通言,然后纳采、纳币、亲迎,皆有宴会以召乡党亲友,较古礼为简约。……
> 丧礼　大小殓之属久不行,余自始死至服终,与《家礼》不甚相远,但用乐为异耳。
> 祭礼　士大夫家有设祠堂用《家礼》者,余惟堂上供祖先……②

可见河南在一定的地区、一定的层面上受到《朱子家礼》的影响。

湖北、湖南的情况近似。湖北《大冶县志》(十八卷·同治六年刻本)载:

> 婚礼　一遵《家礼》,丰约视其贫富,而六礼鲜备举者……
> 丧礼　因《家礼》而损益之,惟殡用乐。……
> 祭礼　清明扫墓,登谷荐新,中元、岁初及忌日焚楮致奠。大家则建祠堂兴瑞……③

湖北《德安府志》(二十卷,光绪十四年刻本)言:"祭礼,士大夫家有力者建祠堂,无祠堂者祭于寝。每岁清明节谒墓,七月望日、

---

① 《中国地方志民俗资料汇编·中南卷(上)》,北京图书馆出版社,1991年,第11—12页。
② 同上书,第26页。
③ 同上书,第325页。

孟冬朔及岁暮皆有祭。其仪不尽依《家礼》……"①

湖南《长沙县志》(二十八卷,嘉庆二十二年增刻本):"丧葬,好礼之士有遵《朱子家礼》不作佛事者,亦有同志撰家礼,从宜为简而易行者。"②湖南《善化县志》(三十卷,嘉庆二十三年刻本):"丧葬,自殡殓以至归窆,士族多遵《家礼》,有不作佛事,撰家礼从宜从简行之者。"③

再看广东。《增城县志》(二十卷,同治十年增刻本)载:"族必有祠,其始祖为之大宗祠,其支派所自为之小宗祠,或谓之几世祖祠。"④《番禺县志》(五十四卷·同治十年刻本):"丧礼,昔有用乐,近来士大夫悉遵《家礼》。……俗最重祭。缙绅之家多建祠堂。"⑤相形之下,广西受《朱子家礼》影响较弱。《横州志》(十二卷,光绪二十五年刻本)载:"丧,信巫道或浮屠,间有遵《文公家礼》者。⑥"《全州志》(十二卷,嘉庆四年刻本):"丧礼……其准紫阳《家礼》而行者,不过数族焉。祭,郡俗有先祠者少,大半奉主于家,中元备物致祭,一二知礼家稍有改易。"⑦

(五) 华东地区

《朱子家礼》在福建的传播和影响比较突出。如《连江县志》(三十四卷,民国二十二年铅印本):"婚礼……纳采、定聘、请期,悉依《家礼》。"⑧《平潭县志》(三十四卷,民国十二年铅印本):"近世于冠礼鲜能行者,郡中惟一二礼法之家偶一举行。"又引《福清县

---

① 《中国地方志民俗资料汇编·中南卷(上)》,第 347 页。
② 同上书,第 473 页。
③ 同上书,第 475 页。
④ 《中国地方志民俗资料汇编·中南卷(下)》,北京图书馆出版社,1991 年,第 691 页。
⑤ 同上书,第 698 页。
⑥ 同上书,第 904 页。
⑦ 同上书,第 996 页。
⑧ 《中国地方志民俗资料汇编·华东卷(下)》,书目文献出版社,1995 年,第 1205 页。

志》："吾闽婚礼，由纳采、纳币、请期而亲迎，多依《家礼》。"①《永泰县志》(十二卷，民国十一年铅印本)："冠礼久废，乾、嘉诸老有行之者，亦只在婚娶时。……丧礼……凡含、殓、奠、献、陈设，尚准《家礼》行之。……祭礼……每节辰除夕，有祠者祭于祠，无祠者则列馔焚楮祭于中堂。"②《同安县志》(四十二卷，民国十八年铅印本)："婚嫁之礼，从前未详，今遵《朱子家礼》，坊间有《文公家礼通用》一书。"③《建宁府志》(四十八卷，康熙三十二年刻本)："丧，大率用《文公家礼》，每越七日必祭，间有用浮屠者。"④

又如《政和县志》(三十五卷，民国八年铅印本)："冠礼，近世惟通都大邑礼法之家偶一举行，政邑褊小，此礼之废久矣。……祭礼，惟世族之家有宗祠，四时荐献，悉照《朱子家礼》。此外，则清明、中元，民间普遍致祭。"⑤《安溪县志》(十二卷，乾隆二十二年刻本)："冠、婚、丧、祭，风俗攸关，安溪为朱子过化之区，遵《家礼》者久矣。然贫富不一，奢俭顿殊，城邑乡村习尚不无各别。……丧礼，士大夫尚依朱子《家礼》。……祭虽为吉礼，而忌则亲丧之日。世俗于忌日盛馔致荐，主人饮酒食肉，与生忌无异。李文贞公《家训》云：'当以《朱子家礼》。'"⑥《漳州府志》(五十卷，光绪三年芝山书院刻本)："婚姻为正家之始，礼之大者。吾闽婚礼由纳采、纳币、请期而亲迎，皆依《家礼》，但乡俗间有不亲迎者，有亲迎而不奠雁者，有略于醮子、醮女一节者。……《家礼》有高曾祖祢之四时祭，又从伊川有冬至初祖之祭。"⑦《漳浦县志》(二十二卷，民国二十五

---

① 《中国地方志民俗资料汇编·华东卷(下)》，书目文献出版社，1995 年，第 1211 页。
② 同上书，第 1219—1220 页。
③ 同上书，第 1228 页。
④ 同上书，第 1239 页。
⑤ 同上书，第 1259—1260 页。
⑥ 同上书，第 1303—1305 页。
⑦ 同上书，第 1309—1312 页。

年铅印本）："大宗、小宗之祠，各春秋二祭，仪节悉依《文公家礼》。"①《长泰县志》（十二卷，乾隆十五年刻本）："邑重宗祠，比户皆然。其富厚知礼者，有大宗、小宗之祠，岁时致祭，长幼序拜，秩然可观。又有书田以赡族之士夫，故四民皆知向学，紫阳之遗泽其犹未泯乎。"②《龙岩州志》（二十卷，光绪十六年张文治补刻本）："各族均建宗祠，分支复设支祠，……升降献酬之节，率准《文公家礼》。"③

《朱子家礼》在浙江产生过程度不轻的影响。如《富阳县志》（二十四卷，光绪三十二年刻本）："祭不一处，盖乡村无族不立宗祠，祖先神主皆藏祠内，家不供立祖先神位。"④《严州府志》（三十五卷，乾隆二十一年刻本）："丧，大率用《文公家礼》，惟不行敛，不用布绞。"⑤

《朱子家礼》在江苏有一定的影响，但似乎并不深入。尤其是本地鲜有祠堂，祭礼比较简单。如《首都志》（十六卷，民国二十四年南京正中书局铅印本）："明婚礼，大都本《文公家礼》……明代丧礼，大抵本之以《仪礼》、唐典，参以《朱子家礼》。……清代金陵丧礼，多轶于官定之制。"⑥《吴县志》（八十卷，民国二十二年苏州文新公司铅印本）："宗祠之立，在士大夫家固多，而寒门单族鲜有及之者，以故祭礼愈形简略，奉神主者惟有家堂而已。家堂之制，如

---

① 《中国地方志民俗资料汇编·华东卷（下）》，第 1317 页。
② 同上书，第 1325 页。
③ 同上书，第 1328 页。当然各地风俗不一，也有相反的记录，如《霞浦县志》（四十卷，民国十八年铅印本）："祭礼　霞浦城居多客籍，聚族至数百年发族数千人者极鲜，故宗祠无多。城中建祠者，止一二姓。各乡稍有旧族，然宗祠亦不遍设。"同上书，第 1277 页。《福安县志》："士大夫之家遇丧事亦必成服虞祭，第不能纯任《家礼》……"同上书，第 1281 页。
④ 《中国地方志民俗资料汇编·华东卷（中）》，书目文献出版社，1995 年，第 609 页。
⑤ 同上书，第 621 页。
⑥ 《中国地方志民俗资料汇编·华东卷（上）》，书目文献出版社，1995 年，第 352—355 页。

朱子之所谓长龛堂,而中无板隔,自始祖以下之主皆在高悬梁间。"①《周庄镇志》(六卷,光绪八年元和陶氏仪一堂刻本)多言及《书仪》《家礼》《通礼》,但又言:"宗祠为近地所鲜,故祭礼愈略。"②《句容县志》(十卷,光绪二十六年杨世沆刻本):"丧事,敛棺必勉力从厚,其《文公家礼》所载一切仪文,或阙而未备……"③《扬州府志》(二十七卷,万历三十三年刻本):"扬俗丧礼,士大夫家或用司马及考亭《家礼》。……祭,唯缙绅家间有家庙,亦弗尽制。民庶多从寝堂设龛祏奉之。"④

山东也在一定程度上受到《朱子家礼》的影响。《淄川县志》(八卷,乾隆四十一年刻本)曰:"丧礼 士夫家概作佛事,虽执礼者不能违俗也。五七有祭,告葬有祭,皆丧主亲之。将葬,作行述,为志铭,立神主,一遵朱文公《家礼》。"⑤《德县志》(十六卷,民国二十四年铅印本)载:"祭礼……有宗祠者祀于祠,无宗祠者祀于厅事,无厅事者祀于居室,亦《家礼》士庶寝荐之意。"⑥

现上海地区受《朱子家礼》的影响较弱,如《青浦县志》(四十卷,乾隆五十三年刻本)云:"祭祀率从苟简,而凶事又皆从俗,辄多繁费。"⑦仅少数资料提到《朱子家礼》。如《宝山县续志》云:"今世俗祭其先世以四代为断,盖犹遵《文公家礼》。"⑧

四、《朱子家礼》版本概略

现存卷一至卷三影宋抄配宋刻本《朱子家礼》(五卷,附录一

---

① 《中国地方志民俗资料汇编·华东卷(上)》,书目文献出版社,1995年,第376页。
② 同上书,第386—390页。
③ 同上书,第482页。
④ 同上书,第485页。
⑤ 同上书,第99页。
⑥ 同上书,第113页。
⑦ 同上书,第44页。
⑧ 同上书,第69—70页。

卷),藏中国国家图书馆(原北京图书馆),收入顾廷龙先生主编的《中国古籍善本书目》。1992年孔子文化大全编辑部编纂"孔子文化大全"丛书,由山东友谊书社出版,其中"述闻类"中的一册影印辑录了《帝范》《家范》《帝学》和《家礼》。此影印本《朱子家礼》,应即原北京图书馆所藏影宋抄配宋刻本①。由孔子文化大全编辑部落款的"出版说明"指出,此本当为南宋淳祐年间杭州刊刻本②。根据《中国古籍善本书目》和翁连溪编校《中国古籍善本总目》,宋代刊印的《朱子家礼》,中国大陆现仅存此一种③。《中国古籍善本总目》对这个本子记录的信息有:"宋刻本(卷一至三配清影宋抄本)七行十六字,小字双行同,白口,左右双边。"④采入"孔子文化大全"丛书的《朱子家礼》与这些特征相合。

　　四库全书收入的《性理大全》本《朱子家礼》,分四卷(即《性理大全》卷十八至二十一):卷一为家礼图,卷二为《家礼序》和通礼、冠礼、婚礼,卷三为丧礼,卷四为丧礼(始于"虞祭")。日本学者吾妻重二曾特别留意《性理大全》本《朱子家礼》,可参见他的研究成果⑤。韩国学者卢仁淑则指出:"流行于韩国者,皆属于《性理大全》之翻刻,而日本浅见絅斋点本乃就《性理大全》本校正文字而作者。"⑥

　　四库全书本《朱子家礼》分五卷:卷首有《家礼序》,卷一《通礼》,卷二《冠礼》,卷三《婚礼》,卷四《丧礼》,卷五《祭礼》(从"四时祭"开始),后有《家礼附录》。此本的结构与前述影宋抄配宋刻本

---

① 1986年我曾在北京图书馆借助此本的缩微胶卷阅读。
② 但这个"出版说明"没有明确指出所影印的本子藏于何处。
③ 但上述"出版说明"却提到了《铁琴铜剑楼藏书目录》卷四所载《纂图集注文公家礼十卷》(每半叶七行,行十四字),并谓"是书现藏北京图书馆"。待查。
④ 翁连溪编校:《中国古籍善本总目》第一册,线装书局,2005年,第80页。
⑤ 吾妻重二:《朱熹〈家礼〉的版本与思想的实证研究》研究成果报告书,日本,2003年3月。
⑥ 卢仁淑:《朱子家礼与韩国之礼学》,人民文学出版社,2000年,第19页。

基本相同①,不同之处在于,宋刻本在卷首还有黄榦的《书家礼后》(收入《勉斋集》),木主全式、分式(图)及潘时举、仲善父的说明文字,在附录内还有"裁辟领四寸之图"等图四个半页。

据日本学者阿部吉雄的研究②,有宋本纂图集注《文公家礼》十卷,内收杨复附注、刘垓孙增注。此本清瞿镛《铁琴铜剑楼藏书目录》有载,分通礼、冠礼、婚礼各一卷,丧礼五卷,祭礼二卷,图散见于书中;"序文尚是朱子手书"③。还有元本纂图集注《文公家礼》十卷,图若干,内收杨复附注、刘垓孙增注、刘璋补注。一般认为此系元人据上述宋本纂图集注《文公家礼》,加入刘璋补注而成。2005 年出版的《中国古籍善本总目》,记录有十卷本的元刻本《朱子家礼集注》④。由此清晰地呈现出《朱子家礼》版本系统中五卷本之外另有十卷本的发展脉络。

除了四卷本(《性理大全》本)、五卷本(北京图书馆藏宋刻本、《四库全书》本)、十卷本,元代还有《文公家礼》七卷本,瞿镛《铁琴铜剑楼藏书目录》载录,曾为阿部吉雄所关注。明代有七卷本刊印,曾进入孔子文化大全编辑部的关注视线,谓:"即《文公先生家礼》。五卷正文依旧。前面列家礼图一卷,附图集中于此。抽出深衣制度,为深衣考一卷,置为末卷。"⑤但七卷本未见载于《中国古籍善本书目》和《中国古籍善本总目》。

明成化年间,丘濬撰辑《文公家礼仪节》,凡八卷,此为《朱子家礼》注释本、增删本中影响最大者。另有明代汤铎撰《文公家礼会

---

① 这个宋刻本分卷一《通礼》,卷二《冠礼》,卷三《婚礼》,卷四《丧礼》,卷五未立标题,从"四时祭"开始。
② 吾妻重二《朱熹〈家礼〉的版本与思想的实证研究》和卢仁淑《朱子家礼与韩国之礼学》都有引用。
③ 瞿镛:《铁琴铜剑楼藏书目录》(二十四卷)卷四,《续修四库全书》影印本,上海古籍出版社,1995 年。
④ 分列三个条目,均题宋杨复、刘垓孙撰。
⑤ 《孔子文化大全·家礼》"出版说明",山东友谊书社,1992 年。

通》,十卷本,现存景泰元年(1450年)汤氏执中堂刻本等;明代魏堂撰《文公家礼会成》①,八卷本,现存嘉靖三十六年(1557年)刻本等。明清二代有关《朱子家礼》的注释本、增删本层出不穷,围绕家礼或冠婚丧祭"四礼"的撰著同样难以计数。下面集中论述丘濬所撰《文公家礼仪节》。

丘濬,广东琼山(海南)人,景泰五年(1454年)举进士,官至文渊阁大学士。在其任经筵讲官时,针对南宋真德秀所著《大学衍义》"有格物致知之要,诚意正心之要,修身之要,齐家之要,而于治国平天下之要阙焉",遂耗时十年编撰《大学衍义补》,"采集五经诸史百氏之言,补其阙略,以为治国平天下之要"②。而他撰辑《文公家礼仪节》,在治学和致思的路径上恰好与此相反,侧重的是"齐家之要"。《大学衍义补》与《文公家礼仪节》两书都非原创之作,均属传注发挥一类,却构成一种思想内涵和价值取向上的互补。

嘉靖年间曾任刑部尚书的何鳌在给《文公家礼会成》作序时,对《文公家礼仪节》有如下评价:

……王源为之《(家礼)易览》,冯善为之《(家礼)集说》,然皆琐鄙繁杂,有偏驳之私,而鲜融会之识,本欲发明《家礼》,而不知其为《家礼》之戾多矣。善乎琼山丘氏之《仪节》也,发所未发,备所未备,而《家礼》为之复明。

四库馆臣《文公家礼仪节提要》说:"是书取世传《朱子家礼》,而损益以当时之制。每章之末,又附以余注及考证,已非原本之

---

① 魏堂,承天岘山人,以进士出任萧山县令。上海图书馆善本部所藏《文公家礼会成》载录他人所作序文两篇,其一由赐进士萧山黄九皋作,云:"岘山魏侯宰萧之余,析《家礼》之文,中以诸注及经传之发明礼教者,缀于逐条之下,仍以己见及仪注附之。"
② 《丘文庄公文集》卷一《进大学衍义补奏》。

旧。惟所称《文公家礼》五卷,不闻有图,今刻本载于卷首,而不言作者,多不合于本书……"

丘濬高度重视礼的作用,更将《朱子家礼》奉若宝典,请听他在《家礼仪节序》中所言:

> 文公先生因温公《书仪》,参以程张二家之说,而为《家礼》一书,实万世人家通行之典也。……世之好议人者,已憒然于仪文节度之间,而忌人有为也。闻有行礼者,则曰彼行某事,未合于礼;彼行某礼,有戾于古。甚者又曰,彼行之不尽,何若竟不行之之为愈也。殊不思人之行礼,如其读书然。读书者未必皆能造于圣贤之域,然错认金根为金银者,较之并与金银不识者,果孰能哉?濬生遐方,自少有志于礼学,意谓海内文献所在其于是礼,必能家行而人习之也。及出而北,仕于中朝,然后知世之行是礼者,盖亦鲜焉。询其所以不行之故,咸曰礼文深奥,而其事未易以行也。是以不揆愚陋,窃取《文公家礼》本注,约为仪节,而易以浅近之言,使人易晓而可行,将以均诸穷乡浅学之士。若夫通都巨邑、明经学古之士,自当考文公全书,又由是而上,进于古仪礼云。①

《文公家礼仪节》卷首有:(1) 丘濬自撰《家礼仪节序》;(2) 引用书目;(3)《文公家礼序》(朱熹自序);(4) 黄榦的《书家礼后》;(5) 其他阐明《朱子家礼》来历、主旨的资料五则,即"陈氏淳曰……""李氏方子曰……""杨氏复曰……""周氏复曰……""黄氏瑞节曰……";(6) 针对"李氏方子曰……"和"周氏复曰……"丘濬所作的两大段按语("濬按")。

---

① 丘濬辑:《文公家礼仪节》卷首《家礼仪节序》,成化甲午春二月甲子琼山丘濬序,北京大学图书馆藏明正德十三年常州府刻本,收入《四库全书存目丛书》。

《文公家礼仪节》卷之一"通礼";卷之二"冠礼";卷之三"婚礼";卷之四"丧礼";卷之五"朝夕哭奠 上食"等,版心署"丧葬";卷之六"虞祭"等,版心署"丧虞";卷之七"祭礼";卷之八"家礼杂仪"等,版心署"杂录"(其余卷一、卷二、卷三、卷四、卷七版心所署与卷名同)。每卷之末有图。以卷之一为例,其末有"通礼图",计有《大宗小宗图》《祠堂三间之图》《祠堂一间之图》《祠堂时节陈设之图》《家众叙立之图》《义门郑氏祠堂位次图》《五世并列之图》《祭四世之图》《神主尺式》《神主全式》《神主分式》《椟式》《深衣前图》《深衣后图》《深衣掩袷图》《新拟深衣图》《大带,缁冠》《幅巾图》《屦图》《屈指量寸法图》《伸指量寸法图》。

基本沿用《朱子家礼》的正文,对原注加以增删,编撰仪节、祝文、书式、按语、考证、余注等内容,逐条缀于正文之下,卷末收入图例,这些构成《文公家礼仪节》体例的主要特点。"仪节"是该著非常重要的核心内容之一,体现出书名的命意,可用来直接指导庶民生活,规范行为方式。以"冠礼"部分的第一则"仪节"为例,它出现在"前期三日主人告于祠堂"之下(又分正文和注),正文是:

序立。盥洗。启椟。出主。复位。降神。主人诣香案前。跪。焚香。酹酒。俯伏,兴,拜,兴,拜,兴,平身。复位。参神。鞠躬,拜,兴,拜,兴,拜,兴,拜,兴,平身。主人斟酒。主妇点茶。鞠躬,拜,兴,拜,兴,平身。主妇复位。跪。读祝。俯伏,兴,拜,兴,拜,兴,平身。复位。辞神。鞠躬,拜,兴,拜,兴,拜,兴,拜,兴,平身。焚祝文。奉主入椟。礼毕。

按语、考证、余注或用来表述作者观点,或释难解疑。"考证"约有 10 则,它们是《通礼考证》《妇人拜考证》《宗法考证》《婚礼考证》《丧礼考证》(4 条)、《丧服考证》、《葬考证》。"余注"约 3 条:《婚礼余注》、《丧礼余注》(2 则)。

中国近世"家礼学"中,前有《司马氏书仪》《朱子家礼》,后有《文公家礼仪节》。《文公家礼仪节》具有相当的地位,也进一步推广了《朱子家礼》。其间的关系在各地地方志中留下印痕,兹举一例以结束本文。《大兴县志》(六卷,清抄本)载:

> 婚礼　古有六:纳采、问名、纳吉、纳征、请期、亲迎。《朱文公家礼》止用纳采、纳征、亲迎,以从简要。丘濬谓:问名附于纳采,纳吉、亲迎附于纳征,六礼之目自在焉。士民悉准行之。纳采曰"行小茶",纳征曰"行大茶"。①

(原载《经学研究集刊》第九期,台湾高雄师范大学经学研究所,2010 年 10 月)

---

① 《中国地方志民俗资料汇编·华北卷》,北京图书馆出版社,1989 年,第 32 页。类似记录还见于《宛平县志》(六卷,抄本):"婚礼,古有六礼:纳采、问名、纳吉、纳征、请期、亲迎。《朱子家礼》止用纳采、纳征、亲迎,以从简要。明丘濬谓:问名附于纳采,纳吉、亲迎附于纳征,六礼之目自在焉。乡绅士民悉准行之,纳采曰'行小茶',纳征曰'行大茶'。"《中国地方志民俗资料汇编·华北卷》,第 13 页。本文作者案:上引《大兴县志》和《宛平县志》均存在明显笔误,可能也是辗转传抄之误。兹引《文公家礼仪节》卷之三原文对照:"濬按:古有六礼,《家礼》略去问名、纳吉、请期,止用纳采、纳币、亲迎,以从简省。今拟以问名并入纳采,而以纳吉、请期并入纳币,以备六礼之目。然惟于书辞之间略及其名而已,其实无所增益也。"

《朱子家礼》在韩国的流传与影响

《朱子家礼》(又称《文公家礼》,以下简称《家礼》)是宋代理学大师朱熹(1130—1200年)的一部礼学著作,内容主要为冠、婚、丧、祭等家庭礼仪和其他家常日用的有关行为规范。《家礼》曾对宋元以降中国社会产生巨大影响,是中国封建社会后期的民间通用礼[①]。不仅如此,《家礼》还曾传播至域外,比如韩国、日本,并产生不小的影响。尤其是在韩国,李朝士大夫奉《家礼》为礼学的圣经,以《家礼》为本制定和施行各种礼仪。由《家礼》占据主导地位的韩国礼学,对改变古代韩国的佛教习俗,推广封建伦理道德,巩固封建宗法制与等级制,起了重要的作用。及至今日,《家礼》对韩国礼俗与文化所产生的影响仍清晰可见。本文即对《家礼》在韩国的流传与影响作一初步的探讨,以期能对深入研究韩国文化和中韩文化交流史有所裨益。

一、《家礼》的初传和社会背景

《家礼》是作为朱子学的内容之一传入韩国的。

朱子学传入韩国约在高丽王朝(935—1392年)末期。在高丽王朝统治的长达4个多世纪时间里,儒学虽不时受到朝廷的鼓励,但地位并不彰显。佛教则获得很高的社会地位,连许多王子都出家为僧。至高丽王朝末期,举国上下的佞佛之风更趋炽烈。同时

[①] 参阅拙文《〈司马氏书仪〉和〈朱子家礼〉研究》,《浙江学刊》1993年第1期;《〈朱子家礼〉:民间通用礼》,《传统文化与现代化》1994年第4期。

国家律令废弛、朝政衰败、社会道德沦丧。正是在这样的背景下，出现了以排佛和输入朱子学为主要特征的儒学复兴运动。1289年，安珦（1243—1306年）从中国元大都携回朱熹著作，并在太学讲授朱子学①。一般认为，这是朱子学被引进韩国之始。

其后，白颐正（生卒年不详）、李齐贤（1287—1367年）、权溥（1262—1346年）、禹倬（1253—1333年）、李穑（1328—1396年）、郑梦周（1337—1392年）、郑道传（约1337—1398年）等儒家学者都为朱子学的传入和传播做出了贡献。在他们看来，高丽的衰落是由佞佛引起的。其中的激进派如安珦、郑道传宣扬佛教的危害性来自其自身；而温和派人士如李穑虽承认"佛，大圣人也"，却也坚持应尊崇、发扬"孔子之道"②。

对朱子学作系统研究，郑梦周可称第一人。《高丽史》卷一一七本传云："时经书至东方者，惟朱子《集注》耳，梦周讲说发越，超出人意，闻者颇疑。及得胡炳文《四书通》，靡不吻合，诸儒尤加叹服。李穑亟称之曰：梦周论理，横说竖说，无非当理。推为东方理学之祖。"说来也巧，根据文献记载，这位"东方理学之祖"，同时也是在韩国介绍和推广《朱子家礼》的第一人。本传云："时俗丧祭，专尚乘门法，梦周始令士庶仿《朱子家礼》，立家庙，奉先祀。"然而若加思忖，不难发现，此"巧合"也有必然性的因素在其中。一方面，朱子学有重践履的一面，如朱的礼学，特别是《家礼》。韩国儒家学者通过讲说朱子学来排击佛教，《家礼》恰可以用于改变当时的佛教习俗，所以必然为其所重视。另一方面，郑梦周反对专治中国的诗文词章，强调研习儒学的目的在于修身养性。他曾建议把探讨体现在《大学》和《中庸》中的"理"并在日常生活中加以履行

---

① 据《高丽史·安珦传》，台北文史哲出版社，1972年。
② 据《高丽史》李穑及安珦、郑道传等人传。

作为学习儒学的两个要义。故而,他很自然地便注意到了《家礼》①。中国宋儒曾反复论证"礼""理"是相通的;韩国儒生自郑梦周始,在笃信程朱性理学的同时,又高度注重朱熹礼学,两者在运思的路径上显然存在相似之处。

《家礼序》云:"凡礼有本有文。自其施于家者言之,则名分之守、爱敬之实,其本也。冠、婚、丧、祭仪章度数者,其文也。其本者有家日用之常礼,固不可以一日而不修其文,又皆所以纪纲人道之始终……"《家礼》谈的是"日用之常礼"。而郑梦周潜心思索的也是"日用平常之事"。他说:"……儒者之道,皆日用平常之事。饮食男女,人所同也,至理存焉,尧舜之道,亦不外此。动静、语默之得其正,即是尧舜之道。初非甚高难行。彼佛氏之教则不然,辞亲戚、绝男女、独坐草穴、草衣木食,观空寂灭为崇,岂是平常之道?"②注重"日用平常之事",既是郑梦周思想的一大特点,也是他选择和讲习《家礼》的重要原委。

崇儒排佛的进程,由于李成桂推翻高丽王朝建立李朝(1392—1910年),并试图以儒学作为国家和社会的主导性思想意识,而得到延续和强化。在这一过程中,发生了一系列的变化。兹举数端:

(1) 定朱子学为"圣学",教育和考试偏重于"四书""五经",学风也由重章句注疏转而重义理。《增补东国文献通考》卷二〇七"学校考"六"学令"条载:"诸生读书,先明义理,通达万变,不须徒习章句,牵制文义。常读四书、五经及诸史等书,不挟庄老佛经杂流百家子集等书,违者罚。"

(2) 强调用纲常礼教来改造社会。李成桂(太祖)是以高丽王朝重臣的身份通过篡位而实现改朝换代的,这使他深刻地认识到

---

① 据《高丽史·郑梦周传》。
② 同上书。

如不改弦易辙,推广三纲五常之道,李氏政权也随时可以被不守"名分""非礼"的臣子所篡夺。所以他在走上王位后就开始雷厉风行地推行三纲五常,重建社会秩序。此后,纲常礼教对韩国的社会生活留下至为深刻的影响。根据《大学》修身、齐家、治国、平天下的理论,家礼的重要性也就被异常地突出了。

(3)引进和接受中国的冠服制度。据《太祖实录》卷八,太祖四年(1396年)七月庚子,"视中朝"各级品官服制,为韩国官员制定一至九等祭服。《瑞宗实录》卷十二载:"二年(1454年)十二月丙戌,议政府据礼曹呈启,文武官常服,不可无章。"结果是"谨稽皇明礼制",为文武官员确定服装样式。《成宗实录》卷二七七载:"二十四年(1493年)五月乙亥,赐唐礼纱帽于都承旨曹伟,曰:'衣冠当从华制,予观中朝人纱帽甚好,今特赐尔,尔著此则人皆观法矣。'"

借此背景,《家礼》广泛地传播开去,同时也为韩国士人消化、吸收,将其与韩国的礼俗相融相契。如李彦迪(1491—1553年)撰《奉先杂仪》,既本于《家礼》,又根据时俗稍加损益,拟定了一套有关祭祀祖先的礼制。

又,李朝印刷术的进步,翻印中国典籍规模的扩大,也为《家礼》的传播创造了条件。以下一则材料值得注意。据《李朝实录》,中宗大王十三年十一月戊午(1518年12月24日),从北京朝贡回来的礼曹判金安国上过一道书启,曰:"臣到北京,自念圣上留心性理之学,士大夫亦知方向,思得濂、洛诸儒全书及他格言至谕,以资讲习。……所谓《语孟或问》者,朱子所作……此帙尚不来,故购求,须广印。……所谓《家礼仪节》者,皇朝大儒丘濬所删定也。文义之脱略,补而备之,乃朱子《家礼》之羽翼也。亦印颁而使人讲行为当。"《家礼仪节》为明朝丘濬所作,它是"取世传《朱子家礼》而损益以当时之制。每章之末,又附以余注及考证"[1]。在中国传述

---

[1] 《四库全书总目·家礼仪节提要》。

《家礼》的各类著作中，以《家礼仪节》最著名，影响也最大。上引金安国的书启，反映了在翻印朱熹著作的热潮中，《家礼仪节》作为"《家礼》之羽翼"被引入韩国的细节。这对于了解《家礼》在韩国的传播是很重要的。

二、从11种礼学著作看《家礼》的传播和影响

自《家礼》传入韩国后，韩国儒士撰作了大量的仿照《家礼》而略加损益、变通的礼学著作。这是《家礼》在韩国传播并产生影响的一个重要途径。鉴于这些汉语韩籍不易觅见，本文拟取其中的11种予以介绍，以此窥见《家礼》在韩国流传之情形。

1.《奉先杂仪》二卷

李彦迪（1491—1553年）撰。彦迪字复古，号晦斋，是韩国儒学发展史上一位重要的有代表性的人物。李退溪（1501—1570年）曾给予很高评价，以为："吾东方理学，以郑圃隐（梦周）为祖，而以金寒暄（1454—1504年）、赵静庵（1482—1519年）为首，但此三先生著述无征，今不可考其所学之浅深。近见《晦斋集》，其所学之正，所得之深，殆今世为最也。""近代晦斋之学，甚正。观其所著文字，皆自胸中流出，理明义正，浑然天成。非所造之深，能如是乎？"①

奉先者，奉祀其先人也。此书本于《家礼》，又参以司马光（著有《书仪》）和程颐、程颢所订之祭礼，再根据时俗稍加损益，形成一套祭祀先祖和有关祠堂的仪制、规则。内容包括：立祠于正寝之东，以奉先世神主；旁亲之无后者，以其班祔，置祭器；主人晨谒于大门之内；有新物则荐之；出入必告；正、至、朔、望则参；俗节则献以时食；有事则告；或有水火盗贼，则先救祠堂，迁神主、遗书，次及

---

① 《退溪先生言行录》卷5《论人物》。

祭器,然后及家财;易世则改祠主而递迁之;至每年之常祭,则有四时祭、祢祭、忌日祭、墓祭诸端;凡遇祭典,必先期斋戒,设位陈器。李彦迪在《奉先杂仪》中还强调:"祭祀之义,有本有文;无本不立,无文不行。存乎心者本也,著于物者文也。盖必文与本兼尽,始可谓之尽。孝子之事亲也,有三道焉:生则养,殁则丧,丧毕则祭。养则观其顺也,丧则观其哀也,祭则观其敬而时也。尽此三道者,孝子之行也。是以人之祭先,必心纯笃而诚敬,方始尽祭之道。"《家礼》的有关精神和原则基本上在《奉先杂仪》中得到了体现。

2.《四礼训蒙》一卷

李恒福撰。恒福字子常,号白云。生于1556年,曾封鳌城府君,后为大提学,又拜都提察使,官至领议政。光海君戊午(1618年)废母之时,以进谏被放逐,殁谥文忠。李恒福对时俗颇有不满,批评为礼者但知习礼之数,而不知究礼之义。《四礼训蒙》便是他针对这种状况所作的礼学著作。所谓"训蒙",按其《跋》语,是"启蒙小子之蒙学";"欲令一家子弟,私相诵读,不至大迷也"。所谓"四礼",即冠、婚、丧、祭礼。《四礼训蒙》既叙述冠婚丧祭的仪制,又详细地阐说包含在这些仪文品节中的"礼之义"。《跋》云:"余疾夫小子蒙士,每当祭时,登降拜俯,从长者而已,漫不知为何义。谨采古经祭仪,欲写为屏,庶诘朝之事,张以寓目,领略其万一。后得晦斋先生《奉先杂仪》,与余去取者一一符合。遂并取三礼(即冠、婚、丧)要语,编成一书。"由此可知,体现《家礼》精神和原则的《奉先杂仪》已成为韩国礼学的一种标准。李恒福因自己所订祭仪与《奉先杂仪》"一一符合"而深感满意。

《四礼训蒙》由李恒福的门人金止男于1622年刊行。

3.《家礼辑览》十卷《图说》一卷

金长生(1548—1631年)撰。长生字希元,号沙溪。曾师从宋翼弼和李珥,学问广博,尤精礼学。屡为郡县令。仁祖时拜掌令,累迁至刑曹参判。逝后谥曰文元,从享文庙。

《家礼辑览》一书,前有金长生作于1599年的自序,云:"余自幼读《家礼》,尝病其未能通晓。既而从友人申义庆讲论,积有年纪。又就正于师门,遂粗得其梗概。因共取诸家之说,编为一书。"金长生以为,《家礼》出于草创亡失之余①,于仪度名物之际,犹不能无病。所以择取诸家之说,摘要删繁,纂注于《家礼》各条之下。或诠释章句,或考订异同。讹者正之,疑者阙之。他又取古今仪物之可征者,另作《图说》一卷。凡所征引,均一一著其出处。如果是发挥己见,则加一"愚"字,以资识别。金长生著《家礼辑览》,目的在于切合人家日用之需,故对俗制也间有采择。此书完稿于1599年,初刊于1685年。

金长生还著有《经书辨疑》八卷、《近思录释意》一卷、《书疏杂录》若干篇以及《疑礼问解》四卷。其中《疑礼问解》的内容是金长生平日答门人之问,和与朋友关于礼学的往复问答,涉及殿屋、厦屋之制,宗法,班袝,晨谒之仪,以及居家杂仪。金长生儿子金集(字士刚,号慎独斋)作有《疑礼问解续》一卷,附于其后。金氏父子被世人目为儒宗,尤有功于韩国礼学。

4.《家礼源流》十四卷《续录》二卷

俞棨(生平与生卒年月皆不详)撰。

笔者见到的《家礼源流》韩国刻本,内有郑澔(不详)所作《家礼源流跋》。由跋语可知《家礼源流》撰作和初刻的时间。跋云:"澔少也闻市南俞先生编次《家礼源流》一部书,而世乏好古尚礼之人,书成已七十余载,无有能入梓而广布者,心常慨惋。癸巳(1713年)夏左揆李公……请令湖南道臣划即刊行,……上乃允之。呜

---

① 这话是有根据的。据《家礼附录》黄榦言:"先生既成《家礼》,为一行童窃以逃。先生易箦,其书始出,今行于世。然其间有与先生晚岁之说不合者,故未尝为学者道也。"

呼！圣朝此举实我东礼教兴行之兆。……崇祯甲申后七十一年甲午仲春下澣后学乌川郑澔识。"崇祯甲申后七十一年甲午，即1714年，清康熙五十三年。70多年前俞棨撰成《家礼源流》当在明崇祯末年。初刊已是康熙五十二年（1713年）。笔者曾见此初刻本。

俞棨《家礼源流序》云："朱夫子家礼之书，折衷古今，定为万世通行之仪则。……（本编）以《家礼》本文为经，博取《仪礼》、《周礼》、《戴礼》以下诸经分注其下，写成编入于补注之末，此所谓源也。又采后世诸儒之说可以羽翼此书者，录于诸经之下，所谓流也。"《凡例》又申言如下几条：《家礼》本文无论大文与注说，依其次序而编之，所引古今诸说分注于逐条下；添补诸说皆录其书名与姓氏，以为阅览之便；逐条解释之外，古书之可以旁照者别为编入于补注之下，以备参考；近世诸儒讲说之言及俗制之便宜者并存之，使行礼之家有所择焉。

5. 《明斋先生疑礼问答》八卷

尹拯（1629—1712年）撰。拯字子仁，号明斋。此书收录尹拯平日与知友、门人论礼问答之辞，由其门人衷集刊刻。尹拯论礼多以《家礼》为主，故此书凡问辞出于《家礼》者，只称某条某文，而不书卷数。尹拯师从金集，礼学涵养甚深。信从《家礼》，但又不拘泥墨守之，常辨别古今异同，有所折中。如："问：告一事读祝时，主人无跪伏之节，或是阙文欤？答云：古礼以立为敬，东俗以伏为敬，非有阙文也。"又如："问：国俗祭祀轮行，甚非正礼，何以不革此弊欤？答云：轮祭虽非礼，而国俗既然，则为子孙者，虽其远祖適主，只当依其主祢时所轮者而行之，恐不可以为非礼。"所引皆出自《明斋先生疑礼问答》。

6. 《三礼仪》三卷附《改葬仪》一卷

朴世采（1631—1695年）撰。世采字和叔，号南溪，一号玄石。肃宗甲戌（1694年）拜相，官至左仪政。死后谥曰文纯，从享文庙。

《三礼仪》末有肃宗辛卯(1711年)门人金干跋,云:"我玄石先生,博考经籍,撮为一书,名之曰《三礼仪》。先生易箦,藏在巾衍者有年矣。今门人李友、季章,精写一通,克加校雠,托义兴李成伸付之剞劂,以广其传。"可知《三礼仪》是由李友、季章、金干托李成伸于1711年刊印的。

《三礼仪》叙述的是冠、婚、祭三礼。因前有申义庆(与金长生同时)编《丧礼备要》一书,此书后经金长生修订、增损,为上下通用,所以朴世采略丧礼而只修冠、婚、祭三礼。《三礼仪》的编纂主旨在于应合人家日用之需,故虽以《家礼》为本,而又兼采诸家之说,参以时俗之制,颇多斟酌损益。

7.《南溪先生礼说》二十卷

朴世采撰。此书前有门人金干作于1718年的序,云:"礼仪三百,威仪三千,盖已备矣。然而邦家异体,吉凶殊辙,事端不穷,而疑晦多门。苟非深于节文仪则者,其何以折衷于斯哉?我文纯公邃于礼,平日与知旧门人互相问答者,亦必引经据义,各极其趣。独恨其言散见错出,未易考检。厚斋金真卿,讲读遗集之余,手自抄录,群分类聚,名之曰《南溪先生礼说》。"按序文,此书系金真卿取朴世采与知旧门人论礼之辞编次而成。时间应在1718年或之前。

此书篇目次序主要依《家礼》。在体例上又参以金长生的《疑礼问解》和金集的《疑礼问解续》等。在冠婚丧祭之外,又添入书院礼、王朝礼等新目。特点是详于议论,而疏于考证。

除了上举《三礼仪》、《南溪先生礼说》,朴世采在礼学方面还撰有《六礼疑辑》、《家礼要解》等,均意在致用。

8.《家礼增解》十卷

李宜朝撰。宜朝字孟宗。其余不详,仅知正祖(1776—1800年)时除参奉,然未就而终。笔者曾见《家礼增解》清道光朝鲜庆尚道知礼镜湖影堂刻本,前有宋焕箕(不详)于崇祯后三壬子(1792年)所作序。序云:"晦庵朱夫子家礼之书,出于草创亡失之余,故后世之议论敢到。自皇明以来祖述此书者,有丘氏《仪节》、魏氏《会成》、杨氏《正衡》、冯氏《集说》,而但其损益修润皆不纯乎朱子之本意。至于我东沙翁(金长生)之《辑览》、市南(俞棨)之《源流》出,而其为舆卫于朱门也蔑以加焉。然于疑文变节尚恐有未照勘者。……镜湖李孟宗以其所编《家礼增解》示余,曰:此乃吾先人蒐辑古今之礼,就《家礼》而编出者也,草本未及再修而先人奄忽捐世。……"

《家礼增解》始纂于李宜朝的父亲,然未成书。李宜朝赓其父业,用力十年,而成是编。分5总目,41子目。它们是:(1)祠堂;(2)深衣制度;(3)居家杂仪(以上总目曰通礼);(4)冠;(5)笄(以上总目曰冠礼);(6)议婚;(7)纳采;(8)纳币;(9)亲迎;(10)妇见舅姑;(11)庙见;(12)婿见妇之父母(以上总目曰婚礼);(13)初终;(14)沐浴、袭、奠;(15)灵座、魂吊、铭旌;(16)小敛;(17)大终;(18)成服;(19)朝夕哭奠;(20)吊奠赙;(21)闻丧、奔丧;(22)治丧;(23)迁柩;(24)遣奠;(25)发引;(26)虞祭;(27)卒哭;(28)祔;(29)小祥;(30)大祥;(31)禫;(32)吉祭;(33)改葬;(34)丧中行祭说;(35)居丧杂仪;(36)父母亡慰答疏式(以上总目曰丧礼);(37)四时祭;(38)初祖;(39)祢;(40)忌日;(41)墓祭(以上总目曰祭礼)。

《家礼增解》在设目上与《家礼》基本一致,唯"丧礼"下的子目略有调整、出入。李宜朝广引经传和诸儒各家之说,用以解释和阐明《家礼》文本的含义。

9.《四礼便览》八卷

李縡撰。縡字熙卿,号陶菴。肃宗壬午(1702年)登科。少有诗名,晚究性理之学,绝意进仕。

《四礼便览》以冠、婚、丧、祭四礼为纲,其目次为:

冠礼:冠,笄;

婚礼:议婚,纳采,纳币,亲迎;

丧礼:初终,袭,小敛,大敛,成服,吊,闻丧,迁棺,发引,治葬,及墓,反哭,虞祭,卒哭,祔祭,小祥,大祥,禫祭,吉祭,改葬;

祭礼:祠堂,时祭,祢祭,忌日,墓祭。

《四礼便览》有如下几个特点:(1)本于《家礼》。对《家礼》的疏略之处,则旁采诸书,加以补入。(2)《家礼》本注对行礼之器有所说明,但有欠详备处。李宜朝别为蒐辑,附于每条之下。考虑到礼器无图难以摹状明晓,又以图式置于每篇之末。(3)有感于世人行礼多不知其义,故博考诸书详其名义。(4)斟酌古今、雅俗、繁简,订其异同,使读者开卷了然,可作行礼的凭借,故称"便览"。

10.《士仪》二十一卷附《别集》四卷

许传撰。传字伊老,号性斋。宪宗乙未(1835年)登文科。

《士仪》专考士礼。大旨以《仪礼》《家礼》为本,而搜辑经传子史及古今诸家之说,以补二书之未备。目次为:亲亲篇、姓氏篇(姓氏乃"宗法伦常之始也")、成人篇(冠笄之仪)、正始篇(所谓"男女婚姻,人道之始也")、易戚篇(丧服之制)、如在篇(祭祀之典,孔子说:"祭如在,祭神如神在")、方丧篇("人民为君服也")。《别集》分法服篇(释深衣冠服之制)、论礼篇(考订诸家说礼之得失)。另附《三礼图与本义相左辨》一文,以为《家礼》之图定非朱熹所作。

11.《六礼疑辑》、《前集》十五卷《后集》十二卷《别集》六卷

不著编者名氏。此书叙述冠、婚、丧、祭、乡饮酒、士相见六礼之仪式,又采择各种典籍所载有关内容及韩国近俗,辨难析疑,加以折中,以期切于实用。分前、后、别集。《前集》《后集》专采经传,包括宋代的诸家之说。《别集》则取韩国诸儒问礼之作,条分而详辨。其《凡例》云:"礼之为书,从古则有《仪礼》,欲通今则有《家

礼》。其仪章度数之间,非不明白整齐,然而古今殊制,礼俗异宜,疑文变节之难通者,不可胜数。如或一朝而背之,虽终身悔责莫赎其罪矣。故自魏晋,好礼之士以及闾阎撰道之儒,各有传述。而阐明之者,因遍明正,庶几以得夫节文之大意,则不可不辑成一书,以为服行之故。故不揆僭妄,乃取杜氏《通典》,及《五先生礼说》,以为根据,而辄依本文,采摭汇列,损益裁正,傥使后人,因其文字之简约,节目之详明,以能易知而易行者为主。又我东诸儒,亦多究心礼仪者,如李氏滉《丧祭礼答问》,郑氏《述礼答问》,金氏长生《疑礼问解》,亦多可以收采者。今谨撮为一录,名以别编,俾继前、后两编之后。"《六礼疑辑·别集》对于了解韩国的仪制有一定的价值。

从以上 11 种汉语韩籍,大约已可瞥见韩国礼学的崖略。

三、韩国礼学的若干特点

根据上述 11 种韩国礼学著作,我们来分析、概括韩国礼学的若干特点。

（1）以《家礼》为本。这是李朝礼学的一个基本原则。它初定于郑梦周、李彦迪等人,以后相继奉行。

（2）因宗于《家礼》,所以韩国礼学的重点也在家礼。家礼之外,尚有乡礼、书院礼、王朝礼等,然而均受到《家礼》以及朱熹的另一部礼学著作《仪礼经传通解》的影响。

（3）《家礼》被认为是出于"草创亡失之余",是不完备的,所以韩国学者又广引中国经传以作补充和阐发。同时,在仪制上又往往吸取《仪礼》和司马光《书仪》的部分内容,融会贯通。

（4）结合韩国的习俗,对《家礼》作损益、变通,并不完全拘泥于《家礼》。

（5）基于以上第三、四两点原因,韩国历史上出现了许多注释《家礼》的书籍。在本文列举的 11 种礼学著作中,有不少即属此类。这些《家礼》注释本构成了韩国礼学史的一个重要方面。通过对《家礼》的注释和阐发,意在切于实用,并规范社会的行为方式。

由此看来,韩国礼学是中国礼学尤其是朱熹礼学的一种移植和变形。

四、《家礼》对韩国当代社会的影响

朱子学作为李朝的正统意识,长达五六百年之久,这使韩国成为一个很典型的儒教国家。以《家礼》为核心的礼学,在韩国历史上影响深巨,涉及社会生活的各个方面,又使韩国成为"礼仪之邦"。及至今日,儒教和以《家礼》为核心的礼学仍在社会生活中留下深深的印痕。

目前,韩国大概是世界上唯一"真"祭孔的国家。每年的春、秋两季,在成均馆的大成毅都要举行祭孔的释奠礼。在古代,王者要亲自祭奠。现形式稍有改变,可届时文化情报部长官仍要代表国家元首(总统)作首献官。

所谓"成均馆",源自古太学,取"成人才之未就,均风俗之不齐"之意。现在成均馆的主要任务是奉行春、秋两季的释奠活动,同时也从事其他的教化工作。1945 年,韩国 2 500 名儒林代表聚集汉城,举行了儒道会成立大会。儒道会总部设于成均馆内;在道、市、郡,以学校为中心,设立地方支部,现有两百多个地方支部。1973 年,成均馆与儒道会联名发表《伦理宣言文》和《实践纲领》,强调传统文化和儒家伦理的教化作用。儒道会的主要任务是团结韩国的儒林人士,从事社会的教化活动。通过教化,确立社会秩序和礼仪风俗。他们认为,保持儒教的传统祭祀和礼节,可以将历史上的良风美俗继承下来并坚持下去[①]。

---

① 参阅槐里:《现代意义上的儒教国家——韩国》,《孔子研究》1993 年第 2 期。

对儒家礼仪观念在韩国现代社会中的作用,出席"孔子诞辰2545周年国际学术讨论会"的韩国学者曾作介绍①。他们指出,对礼的理解,从广义到狭义起码有10个层次,如宇宙运行的礼、社会规范的礼、婚丧嫁娶的礼、家礼等。韩国社会重视的是第三、四层含义的礼,即婚丧嫁娶的礼和家礼,并在此基础上来实现第二层次的礼(即社会规范),以保持社会秩序的稳定。像冠礼教育,即成人礼,就是要培养即将步入社会的青年人的社会义务感和责任感。又如婚礼,韩国通过简化了的朱子的礼仪规范来强调爱情的纯洁性,从而进行家庭伦理教育。对朱子的丧礼制度也予以简化采用,由此体现"慎终"的观念。近年来成均馆开展了以道德回归为主旨的教育活动,其中包括对成年人进行礼仪教育。

似乎可以说,《家礼》在韩国当代社会尚未死亡。

(原载《朱子学刊》1996年第1辑)

---

① 《孔子诞辰2545周年纪念与国际学术讨论会述评》,《孔子研究》1995年第1期。

秦蕙田《五礼通考》撰作特点析论

中国古代礼学著述中，篇幅最长、内容最多者，当推江苏金匮（今无锡）秦蕙田（字树峰，号味经，1702—1764年）的《五礼通考》。以台湾影印的《文渊阁四库全书》而言，《五礼通考》占据了其经部第129册至第136册近8册的容量，共计7 317页。若以每页670字算，总字数在490万字以上①。可资比较的是，同在这套影印的四库全书中，同属礼学著述中部头大的如清初徐乾学《读礼通考》，只有3册、2 349页；宋代卫湜《礼记集说》为4册、3 217页，清代《钦定礼记义疏》为3册、2 162页。

《五礼通考》不仅卷帙浩繁，且在礼学史上享有很高的声誉。时彦评它为"数千百年来所绝无而仅有之书"②，"悬诸日月不刊之书……独冠古今"③。以后曾国藩赞其"举天下古今幽明万事，而一经之以礼，可谓体大思精矣"，并将秦蕙田列为自古以来32位圣哲之一，重点推荐给后代④。《清史稿》卷三〇四为秦蕙田列传，称

---

① 这8册的页数分别是：1163页，1101页，989页，1084页，901页，548页，734页，797页。其中第134册为合集，另有340页，收入了司马光《书仪》、朱熹《家礼》等5种著述。关于字数，是按原刊本每半页8行、每行21字计算，影印本缩印为四合一十六开本。鉴于其中有不少以夹注形式小字双行誊抄，所以缩印本以平均值每页670字计算，绝不高估，总字数490万字实属保守估算。
② 顾栋高：《五礼通考原序》，台湾影印文渊阁《四库全书》本《五礼通考》卷首。如不特别揭举，本文即依据此本。
③ 卢文弨：《抱经堂文集》卷八《五礼通考跋》，上海古籍出版社《续修四库全书》本，册1432，第626页。
④ 《圣哲画像记》，《曾国藩全集·诗文》，岳麓书社，1986年，第247—252页。

此书"博大闳远,条贯赅备"。经过多年的寂寥和漠然以后,今人重新将目光投向《五礼通考》。1994 年,台湾圣环图书公司依据王欣夫教授收藏的原刊初印样本照片影印《五礼通考》(以下简称圣环本),并在"出版说明"中强调:这部"礼学杰作",对于了解我国古代礼制沿革,"实为最切实用之书"。近年来,已有两篇专题论文问世,介绍和探讨其人其书。研究者指出,此"可谓中国古代礼学集大成著作"[①],或以为"成书尤非易事,其成就亦斐然可观"[②]。

本文主要关注《五礼通考》的撰作特点,并将考察的视角集中在:(一)古代礼学的演变尤其是若干重要线索的梳理,借此对《五礼通考》在礼学史上的意义和地位有所阐明。(二)秦蕙田的生平经历、文化背景与其学术撰著之间的关系,由此深入探析如此鸿篇巨制的成因和价值。在此基础上,试图进一步概括《五礼通考》所体现的礼学著述形态上的新特点,分析其意义及局限。

一

至少有 4 部前人的著作,给秦蕙田撰作《五礼通考》以重要的启发和影响。

《仪礼经传通解》 这是朱熹曾反复念叨并多次安排人手编撰的"礼书",初名《仪礼集传集注》,晚年确定此名,并修葺亲定其中的二十三卷。后由弟子黄榦、杨复等续完。据秦蕙田《五礼通考自序》,年甫逾冠的他即与同好共同研讨"三礼",并特别留意于"朱子当日尝欲取《仪礼》、《周官》、《二戴记》为本,编次朝廷公卿大夫士民之礼,尽取汉唐以下诸儒之说,考订辨证,以为当代之典"。可他

[①] 王炜民:《秦蕙田与〈五礼通考〉》,《阴山学刊(社会科学版)》1999 年第 1 期。
[②] 林存阳:《秦蕙田与〈五礼通考〉》,《北京联合大学学报(人文社会科学版)》2005 年第 4 期。

又感慨:"今所观《经传通解》,继以黄勉斋、杨信斋两先生修述,究未足为完书,是以'三礼'疑义至今犹蔀。"于是触动了他参照《仪礼经传通解》的方法去探究礼学,"乃于礼经之文,如郊祀、明堂、宗庙、禘尝、飨宴、朝会、冠昏、宾祭、宫室、衣服、器用等,先之以经文之互见错出足相印证者,继之以注疏诸儒之抵牾訾议者,又益以唐宋以来专门名家之考论发明者,每一事一义,辄集百氏之说而谛审之。审之久,思之深,往往如入山得径,榛芜豁然。又如掘井逢源,溢然自出,然犹未敢自信也。半月一会,问者、难者、辨者、答者,回旋反复,务期惬诸己,信诸人,而后乃笔之笺释存之。考辨如是者,十有余年,而裒然渐有成秩矣"①。显然,对于秦蕙田走上研治礼学之路,并一生孜孜以会通、考辨的方法对礼学加以全面的清理,《仪礼经传通解》起到了引领的作用。

《读礼通考》 徐乾学(1631—1694年)的这部研讨古代丧礼的大作,秦蕙田是在乾隆十二年至十三年(1747—1748年)丁父忧回籍治丧时读到的。后出的《四库全书总目》称:"古今言丧礼者,盖莫备于是焉。"该著的特点是"于《仪礼》丧服、士丧、既夕、士虞等篇及《大小戴记》,则仿朱子《经传通解》,兼采众说,剖析其义。于历代典制,则一本正史,参以《通典》及《开元礼》、《政和五礼新仪》诸书"②。读见此书,秦蕙田既兴奋又深感不足,以为它"规模义例俱得朱子本意,唯吉、嘉、宾、军四礼尚属阙如",遂启动了《五礼通考》的撰作。他"陈旧箧,置抄胥,发凡起例,一依徐氏之本,并取向所考定者,分类排辑,补所未及"③。卢文弨(1717—1795年)《五礼通考跋》亦言:"吾师味经先生因徐氏《读礼通考》之例而遍考五礼

---

① 秦蕙田:《五礼通考自序》,《五礼通考》卷首。
② 《四库全书总目·读礼通考提要》。提要还指出:"乾学又欲并修吉、军、宾、嘉四礼,方事排纂而殁。"(中华书局影印本,第168页)
③ 秦蕙田:《五礼通考自序》,《五礼通考》卷首。

之沿革,博取精研,凡用功三十八年而书乃成。"①

《通典》 唐代杜佑的《通典》是中国最早的一部系统记载历代制度的通史,分八门:食货、选举、职官、礼、乐、兵刑、州郡、边防②。共 200 卷,礼门占了 100 卷,按礼典目录(1 卷)、吉礼(14 卷)、嘉礼(18 卷)、宾礼(2 卷)、军礼(3 卷)、凶礼(27 卷)、开元礼纂类(35 卷),分述礼制因革。须加留意的是,《开元礼》原吉、宾、军、嘉、凶的"五礼"次序被《通典》的纂类改作吉、嘉、宾、军、凶,并成为"五礼"的一般性次序。《五礼通考》以《周礼·大宗伯》所言吉礼、凶礼、宾礼、军礼、嘉礼"五礼"为纲,却不采用它的排序,而以《通典》为据。

《文献通考》 成书在元初的《文献通考》以《通典》作蓝本,不过对于中国典章制度的理解更宽泛,其分类与《通典》也有所区别。《文献通考》分二十四考(门),其中"十九门皆因《通典》而离析之……五门则《通典》所未及也"③。作者马端临对中国典制的总体把握及分类对后世具有很大的影响及参考意义。现代硕儒章太炎在《国学讲演录》中批评《五礼通考》分类"未当"时,就举《文献通考》作为比照的对象④。《五礼通考·凡例》曾对《通典》、陈祥道《礼书》、《仪礼经传通解》和《文献通考》进行比较,由此可见,当时秦蕙田在谋划商讨《五礼通考》的篇章内容时,对《文献通考》的门类结构一定细加考察,以资镜鉴。曾国藩曾将《五礼通考》与"三通"(即《通典》《文献通考》及郑樵《通志》)并论,以为可成"四通",

---

① 卢文弨:《抱经堂文集》卷八《五礼通考跋》,上海古籍出版社《续修四库全书》本,册 1432,第 626 页。
② 兹沿用《四库全书总目·通典提要》的说法,见中华书局影印本,第 693 页。《通典》将"兵""刑"析而为二。
③ 《四库全书总目·通典提要》。
④ 章太炎:《国学讲演录》,华东师范大学出版社,1995 年,第 154—156 页。

由此招来章太炎的微词①。

在书写的体例格式上,《文献通考》对《五礼通考》也留下烙印。《文献通考·自序》曾解释:引古经史为之"文",参以唐宋以来诸臣之奏疏、诸儒之议论谓之"献",是为"文献通考"②。"文"顶格书写,"献"降一字书写,以示区别。作者的按语则再低一字书写。《五礼通考》则将征引之材料分为三类:顶格书写,降一字书写,少数降二字书写。类似分顶格与降格书写的形式,《仪礼经传通解》《读礼通考》曾予采用③。《五礼通考》及《读礼通考》还因袭了以按语形式来陈述作者的观点,书写格式上为降四字,显得较为醒目。

很巧的是,以上四部书及《五礼通考》,书名中都有一个"通"字。这大概可以从一个侧面反映出,唐宋以降,在中国知识界,逐步形成了一种讲求"会通"的学术取向;并且又渐渐延展到礼学领域,特别是到了清朝。自然,各有各的"会通"特点。这里集中讨论《五礼通考》,先择其三点论述。

(一)融汇"三礼",《仪礼》《周礼》并重

对《周礼》《仪礼》《礼记》不同的评价及相互关系的不同理解,汉代已成讼案。至宋代,一方面王安石"废罢《仪礼》,独存《礼记》"④;另一方面从欧阳修、苏轼、苏辙到胡宏、包恢⑤,不断质疑《周礼》。如此等等,使旧话题增添了新命意,同时也给后起的礼学

---

① 章太炎:《国学讲演录》,第154—156页。
② 此话亦为《四库全书总目·文献通考提要》所援引。
③ "今所定例,传记之附注者低一字,它书低二字。"见文集卷六十三《答余正甫》书二。陈俊民校编《朱子文集》,改"附注者"为"附经者",有校勘记云:"'经'字原误作'注',依浙监本改。""德富古籍丛刊"本,台湾史语所汉籍全文资料库指定版本,德富文教基金会,2000年。另,《读礼通考》有一类不标明"乾学案"的很短的按语,低一格书写。如卷十四:"《家礼》、今律文并同,《孝慈录》、《会典》俱无,《会典》图内有之。""《政和礼》、《家礼》、《孝慈录》、《会典》、今律文并同,唯《书仪》无。"
④ 语见《四库全书总目·仪礼经传通解提要》,中华书局影印本,第179页。
⑤ 包恢,南宋嘉定十三年进士,《四库全书》集部别集类收入其《敝帚稿略》。总目提要言:"恢平生最疑《周礼》,以为非圣哲之书,遂著书剖析其非,号曰《周礼六官辨》。"

家设下绕不开的"路障",必须面对并予以回应。朱熹就有意构建新的礼学体系,并试图会通"三礼"学。《仪礼经传通解》以《仪礼》为经,附以《礼记》和其他诸书①,同时朱熹又尊崇《周礼》。秦蕙田站在会通"三礼"的立场上,更竭力调和历史上有关《周礼》《仪礼》孰为本、末的议论,以此表达同样推尊《周礼》和《仪礼》。

《五礼通考》卷首第一《礼经作述源流上》开篇即从周公制礼说起。首先引王通的话:"吾视千载而上,圣人在上者,未有若周公焉。"继而引陆德明、孔颖达、贾公彦言:"《周》、《仪》二礼并周公所制";"周公摄政六年,制礼作乐……所制之礼,则《周官》、《仪礼》也";"《周礼》、《仪礼》发源是一,理有始终,分为二部,并是周公摄政太平之书"。针对陆德明说"'三礼'次第,《周》为本,《仪》为末",而贾公彦则主张"《周礼》为末,《仪礼》为本",《五礼通考》以按语形式加以调和、折中、互补。以下是《五礼通考》的第一则按语,署的名是该书编撰的重要参与人方观承②:

> 观承案:陆氏谓《周》为本、《仪》为末者,《周礼》乃礼之纲要,《仪礼》乃礼之节目也。贾氏又谓《周礼》为末、《仪礼》为本者,《周礼》乃经世宰物之宜,《仪礼》乃敦行实践之事也。

所以有学者指出:《五礼通考》"吞吐百氏,剪裁众说。盖举二

---

① 被《四库全书总目·仪礼经传通解提要》援引的朱熹早年的《乞修三礼札子》,就清楚表达了这个意见:"欲以《仪礼》为经,而取《礼记》及诸史杂书所载有及于礼者,皆以附于本经之下,具列注疏、诸儒之说,略有端绪。"文见郭齐、尹波点校:《朱熹集》,四川教育出版社,1996年,第569页。朱熹以《仪礼》为经、《礼记》为传,所以认为《礼记》须与《仪礼》相参通,修作一书乃可观"。见文集卷五十《答潘恭叔》书四。陈俊民校编《朱子文集》标点为"《礼记》须与《仪礼》相参,通修作一书乃可观"。
② 方观承,字宜田,著名学者,桐城人,方苞之侄,圣环本《五礼通考》卷首有其《五礼通考序》。文渊阁四库本卷首有蒋汾功序(作于乾隆十八年)、顾栋高序(作于乾隆十七年)和秦蕙田自序,未收入方观承序。

十二史,悉贯以《周礼》《仪礼》为之统率"①。

（二）兼采经传、史志、纪传、仪制、会典、实录、类书等各类载籍,搭建庞大的礼学知识系统

《五礼通考》不同于《仪礼经传通解》以《仪礼》为经,也有别于《读礼通考》的内容仅限于丧礼,而是按五礼及分类条目,收罗自先秦至明代的各种资料,涉及经传、史志、纪传、仪制、会典、实录、类书等各类载籍,"悉以类相附,详历代之因革,存古今之同然"②。秦蕙田显然遵从了徐乾学广泛搜罗礼学资料的做法,并推而广之。《士丧读礼通考引用书目》(载《读礼通考》卷首)揭举了经、史、子、集631种著作,而《五礼通考》的引用范围更广。以《五礼通考》卷四十五"社稷（城隍附）"为例,此卷叙述明代社稷和历代祭城隍的礼制,其引资料的出处包括:《明史》(包括《太祖本纪》《世宗本纪》《礼志》《乐志》《张筹传》等)、《春明梦余录》、《明集礼》、《续文献通考》、《明会典》、《太祖实录》、《成祖实录》、《仁宗实录》、《宣宗实录》、《孝宗实录》、《世宗实录》、《太常纪》、《大政记》③、《太平府志》、《北齐书》、《册府元龟》、《宋史》、《元史》、《图书编》、《日下旧闻(考)》和《图书集成·城隍祀典部·艺文》、张九龄《祭洪州城隍神祈晴文》、杜牧《祭城隍神祈雨文》、李商隐《祭桂州城隍神祝文》、前人《为安平公兖州祭城隍文》、前人《为怀州李使君祭城隍文》等。正是因其引述文献之宏富,搭建的礼学知识系统之庞大,才获得"绝无仅有"之称。

（三）打通礼经（经典）和仪制（操作）的界隔,创拟"五礼"新体系

《五礼通考》卷首有两篇相对独立的文字,一是"礼经作述源

---

① 卢见曾:《五礼通考序》,《雅雨堂文集》卷一,上海古籍出版社《续修四库全书》本,第1423册,第454页。卢见曾,字抱孙,德州人,与秦蕙田交游颇深。
② 顾栋高:《五礼通考原序》,台湾影印文渊阁《四库全书》本《五礼通考》卷首。如不特别揭举,本文即依据此本。
③ 据《明史·艺文志》:《太常纪》,二十二卷,吕鸣珂撰;《大政记》,三十六卷,雷礼撰。

流"(分上、下),一是"礼制因革"(分上、下)①。"礼经作述源流"分"礼经作述大指""经礼威仪之别""礼经传述源流"三部分。"礼经作述大指"究诘《周礼》《仪礼》《礼记》的礼书性质及其关系,有两则按语,第一则前文已揭引(即"观承案"),第二则是针对前人所谓"武帝尝作《十论》《七难》,以排之(本文作者按:指《周礼》)不立学官,而何休诋为战国阴谋"一说而发,文字不长,如下:

宗元案:《十论》、《七难》乃林硕作,非武帝也,此误。②

"经礼威仪之别"主要讨论如何理解"经礼三百"与"曲礼三千"。编者未出按语,全部靠引述③。"礼经作述大指"和"经礼威仪之别"两部分共援引了历代20多位著名学者的观点④。

"礼经传述源流"以正史的艺文志、经籍志为主要依据,参以《文献通考》《续文献通考》和其他史传资料,介绍历代礼经的传述。这部分内容有点类似于目录学的记叙,叙说的次序是:《周礼》《仪礼》《礼记》,最后是"三礼"和杂礼。有"蕙田案"按语一条。

"礼制因革"概述明代(含明代)以前礼制的制作和演变,所引资料从《尚书》《周礼》《礼记》《论语》《左传》《国语》而下,以正史的

---

① 《五礼通考》卷首三题名"礼制因革上",《五礼通考》卷首四题名"礼制因革下",但在"目录"中,"礼制因革"却被易名为"历代礼制沿革"。"礼经作述源流""礼制因革"("历代礼制沿革")凡4卷,加正文262卷,所以《五礼通考》总计266卷。
② 宗元,即宋宗元,字悫庭,元和人,与秦蕙田交游颇深,参与编撰《五礼通考》。
③ 所引用的第一则材料是:孔氏颖达曰:《周礼》见于经籍,其名异者见有七处:案《孝经说》云"经礼三百"一也;《礼器》云"经礼三百"二也;《中庸》云"礼仪三百"三也;《春秋说》云"礼经三百"四也;《礼说》云"有正经三百"五也;《周官外题》谓《周礼》六也;《汉书·艺文志》云"《周官经》六篇"七也。七者皆云"三百",故知俱是《周官》。《周官》三百六十举其数,而云三百也。其《仪礼》之别,亦有七处,而有五名……
④ 其中有:隋朝王通,唐代陆德明、孔颖达、贾公彦、韩愈,宋代程颢、程颐、周谞、吕大临、晁公武、杨时、叶梦得、朱熹、王应麟、马廷鸾,元代熊朋来、敖继公,明代湛若水、童承叙、王志长、郝敬,清代徐乾学、万斯大、姜兆锡。

"礼志"("礼书""礼仪志""礼乐志")为主体,结合《唐会要》《唐六典》《玉海》《通典》《续文献通考》《历代名臣奏议》《元典章》《大政记》及其他史志、史传、官簿,兼及《朱子家礼》和邱濬的《大学衍义补》等,有四则按语①。其独到的视野和叙述,勾勒出一部简明的中国礼制发展史,具有创新意义。

还须垂注的是,"礼经作述源流"和"礼制因革"犹如全书的两篇总纲,"五礼"通考是纲举目张之产物。唯此"纲"由两大主线(礼经与礼制,或儒学典籍与官府仪制)交错、融合而成。从而《五礼通考》创拟了一个具有新意味的"五礼"体系。

二

《五礼通考》篇幅之大,不但在《四库全书》的礼类而且在整个经部著述中,都排名第一。能与之颉颃者,只有经部之外的一些巨构,如《宋史》《明史》《资治通鉴》《续资治通鉴》《六艺之一录》等。前文论及的《仪礼经传通解》(原三十七卷,缺卷十五;其中第二十四卷至第三十七卷因非朱熹亲定,仍题名《仪礼集传集注》)及黄榦、杨复《仪礼经传通解续》(二十九卷),在台湾影印文渊阁《四库全书》中合为 2 册,其中《仪礼经传通解》为 604 页,《仪礼经传通解续》是 1 044 页。即以这等规模,《仪礼经传通解》的撰作,已着实让朱老夫子一辈子都操心不完②。那么,皇皇《五礼通考》究竟是如何撰作完成的,就不能不引发人的兴趣了。

---

① 全部是"蕙田案",且全部在"礼制因革·上"(唐以前部分)。兹引其中一例,以见一斑:"蕙田案:礼莫盛于成周,汉兴三百余年,西京未遑制作。虽有贾谊、董仲舒、王吉、刘向诸人,班志所载,仅存议论。惜哉。孟子曰:见其礼而知其政。'三代'之治,所以不复见于后世也。"
② 束景南《朱子大传》曾描述在朱熹率领下,如何集体编写《仪礼经传通解》,并形象地说,朱熹一度组织了三套写作班子分工合作、齐头并进。见该书第 1012 页(福建教育出版社,1992 年)。

秦蕙田位居高官,且勤政实干①,这使他必定丧失大量可用于治学的时间,不同于职业学问家。但另一方面,因为位高权重,加之自己的出身、眼界、学养等而形成的人格魅力,却让他又有条件吸引和罗致人才,调动各种资源,借助众手协力修书,这显然是《五礼通考》得以完帙的很重要原因。秦蕙田于乾隆元年(1736年)考取进士,后仕途顺遂。至十年(1745年),已迁为礼部右侍郎。后调任刑部侍郎,又担当经筵讲官。其后,更升任工部尚书、刑部尚书,并加太子太保,还两次担任会试正考官。因此,秦尚书身边能够团聚一批有才学的人士,共襄盛举。自秦蕙田因父丧回籍丁忧,杜门读礼,受《读礼通考》启发而撰作《五礼通考》,即有早年好友吴遵彝共同勉力。其后秦蕙田回京,仍得方观承、卢见曾、宋宗元诸人的合作帮助。《五礼通考》初稿成型后,又邀请了一大批学者参与校订。

　　圣环本"《五礼通考》卷首第一"题名之下,署有:内廷供奉礼部右侍郎金匮秦蕙田编辑,太子太保总督直隶右都御史桐城方观承同订,国子监司业金匮吴鼎、按察使副使元和宋宗元参校。该本《五礼通考总目上》和《五礼通考总目下》题名之下,还署有:经筵讲官刑部尚书监理乐部大臣协理国子监算学前礼部右侍郎金匮秦蕙田编辑,太子太保总督直隶监管河道提督军务兼理粮饷都察院右都御史桐城方观承同订②。这直接记录了一部分撰作实况。

　　又,徐世昌《清儒学案》卷六十七载,当时加入《五礼通考》校订工作的有:"金匮吴氏鼎,德州卢氏见曾,元和宋氏宗元,嘉定钱氏大昕,王氏鸣盛,休宁戴氏震,仁和沈氏廷芳,吴江顾氏我钧。其吉

---

① 有关秦蕙田生平,可参见《清史稿》卷三〇四《秦蕙田传》;李元度辑:《国朝先正事略》卷十七《秦文恭公事略》;《清史列传》卷二十《秦蕙田》等。
② 文渊阁四库本没有类似的记录。另,徐世昌等编纂《清儒学案》卷六十七《味经学案》载:"《(五礼通考)》书成,方恪敏观承见而好之,同为商订,故并列名焉。"(台湾中华大典编印会等,1967年)对此,秦蕙田《五礼通考自序》亦有交代。

礼属吴氏、卢氏、顾氏。嘉礼属钱氏者,昏、飨、燕、乡饮酒、学诸礼,及体国经野、设官分职两大类;属王氏者,射、巡狩;属戴氏者,观象授时一大类。宾礼全属钱氏。军礼全属王氏。凶礼属钱氏、沈氏、吴氏、卢氏。惟宋氏所参校者十及八、九,统校全书则属诸山阳吴氏玉搢焉。青浦王氏昶亦预参校。"①其中承担军礼和嘉礼的射、巡狩部分校订的王鸣盛(1722—1797年),乃清代三大考史名著《十七史商榷》的作者。承担宾礼和部分嘉礼、凶礼的钱大昕(1728—1804年),其所著《廿二史考异》是另一部考史名著。所言戴氏,为戴震(1723—1777年)。仅此三位巨擘,已足见这个修书班子底蕴之深厚。虽然王、钱、戴当时尚属年轻,然也唯因如此,才有可能加入到他人的著述活动中去。

从钱大昕下面的话中,可以确定秦蕙田属于学者型的官僚,为学、向学之心终生不渝,同时奖掖后进,具有突出的人格魅力:

  公(本文作者按:秦蕙田)立朝三十年,治事以勤,奉上以敬,刚介自守,不曲意徇物。公退则杜门谢宾客著书,不异为诸生时。后进有通经嗜古者,奖借不去口,盖天性然也。公幼而颖悟,及长,从给谏公于京邸,何纪瞻、王若林、徐坛长诸先生,咸折辈行与之交。中岁居里门,与蔡宸锡、吴大年、尊彝、龚绳中为读经之会。尝慨礼经名物制度,诸儒诠解互异,鲜能会通其说,故于郊社、宗庙、宫室、衣服之类,尤究心焉。上御极之初,江阴杨文定公领国子监事,荐公笃志经术,可佐教成均。既而值内廷,课皇子讲读,益以经术为后学宗。……公夙精三礼之学,及佐秩宗,考古今礼制因革。②

---

① 《清儒学案·味经学案》。该段文字之后,紧接着又言:"而卷中未分注名氏。"
② 钱大昕:《文恭公墓志铭》,《潜研堂文集》卷四二,上海古籍出版社《续修四库全书》本第1439册,第158页。

王鸣盛的记录更可证明秦蕙田不仅组织众人修撰《五礼通考》,而且更实质性地主持其事,并亲自参加讨论和写作:

> 公每竖一义,必检数书为佐证。复与同志往复讨论,然后笔之。故其辨析异同,铺陈本末,文繁理富,绳贯丝联,信可谓博极群书者矣!①

方观承的《五礼通考序》,则从另一侧面提供了了解合作者之间关系的管道:

> 昔在京师时,伯父望溪先生(本文作者按:方苞)奉诏纂修《三礼》,余数从讲问。……因以所著《丧礼或问》授余。既而阅昆山徐氏《读礼通考》,乃知圣人立中制节。《或问》实揭其精微若载。《或问》于丧礼补吊、荒、祮、恤之制,则凶礼已全。准是而师朱子辑礼本意,博采经传子史,区为吉、嘉、宾、军四类,而汇成《五礼全书》。庶几经世大典,可以信今而垂后也。吾友味经先生以博达之材,粹于礼经,官秩宗,日侍内廷,值圣天子修明礼乐,乃益好学深思,研综坟典。上自六经,下迄元明,凡郊庙、禋祀、朝觐、会同、师田、行役、射乡、食飨、冠婚、学校,各以类附。于是五礼条分缕析,皆可依类以求其义。先生向与伯父论礼,因属余参订,爰考历代之沿革,诸儒之异同,有所见辄附于其间。非谓能折中礼制也。……是书体大物博,先生积数十年搜讨参伍,乃能较若画一。②

---

① 王鸣盛:《五礼通考序》,《西庄始存稿》卷二四,上海古籍出版社《续修四库全书》本第1434册,第318页。
② 方观承:《五礼通考序》,圣环本《五礼通考》卷首。

由此，我们就可排除围绕《五礼通考》成书问题上的一些不实之辞。如梁启超说："(徐乾学的《读礼通考》，全部由季野捉刀)秦蕙田的《五礼通考》，恐怕多半也是偷季野的。"①这既缺乏依据，也有悖情理——试想，如此浩大的修书工程，岂是凭万斯同(字季野，1638—1702年)一人之力所能完成？须知，万斯同一生不仅"把五百卷的《明史稿》著成"，同时还有大量的其他各种著述②。

这就触及中国古代一种撰作活动的类型（宋代以后开始多见，其中又有各种不同的亚类型）。集体参加或借助他人之力是其基本特点，但号召力和凝聚力（也可以说是驱动力）却有所不同。像朱熹撰作《仪礼经传通解》，最初曾想寻求朝廷的支持③，但最后还是凭借其导师和精神领袖的身份来加以组织和动员。秦蕙田撰作《五礼通考》（包括此前的徐乾学、稍后的阮元等）则略微复杂一些。我们应该正视这种"撰作活动的类型"，这对理解《五礼通考》的价值和特点是有帮助的。当然探讨这种类型已越出本文的主旨，所以点到为止，容日后再作展开。

秦蕙田的家庭背景和个人阅历，为他以会通之方法研究礼学，撰作《五礼通考》，提供了图书资料方面的必需条件。秦蕙田生于江南世家，宋代秦观第二十六世孙，祖父、父亲都享有文名，通经学、擅诗词。蒋汾功《五礼通考序》言：

> 予与秦氏世好……素知其家多藏书，凡礼经疏义外间绝少刊本而度贮缄题者，数十笥。宗伯以绝人之姿，尽发而读

---

① 梁启超：《中国近三百年学术史》，见朱维铮校注：《梁启超论清学史二种》，复旦大学出版社，1985年，第194页。
② 王鸣盛：《五礼通考序》，《西庄始存稿》卷二四。至于徐乾学《读礼通考》的成书，可参见《四库全书总目·读礼通考提要》："盖乾学传是楼藏书，甲于当代。而一时通经学古之士，如阎若璩等，亦多集其门，合众力以为之。故博而有要，独过诸儒。"(中华书局影印本，第168页)
③ 参见朱熹：《乞修三礼札子》，《朱熹集》，四川教育出版社，1996年，第569页。

之,早岁即洞其条理,综核纂注,汇为一编。①

等到秦蕙田"供奉内廷,以见闻所及,时加厘正。……服阕后再任容台,遍览典章,日以增广"②。长期在京城上层活动,使其有条件接近各种资料,拓宽视野,为学术研究创造了便利。

《五礼通考》绝少涉及本朝,并从体例上框定"通考"的下限只及明朝。《五礼通考·凡例》最后说明:"洪惟我朝,圣圣相承,制度修明,日新富有。至于科条所颁,敬切训行,高深莫赞。蕙田叨佐秩宗,疏陋是惧,复理专门故业,略识源流,抑亦退食寝兴无忘匪懈云耳。"这里对于《五礼通考》叙述考辨为何"迄于前明",并不详解,语意晦涩。这一做法似乎有必要联系其家庭背景加以考量。雍正时,蕙田之本生父秦道然因皇室内部的矛盾而受牵连,下狱一关就是九年。至秦蕙田进士及第,"授编修,南书房行走",遂上疏向乾隆皇帝"乞恩":希望父亲在"八十垂死之年,得以终老牖下。臣愿夺职效奔走以赎父罪"。乾隆皇帝乃赦宥其父③。家庭中如此深重的创痛,必然会对秦蕙田的为人处世包括治学的内容与形式产生影响。史称秦蕙田"治事勤敬"④"恪勤素著"⑤,恐怕即是其中的一个面相。而尽量回避对本朝的评论,则可能成为另一种生存策略。

秦蕙田自称"性拙钝,少读书不敢为词章淹贯之学",从小即留

---

① 蒋汾功:《五礼通考序》,载台湾影印文渊阁《四库全书》本《五礼通考》卷首。这里所言"汇为一编",当指秦蕙田《五礼通考自序》所讲少时在"读经之会"基础上,"考辨如是者,十有余年,而衰然渐有成秩矣"。
② 秦蕙田:《五礼通考自序》。
③ 《清史稿》卷三〇四《秦蕙田传》,中华书局点校本,第10503—10504页。
④ 李元度辑:《国朝先正事略》卷十七《秦文恭公事略》,上海古籍出版社《续修四库全书》本第538册,第387—388页。
⑤ 《清史列传》卷二十《秦蕙田》引乾隆皇帝上谕,中华书局王钟翰点校本,第1480页。

意于经学,"塾师授之经,循行数墨,恐恐然若失也"①。这固然可以从一个角度解释其对学问的选择,然而同样不可忽略的是,秦蕙田后来长期从事实际政务工作的经历,必然会强化其对"践履"的重视与强调,主张学以致用。这也就为其尽数十年之力不倦于《五礼通考》的撰作,提供了持久的动力。进而,也会不断地促使他融通各种学说和知识,致力于礼学的会通。秦蕙田和《五礼通考》能获得同样身为官宦的曾国藩之理解和赞慕,似有内在关联。

不可忽略的还有,秦蕙田的出生地、成长地无锡(雍正时新辟为金匮县)的地域文化,对《五礼通考》撰作的影响。明清时期,工商文明已在江南一些地区蔚然兴起(无锡具有代表性),其讲求实际和实用的价值取向,与经世致用的学风互为推助。还有,徐乾学乃昆山人,其地与无锡甚近。《五礼通考》写作班子中,钱大昕、王鸣盛都是嘉定人,嘉定与无锡同在苏南。而戴震、方观承也毗邻江南文化圈。这一切,肯定有地域文化上的关联存在。

三

《朱子语类》卷八十四载:"礼乐废坏两千余年,若以大数观之,亦未为远,然已都无稽考处。后来须有一个大大底人出来,尽数拆洗一番,但未知远近在几时。"②朱熹的话,或许能代表宋代以后一些文人儒士的思想与情志,并且,这种情志与思想投射到了礼学研究之中。礼学成为寄托社会理想、寄寓治世良方的学问。

乾隆元年(1736年)诏开"三礼馆",乾隆十三年(1748年)修成《钦定周官义疏》《钦定仪礼义疏》《钦定礼记义疏》。继而乾隆二十一年(1756年),又颁定《大清通礼》。由此新一波的礼学研究浪

---

① 秦蕙田:《五礼通考自序》。
② 《朱子语类·礼一·论考礼纲领》,中华书局点校本,第2177页。

潮,在朝野上下蔚然兴起。秦蕙田置身其间,以《五礼通考》的撰作贡献于世人。

晚近,学人有《以礼代理——凌廷堪与清中叶儒学思想之转变》和《清初三礼学》①等成果问世,对于17—18世纪礼学的启承转变作了深入的梳理、阐说,多有发明。但秦蕙田和《五礼通考》在此进程中的地位和作用,却未得到正面的研究,从而留下重要的缺环。刘广京先生慧眼洞见,1999年在给张寿安《以礼代理》大陆版作序时,结尾处就特意提到,秦蕙田完成《五礼通考》,"时已届戴震(1723—1777)著述之年,与张先生本书所论时代已可衔接。世运推移,而学则垂久。后世论礼学及情欲之学,皆有所本矣"。

当年,王鸣盛《五礼通考序》对秦蕙田治学取向及其特点有极精要的总结:"秦公味经先生之治经也,研究义理而辅以考索之学,盖守朱子之家法也。"针对别人误以为《五礼通考》不过是"补续徐氏",秦蕙田曾特意向王鸣盛申明:"此盖将以继朱子之志耳,岂徒欲作徐氏之功臣哉。"②其礼学的抱负一言以明。

假如用一个字来概括《五礼通考》所代表的秦蕙田的礼学的话,大概就是"通"。除了本文第一部分论说的三个方面,"通"还表现在:汉学、宋学兼采,义理与考索之学相结合,以礼学经世为指归,广综博揽。

反映在"五礼"的内容和范围上,其"通"的特点也是超越前人的。如"以乐律附于吉礼宗庙制度之后。以天文推步、勾股割圆,立'观象授时'一题统之。以古今州国、都邑、山川、地名,立'体国经野'一题统之。并载入嘉礼"。此举后引起四库馆臣的议论,以

---

① 张寿安:《以礼代理——凌廷堪与清中叶儒学思想之转变》,河北教育出版社,2001年;张氏另有《十八世纪礼学考证的思想活力——礼教论争与礼秩重审》刊行(北京大学出版社,2005年)。林存阳:《清初三礼学》,社会科学文献出版社,2002年。
② 王鸣盛:《五礼通考序》,《西庄始存稿》卷二四,上海古籍出版社《续修四库全书》本第1434册,第318页。

为:"虽事属旁涉,非五礼所应该,不免有炫博之意。"好在秦蕙田当初就已说明:"《通考》将田赋、选举、学校、职官、象纬、封建、舆地、王礼各为一门,不入五礼。而朱子《经传通解》俱编入王朝礼,最为该恰。今祖述《通解》,稍变体例,附于嘉礼之内。"①由此,四库馆臣紧接着前面那句话,又将语气缓转过来,说:"然周代六官,总名曰礼。礼之用,精粗条贯,所赅本博。故朱子《仪礼经传通解》于学礼载钟律诗乐,又欲取许氏《说文解字》序说及《九章算经》为书数篇而未成。则蕙田之以类纂附,尚不为无据。"②正是秦蕙田这种融通的视野和手法赢得了曾国藩的高度赞誉:"盖古之学者,无所谓经世之术也,学礼焉而已。……《五礼通考》,自天文、地理、军政、官制,都萃其中。旁综九流,细破无内。国藩私独宗之。"③

至此,本文用"通礼"来概括《五礼通考》的著述形态。这既是一种新的礼书编撰形式,也包含着礼学的一种新形态。秦蕙田在礼学史上的最大业绩,就是在前人的基础上发展了这一著述形态。

然而说到"新",自然是有局限的。最关键者,莫过于历史观。兹引用两段话,来反映秦蕙田的历史观——

(1)乾隆《御制重刻文献通考序》:"会通古今,该洽载籍,荟萃源流,综统同异,莫善于《通考》之书……夫帝王之治天下也,有不敝之道,无不敝之法,纲常伦理万事相因者也,忠敬质文随时损益者也,法久则必变,所以通之者必监于前代,以为之折衷。"④此虽非出自秦蕙田之手,亦未为其所引,却与其礼学思想极相合。

(2)《五礼通考》卷首第一《礼经作述源流上》:"朱子曰……

---

① 《五礼通考·凡例》,《五礼通考》卷首。
② 《四库全书总目·五礼通考提要》,中华书局影印本,第179页。
③ 《孙芝房侍讲刍论序》,《曾国藩全集·诗文》,第256页。该文接着又说:"惜其食货稍缺,尝欲集盐漕、赋税国用之经,别为一编,傅于秦书之次,非徒广己于不可畔岸之域。先圣制礼之体之无所不赅,故如是也。以世之多故,握椠之不可以苟,未及事事,而齿发固已衰矣!"
④ 中华书局影印本《文献通考》卷首,第1—2页。

《周礼》乃周家盛时圣贤制作之书。《周礼》一书,周公所以立下许多条贯,皆是从广大心中流出。《周官》遍布精密,乃周公运用天理熟烂之书。"

《五礼通考》既是这种历史观的产物,也成为表达和维护这一历史观的工具。

受这种历史观指导所进行的以考辨、折中为主要手段的学术工作,其意义究竟几何,自然就令后人生疑。"新史学"倡言人梁启超,就强烈地质疑此前的礼学研究:"这门学问到底能否成立,我们不能不根本怀疑。"[①]

现在看来,"怀疑"并不难,难的是如何由怀疑而迈向更高的认识水准。本文是向着这个目标而进行的一项基础性研究,希望借此了解古代礼学在步入终结前最后一段历程的一些具体情况。

(本文原载《经学研究集刊》)第三期,台湾高雄师范大学经学研究所,2007年10月)

---

① 梁启超:《中国近三百年学术史》,见朱维铮校注:《梁启超论清学史二种》,第312页。

中国的孔庙与儒家文化
——以"庙学合一"为重点的历史考察

孔庙即孔子庙,又称夫子庙、先师庙、文宣王庙或文庙等,主祀孔子。明清时习惯叫"文庙"的地方很多、很普遍,往往特指与地方官学联结成一体的孔庙;又往往与奉祀关羽等神祇的武庙并称对举。

自战国时利用夫子曲阜故居设立第一座孔庙①,尔后汉初刘邦以皇帝之尊驾临亲祭,表明尊孔的姿态,此后约两千年间,孔庙发展到遍及中国各地以及东亚诸多地区,成为孔子思想的具体化身,不仅深深嵌入国家制度、民族记忆,还生生不息地活在人间世界。又,自唐代贞观四年(630年)"诏州、县学皆作孔子庙"②,继而"庙学合一"制度在全国推广、铺展,到明清时期全国各府州县均设立各级官学并伴建孔庙,同时一些书院、社学、私塾也设庙供奉孔子,这种将教学、考试与祭孔、拜孔联结缠绕在一起的做法,成为中国步入现代之前的一项基本国情,也构成中国传统社会非常醒目的一个特点。千百年来遍布各地的古代孔庙,是儒学教育的重要

---

① 清代孔尚任《阙里志·祠庙志》载:"鲁哀公十七年,即孔子旧宅立庙以祀之";"鲁哀公十七年,立孔子庙于旧宅,置守庙户以供洒扫"。此说的依据有南宋孔子四十七代孙孔传所撰《东家杂记》、金代孔子第五十一代孙孔元措编撰的《孔氏祖庭广记》。问题是鲁哀公十七年系公元前478年,即孔子去世的次年,与《史记·孔子世家》记载的"故所居堂,弟子内,后世因庙"不相吻合。笔者采司马迁之说,并认为既然是"后世因庙",时间应当至少在孔子去世20年以后。

② 《新唐书·礼乐志五》。

据点,是儒教信俗的重要策源地和演练场,是为士人实现儒家理想可资提供精神动力和制度保障的重要载体。本文拟围绕"孔庙与儒家文化"这一命题展开论述。由于近一百多年来,孔庙曾遭遇冷落、毁弃,晚近又有所振兴,其中呈现的脉络和动向颇值得关注;而另一方面,凭借现代人类学、文物学的调研,将有助于理解历史,贯通古今,因此本文考察的时限将延伸至当下。

一、"庙学合一"与中国教育的儒家化

历史上的孔庙大致可分两大类:自成一体的孔庙,和作为各种学校重要设施的孔庙。两者在功能上都用于祭祀孔子,然其一大区别在于,后一类还与学校结为一体。特别是在各级官学系统,"学"(又叫"学宫"、"儒学")与"庙"在制度上相互依存,在空间布局上也体现"庙学合一"的特点,这主要表现为左庙右学、右庙左学、前庙后学或左右皆学而中间为庙等几种形制。这类官学系统中的孔庙,是本文讨论的重点,并将其简称为"学庙"[①]。

汉朝订立了尊孔的国策,东汉明帝、章帝、安帝更仿效高祖,亲诣阙里祭祀孔子。阙里之外,各地也逐步兴建孔庙。但各级学校是否建有孔庙,史传无载。可以考知的是,学校祭祀周公和孔子,在皇帝亲自效法下慢慢地制度化。据清人《文庙祀典考》卷二引《礼仪志》,明帝永平二年(59年):"(明帝)始帅群臣躬养三老五更于辟雍,行大射之礼。郡县道行乡饮酒礼于学校,皆祀圣师周公、孔子,牲以犬。"[②]

东晋承继前代的独尊儒术,大力兴办教育。《宋书·礼志一》载,太元九年(384年)尚书令谢石上奏倡议:"请兴复国学,以训胄

[①] 唐时已有此名,如《唐六典》卷二十一"国子监"条庙干"掌洒扫学庙"。
[②] 庞钟璐:《文庙祀典考》,收入耿素丽、陈其泰选编:《历代文庙研究资料汇编》第8册,国家图书馆出版社,2012年,第213页。

子,班下州郡,普修乡校。"经孝武帝允准,"其年,选公卿二千石子弟为生,增造庙屋一百五十五间"①。此处"庙屋"两字同时出现,说明已在太学(国学)设立祭祀先圣先师的庙宇。

《礼记·文王世子》云:"凡学,春官释奠于其先师,秋冬亦如之。凡始立学者,必释奠于先圣先师。"学校何时设庙祭祀先圣先师,记录不详,直到《宋书·礼志》才言明太学的校舍规划中设有"庙",而且"庙"字置于"屋"前,以显示其地位之重要。台湾黄进兴、高明士均据唐代许嵩《建康实录》所引陈朝顾野王《舆地志》提及的,(国子学)西有夫子堂,画孔子及十弟子像。西又有皇太子堂,与之印证②。可以肯定,东晋太元年间官学系统的学庙(或许是雏形)已然出现,兹处还体现了"左学右庙"的空间格局。

其后,还隐约浮现过学校伴建孔庙的线索。如《晋书·五行志》提到东晋安帝义熙九年(413年)五月,"国子圣堂坏。天戒若曰,圣堂,礼乐之本,无故自坏,业祚将坠之象。未及十年而禅位焉"③。此"国子圣堂"应与上述"夫子堂"同义,即学庙。等到北朝的后齐(550—577年)登场,这才在历史上留下两段关于学庙的真切记录,载于《隋书·礼仪志四》。前一段显示,学庙与皇帝讲经和皇太子读经的仪式有关:"后齐将讲于天子,先定经于孔父庙,置执经一人,侍讲二人,执读一人,摘句二人,录义六人,奉经二人。讲之旦,皇帝服通天冠、玄纱袍,乘象辂,至学,坐庙堂上。讲讫,还便殿,改服绛纱袍,乘象辂,还宫。讲毕,以一太牢释奠孔父,配以颜回,列轩悬乐,六佾舞。……皇太子每通一经,亦释奠……"

后一段讲的是学校内部的祭孔礼仪:"后齐制,新立学,必释奠

---

① 《宋书·礼志一》。另,太元九年,或作"元年"。杜佑《通典·礼典》为"九年",兹引以为据。
② 黄进兴:《圣贤与圣徒》,北京大学出版社,2005年,第34页。高明士的观点亦见氏著所引。
③ 《晋书·五行志上》。

礼先圣先师,每岁春秋二仲,常行其礼。每月旦,祭酒领博士已下及国子诸学生已上,太学、四门博士升堂,助教已下、太学诸生阶下,拜孔揖颜。"又言:"郡学则于坊内立孔、颜庙,博士已下,亦每月朝云。"①

北齐享祚仅二十余年,在学庙礼制建设方面却颇有可观之处,成为唐朝全面推行"庙学合一"制度前,孔庙发展中很重要的一环。又,北齐有"孔父""孔父庙"之称(西汉平帝追封孔子为"褒成宣尼公",北魏孝文帝尊孔子为"文圣尼父")。在太学,是"拜孔揖颜";于地方郡学,是"立孔、颜庙"。显然颜回地位极高,仅次于孔子。这按照后来《新唐书·礼乐志》记载的说法,就是隋炀帝大业以前,"皆孔丘为先圣,颜回为先师"②。先圣先师及孔庙配享从祀的问题,不可小觑,后面再续,这里仍顺着历史上"庙学合一"(其实质是各级官学的祭孔拜孔)的取向继续讨论。

《隋书·礼仪志四》对隋朝释奠礼的记述非常简略,仅六七十字:"隋制,国子寺,每岁以四仲月上丁,释奠于先圣先师。年别一行乡饮酒礼。州郡学则以春秋仲月释奠……"此处没有言及孔庙,但举出了国子寺。这是个政府机构,始设于北齐,隋朝沿袭并加以强化和完善。《隋书·百官志下》:"开皇十三年,国子寺罢隶太常,又改寺为学。"到炀帝大业三年(607年),又由国子学改名为国子监。太常寺职掌宗庙礼仪,将国子监(国子寺、国子学)从其隶属下分立出来,意味着国子监已升格为主管教育的专门机构。20世纪30年代陈青之著《中国教育史》,曾形象地将唐朝的国子监比作"现今教育部"③。实则这个古代的"教育部"脱胎于隋朝。在中国古代教育事业状似趋于成熟和独立的隋唐,学校却愈加突出和注

---

① 《隋书·礼仪志四》。
② 《新唐书·礼乐志五》。
③ 陈青之:《中国教育史》,上海书店出版社,2013年,第129页。

重祭孔拜孔,这是饶有意思的现象,也是应予聚焦的所在。

唐朝的文教政策进一步突出尊孔祭孔,并全面推行"庙学合一"。此庙,总体上指孔庙。历史的进程时有曲折,唐初曾改以周公为先圣,孔子降为先师。所以在太宗"诏州、县学皆作孔子庙"之前,针对谁是先圣做出过一项重要决定:"贞观二年,诏停周公为先圣,始立孔子庙堂于国学,稽式旧典,以仲尼为先圣,颜子为先师,两边俎豆干戚之容,始备于兹矣。"①继太宗接位的高宗嫌地方建设学庙不力,又下旨督办:"(咸亨元年五月)诏曰:'诸州县孔子庙堂及学馆有破坏并先来未造者,遂使生徒无肄业之所,先师阙奠祭之仪,久致飘露,深非敬本。宜令所司速事营造。'"②以后玄宗同样高歌夫子之道,加紧学庙礼仪的建设。《唐会要》载:开元二十七年(739年)诏曰:"弘我王化,在乎师儒。能发明此道,启迪含灵,则生民以来,未有如夫子者也。……昔周公南面,夫子西坐,今位既有殊,岂宜仍旧?宜补其坠典,永作成式。其两京国子监及天下诸州,夫子南面坐,十哲等东西行列侍。……庶乎礼得其序,人焉式瞻。"③若追踪周、孔如何易位,稍前神龙元年(705年)的一件敕文也不可漏过,其云:"诸州孔子庙堂,有不向南者,改向正南。"周公退场,学庙才真正姓孔。

以上对汉唐间人君何时入校祭孔、官学系统的学庙何时出现、以孔子为先圣的"庙学合一"制度何时成型之过程,进行了梳理。揭举这些过程,是想说明中国古代有一个教育儒家化的发展进程,而这对认识中国的儒家文化十分重要。笔者认为,儒家文化在整个中国古代文化中据有的地位和作用,建立于三个进程的基础之上,即礼制的儒家化、法律的儒家化、教育的儒家化。拙著《中国礼

---

① 吴兢:《贞观政要》卷七《崇儒学》,上海古籍出版社,1978年,第215页。
② 《旧唐书·高宗纪下》,中华书局,2011年点校本,第94页。
③ 王溥:《唐会要》,中华书局2012年点校本,第744—746页。

仪制度研究》论述了汉代初步实现礼制的儒家化,同时开启了中国法律的儒家化;至唐代,以《唐律疏议》为代表,完成了法律的儒家化①。兹处进而论说教育的儒家化。

刘邦称帝后,对儒家的态度逐步发生变化,直至去世前一年(即公元前196年)路过鲁国时,以太牢之礼祭祀孔子,开创了帝国天子祭孔的先例。其后惠帝、文帝、景帝时期,盛行黄、老、刑名之学,但儒家的地位和影响潜增暗长。惠帝四年(公元前191年)三月,"除挟书律"。这位司马迁笔下的"宽仁之主"②,为遭遇秦厄之后的儒家发展扫去了制度上的障碍。文帝、景帝治下,给儒家经书设博士,立学官。武帝采纳董仲舒的对策,罢黜百家,表彰六经。在评价武帝具体的施政办法时,司马迁将"兴太学"列在第一位③,凸显儒学教育的重要性。

汉武帝开启了中国教育儒家化的进程。在学校建造孔庙,让师生时时不忘孔子,将教育与奉孔子为神明的信俗紧紧捆绑在一起,这是独尊儒术的国策在学校体制上的进一步落实,也是同一价值取向的逻辑延伸。由此形塑了中国古代教育最为显著的一种形态和特质,可概称为"庙学合一"。本文因此选择从此入手分析儒家文化。需要指出的是,较之礼制和法律的儒家化,教育的儒家化不但对社会的影响更深、更巨,而且持续的过程更为长久。唐代以后,它还接续、汇聚了礼制儒家化和法律儒家化所带来的种种变化,在更为深广的层面影响历史的发展和走向。甚至,如要深刻认识中国在走向近现代过程中遇到的一些问题,也绕不过对这一现象的剖析。

---

① 杨志刚:《中国礼仪制度研究》,华东师范大学出版社,2001年,第151—155、519—522页。
② 《汉书·惠帝纪》。
③ 《汉书·武帝纪·赞》。

从汉到唐是教育儒家化的第一期，其主线是学庙的出现和生长。由唐宋到明清，属于教育儒家化的第二期，其主线是"庙学合一"制度在全国的扎根与普及推广，并带动了中国古代文明的持久发展及其传播、扩散。毫无疑问，分析中国教育的儒家化，其内涵和标准自然不限这一项，诸如教育理念、教学内容与方法、人才培养的方式与目标等，都是不可轻忽的考量因素，但笔者更想突出"庙学合一"制度在其中的重要性，认为这才是造就了中国古代教育基本特质的最关键因素，也最具象征性意义[1]。本文第三节还将论及教育儒家化第二期的具体内容，然而，此处需要先说说宋元以降各级官学的物理空间形态，以此直观地体察一番作为学校体制上和教育制度上的"庙学合一"。择取四例：（1）列为第三批全国重点文物保护单位（1988年公布）的北京孔庙，即位于今北京国子监街的国子监孔庙；（2）列为第五批全国重点文物保护单位（2001年公布）的福建省泉州府文庙，位于今泉州中山中路；（3）列入甘肃省省级文物保护单位（1993年公布）的静宁文庙建筑群，现坐落在平凉市静宁县第一中学校园内；（4）列入云南省省级文物保护单位（2003年公布）的江川文庙，现处玉溪市江川县江城镇江川县第二中学校内。

北京孔庙始建于元朝大德十年（1306年），曾是元、明、清三代国家最高教育行政机关和最高学府的所在。它坐北朝南，左庙右学，西线（右路）的主要建筑依序有集贤门、太学门、牌坊、辟雍、彝伦堂、敬一亭；东线（左路）的主要建筑为先师门、大成门、大成殿、崇圣祠等。左路孔庙部分最终定型于1916年，按大祀的规格进行了整修，占地22 000多平方米（仅次于曲阜孔庙），大成殿的体量

---

[1] 笔者赞同高明士先生对东亚传统教育特质的基本分析，参见氏著《东亚教育圈形成史论》，上海古籍出版社，2003年；以及《东亚传统教育的特质》一文，见"百度文库"。

和规格远超彝伦堂,占据国子监整个校区的制高点。

泉州孔庙则为右庙左学。它始建于唐开元末年,北宋太平兴国初年移建现址(宋代曾为州学),后又迁出并于北宋大观三年(1109年)再度迁回,历经宋、元、明、清多个朝代的发展和修建。大成殿为重檐庑殿式,为古代礼制建筑的最高等级,坐落于这片建筑群的核心位置。

静宁文庙原建于明洪武六年(1373年),嘉靖二十一年(1542年)迁至今址并扩建①,系静宁州学的孔庙。现沿孔庙中轴线由北向南依次为先师庙门(即棂星门)、戟门、东西厢房(两庑)、大成殿;泮池已被填埋,原地做了一个假山石的景观;戟门内保留为四合院落,大成殿居北正中。殿西侧,仍存留部分原学宫校舍,殊为难得,真切地显示了当年左庙右学的格局。大成殿为绿色琉璃瓦的单檐歇山顶,符合礼制规定。

江川文庙乃县学孔庙(江城镇原是江川县治所在),当年规模宏大,据当地人士介绍,是云南省内第二大孔庙,仅次于建水孔庙。该学始建年代应在明朝,清乾隆四十四年(1779年)迁于现址,建造工程旷时费日,历45年才竣工落成。从嘉庆县志的学宫图看,孔庙居中,大成门、大成殿的左、右两侧,还有明伦堂和文昌宫东、西两路建筑,左右对称。明伦堂和文昌宫外由墙垣围隔。文昌宫一般不建在学校范围内,这里可视其为附属建筑,加上如果文昌宫南面当年也作校舍,那么这种空间格局就属于左右皆学、中间为庙的规制。2014年1月笔者现场踏访时,见孔庙本身的主要建筑除南、北端的照壁和崇圣宫已毁,其余经修复重建格局尚大体保存。大成殿为单檐歇山顶,依稀可辨覆黄绿两色琉璃瓦。虽破败状,但巍峨的样貌和风采仍在。

---

① 据静宁孔庙前所立碑文,但对年份已做校正。又,明洪武二年,静宁州归属明朝,为平凉府所辖。1913年改为县。

前述四座孔庙,分属太学、府学、州学、县学,在地域上又一北、一南、一西北、一西南,具备一定的代表性。其实,现有资料都显示,在"庙学合一"的物理空间结构中,孔庙主殿大成殿在各级官学建筑中都是最突出、最重要的,占据着整个校园的制高点。这恰好对应了其背后隐含的精神结构。

二、从孔庙看民族融合和"大一统"趋向

华夏民族是孔庙早期发展的推动者,然而打开历史的长卷,可以清楚地看到,是不同民族建立的政权接续并持久地为孔庙制度的发展提供着动力。在孔庙发展的历史上,各地众多的民族都发挥了重要作用,由孔庙承载的儒家文化乃是由中国各民族共同创造的。换个角度看,借助孔庙的发展,尤其是"庙学合一"制度在全国各地的推广和扎根,在伴随推动儒学教化的过程中,也促进了民族融合及其共同发展,一定程度上实现了中国文化"大一统"的理想。

本节将选取三个时段做重点讨论。除了第三个时段中的明朝,其余都属于少数民族建立政权的统治时期,由此可以分析少数民族所发挥的独特作用,及其与儒家文化之间的关联。先说第一个时段:西晋结束后北方所谓的"五胡十六国"和北朝。这个时期匈奴、鲜卑、羯、氐、羌等北方少数民族驰骋于历史舞台,他们祖先着胡服、操胡语,却为自强逐步学习和接纳汉文化的礼仪习俗、典章制度,以开放的态度推动民族间的融合。及至北朝后期,鲜卑等族已和汉族相互渗透、相互吸收,不再有显著的差别。这其中崇儒立学,倡导、推行儒家化的教育,是一项非常重要的措施。例如,前赵刘曜"立太学于长乐宫东,小学于未央宫西"①。后赵的石勒设

---

① 《晋书·刘曜载记》。

经学祭酒、史学祭酒等官职,自己"亲临大小学,考诸学生经义",又"起明堂、辟雍、灵台……命郡国立学官"①。前秦苻坚不仅兴修学校,亲往太学考核诸生,还在建元七年(371年)春正月,"行礼于辟雍,祀先师孔子。太子及公侯卿大夫士之元子,皆束修释奠焉"②。经过此类不懈的努力,北方的社会风尚渐渐变化,延至北朝,才引出相比于南朝更为兴盛发达的经学和学校教育。

北魏始在太学"祀孔子,以颜渊配"③,还创建了郡国学制,在校内设"孔子堂"。一些地方官员因勤勉办学而获得百姓的敬爱。如:李平,担任河南尹,"平劝课农桑,修饰太学,简试通儒以充博士,选五郡聪敏者以教之,图孔子及七十二子于堂,亲为立赞"④。刘道斌,幼而好学,有器干,曾任"恒农太守,迁岐州刺史,所在有清治之称。……道斌在恒农,修立学馆,建孔子庙堂,图画形像。去郡之后,民故追思之,乃复画道斌形于孔子像之西而拜谒焉"⑤。"图孔子及七十二子于堂",或可与顾野王《舆地志》中东晋的"夫子堂"互为参比。而刘道斌不仅在学馆"建孔子庙堂",他自己的像后来也被摆了进去接受民众的拜谒,就有点类似于孔庙的"从祀"了。

第二个时段是辽、金、元。三者都是北方少数民族建立的统治,却也不同程度地都采取尊孔崇儒、兴教办学的政策。契丹统治者视自己为炎帝的后人,所建政权为中国的"北朝"⑥。辽太祖耶律阿保机以这种立场引入儒学,于神册三年(918年)"诏建孔子

---

① 《晋书·石勒载记下》。
② 崔鸿:《十六国春秋·前秦录四·苻坚》,台湾商务印书馆《影印文渊阁四库全书》本第463册,第604页。
③ 《魏书·世祖纪上》。
④ 《魏书·李平传》。
⑤ 《魏书·刘道斌传》。
⑥ 《资治通鉴》卷二八六《后汉纪一》载,耶律德光曾劝诫刘知远(刘后称帝,史称后汉)说:"汝不事南朝,又不事北朝,意欲何所俟耶?"。

庙、佛寺、道观"①,并刻意把孔子庙排在首位。辽朝发生过孔庙和佛寺如何排序的讨论,有一次还发生在太祖长子义宗倍身上,《辽史·义宗倍传》载:"神册元年春,立为皇太子。时太祖问侍臣曰:'受命之君,当事天敬神。有大功德者,朕欲祀之,何先?'皆以佛对。太祖曰:'佛非中国教。'倍曰:'孔子大圣,万世所尊,宜先。'太祖大悦,即建孔子庙,诏皇太子春秋释奠。"②

此孔庙建于上京(今内蒙古自治区巴林左旗),但是否就是《辽史·地理志》记载的上京大内有"国子监,监北孔子庙"(这似表明前学后庙的格局)③,仍难确认。不过神册四年,"八月丁酉,(太祖)谒孔子庙,命皇后皇太子分谒寺观"④,推测应该与上引神册元年和三年的两段材料相关。其间的关系极可能是,神册元年确定孔庙排位第一,三年动工建孔庙,四年太祖就去孔庙亲谒了。然而这次没带上皇太子,而是让皇后、皇太子分头去了佛寺、道观。这种分三路参谒,应该也包含着兼顾三教、同时又突出儒教地位的意思吧。上京之外,辽时其他地方也留下建立孔庙的资料。例如,咸雍十年(1074年)进士、渤海人大公鼎任良乡县令,"省徭役,务农桑,建孔子庙学,部民服化"⑤。此将建孔庙视同省徭役、务农桑的善事,还使得"部民服化",生动地反映了孔子学说、儒家教育借由孔庙所发挥的效应。

金太宗完颜晟时,开始设科举,"议礼制度"⑥。熙宗继位后,实行尊孔和文治,天眷三年(1140年)封孔子四十九世孙孔璠为衍圣公;皇统元年(1141年)又"亲祭孔子庙",并自责以往"不知志

---

① 《辽史·太祖纪上》。
② 《辽史·义宗倍传》。
③ 《辽史·地理志一·上京道》。
④ 《辽史·太祖纪下》。
⑤ 《辽史·大公鼎传》。
⑥ 《金史·太宗纪》。

学","深以为悔"①。以后世宗、章宗崇儒抑佛,兴修孔庙,引来"儒风丕变,庠序日盛,士繇科第位至宰辅者接踵"②。当时颁布了两条诏令,指向明确,一是明昌二年(1191年),章宗诏"诸郡邑文宣王庙、风雨师、社稷神坛隳坏者复之"。二是泰和四年(1204年),又"诏刺史、州郡无宣圣庙学者并增修之"③。辽、金沿袭了唐宋的学校体制,承继了祀奉孔子的信仰,接续了"庙学合一"的制度,使之在中华大地持久地生长。金元之际,持续的战乱给社会、经济和文化带来重创,学校和孔庙也在劫难逃。时人段成己的伤感可谓刻骨铭心,也具有代表性:"自经太变,学校尽废,偶脱于煨烬之余者,百不一二存焉。"④"兵兴以来,庙学尽废,人袭于乱,目不睹瑚簋之仪,耳不闻弦诵之音,盖有年矣。"⑤然而值此之际,一种历史观正得以凸显,仍借段成己的话说,就是:"隋唐以来,学遍天下,虽荒服郡县皆有学,学必立庙,以祀孔子先圣先师。"⑥

这里,围绕孔庙的发展,概括出一个连续而完整的历史过程,其无关乎族群,也不分天南地北。这在一定程度上属于"观念的"历史,是一种"想象的共同体"的建构,而它出自一位金末元初的学者,更别具意味。结合辽朝的情况,进一步可以说,即使在契丹、女真统治的朝代,都已经视孔庙为中华文化圈的共同标识,视其为文明教化的同义词。政权的对峙和疆域的分裂,并不能完全阻碍文化上的相互认可。

蒙元崛起后逐步调整统治策略,采用孔子学说为治国的指导

---

① 《金史·熙宗纪》。
② 《金史·文艺列传上》。
③ 《金史·章宗纪》。
④ 段成己:《河津县儒学记》《霍州迁新学记》《河中府重修庙学碑》,收入李修生主编:《全元文》第2册,凤凰出版社,2005年,第215页。
⑤ 同上书,第213页。
⑥ 同上书,第219页。

思想,兴办学校,恢复科举,修建孔庙。元世祖忽必烈多次诏令各地:"先圣庙,国家岁时致祭,诸儒月朔释奠,宜恒令洒扫修洁。今后禁约诸官员、使臣、军马毋得于庙宇内安下,或聚集理问词讼,及亵渎饮宴,管工匠官不得于其中营造,违者治罪。"①"敕修曲阜宣圣庙","敕上都重建孔子庙"②。武宗继位,旋即加封孔子为"大成至圣文宣王"。元朝的孔庙部分来自前朝所建,部分在前朝遗留基础上重建或修缮,部分新建。一项对金元之际 44 篇庙学碑记文的研究可资参考:其中明确冠以"重修"之名的有 15 篇,"新修""创建"的 12 篇,"增修"的 2 篇③。另据研究者统计,"元代至少有 727 所国立学校孔子庙"④。

第三个时段是明朝、清朝。为什么要将此作为一个相对独立的时段?原因是只有到明清,才真正实现了金人段成己所言"学遍天下""学必立庙",即大体上全国每个府、县都设立学宫和孔庙。对此需对前事略做回溯。唐朝刘禹锡曾估算当时全国每年释奠礼的花费为"四千万",其所在夔州四县每年"十六万"⑤,即平均每县四万,据此可推测唐朝各级官学系统的孔庙在一千个左右。而《新唐书·地理志一》记录了开元二十八年设置郡府 328 个、县 1 573 个⑥,总计郡府县 1 901 个,则又可知设学庙的占其五到六成。北宋辖境内,学庙有所增加,但离"县县有孔庙"仍比较远。天圣二年(1024 年)登科的进士尹洙在《巩县孔子庙记》中说过:"郡府立学

---

① 王颋点校:《庙学典礼》卷一《先圣庙岁时祭祀禁约骚扰安下》,"元代史料丛刊"点校本,浙江古籍出版社,1992 年,第 12 页。又见陈高华等点校:《元典章·礼部四·学校·儒学》,中华书局、天津古籍出版社,2011 年。除个别字词外,两者内容大体相同。
② 《元史·世祖本纪》。
③ 陶然:《论金元之际庙学碑记文的文化内涵》,《浙江大学学报(人文社会科学版)》2004 年第 5 期。
④ 孔祥林等:《世界孔子庙研究》上卷,中央编译出版社,2011 年,第 96—97 页。
⑤ 《新唐书·刘禹锡传》。
⑥ 《新唐书·地理志》。

校,尊先圣庙,十六七。"①意思是当时设有学庙的,在郡府层级占六到七成。所以唐宋时候,尽管制度上、观念上都在说,每一级地方政府的治所,都要办学校、建孔庙,然而那仅仅是理想形态而已。辽、金、元三朝学庙的普及程度也都有限。基于这样的分析,前文才会有"观念史""想象的共同体"的提法。可到明清两朝,昔日的"观念"和"想象"已变成现实。

明成祖朱棣曾如此表彰其父明太祖:"武功告成,即兴文教,大明孔子之道。自京师以达天下,并建庙、学,遍赐经籍,作养士类,仪文之备,超乎往昔。封孔氏子孙袭衍圣公,秩视一品,世择一人为曲阜令;立学官以教孔颜孟三氏子孙。常幸太学,释奠孔子,竭其严敬,尊崇孔子之道未有如斯之盛者也。"②根据《大明一统志》,洪武年间前后新建各级儒学(孔庙)304 所、重建 648 所、重修 81 所,至洪武末年全国各级儒学有 1 033 所。吴宣德《中国教育制度通史》第四卷又详细列出了《明代各朝设立儒学数》表,合计府学 145 所、州学 179 所、县学 1 111 所、其他 68 所,总计 1 503 所③。这一数字与明人吕元善《圣门志》中说的,当时天下孔庙有 1 560 余处,大抵吻合④。就此也反映了有明一代各级官学(孔庙)的数量增加是极其明显的,从明朝前期到后期增幅约达 50%。《明史·选举志》因而如此形容明代的教育:"无地而不设之学,无人而不纳之教。庠声序音,重规叠矩,无间于下邑荒徼,山陬海涯。此明代

---

① 尹洙:《河南集》卷四《巩县孔子庙记》,台湾商务印书馆影印四库全书本,第 1090 册,第 16 页。
② 《(明成祖)御制孔子庙碑》,《四库全书存目丛书》史部第七十六册,齐鲁书社,1997年,第 304 页。
③ 李国钧、王炳照总主编:《中国教育制度通史》,吴宣德著第四卷"明代",山东教育出版社,2000 年,第 170—174 页。又,"其他"是指宣慰司学、宣抚司学、长官司学、盐运司学、都司学、行都司学、指挥司学、卫学、千户所学。
④ 吕元善:《圣门志》卷一上,商务印书馆丛书集成初编本,第 18 页。

学校之盛,唐、宋以来所不及也。"① 清朝沿用了明朝的学校制度以及设施,大力尊崇儒学,推行科举制度,至嘉庆时学庙总数升至1 710座,其中县学孔庙1 257座②。

明清地方学校发展的一大成就,是将"庙学合一"制度深入推广到很多偏远的民族地区。如云南,自元及清,共有各府、州、县、厅等官学(孔庙)95座③。其中始建于元代的有10座,其余均为明清所建。笔者曾在云南实地考察过20余处孔庙或其遗址,同时对照文献材料,深切感受到历史上这些学校和孔庙对当地教育文化发展的牵引作用,也对民族团结、社会和谐施以积极的影响。又如湖南的湘西地区,笔者踏访过现均属湖南省级文物保护单位的芷江文庙、凤凰文庙、乾州文庙,那里自古是少数族裔的聚居地,中原王朝的文治教化传入较晚,影响较弱。从明朝开始汉地大量移民进入湘西,同时中央政府也将学校和孔庙输入此地。以上三个孔庙先后建于明正德年间、清康熙和雍正时期,显示出儒教植入湘西的印迹,也成为当地风尚和社会意识逐渐纳入国家正统观念体系的见证。

再说东北地区。明太祖朱元璋时,设置辽东都指挥使司以经营辽东,《明史·职官志》载:"又有都司儒学,洪武十七年置,辽东始。"④ 对此《明实录》有更详细的记录:"(洪武十七年十月辛酉)置辽东都指挥使司儒学,设教授一员,训导四员。金、复、海、盖四州

---

① 《明史·选举志一》。
② 据孔祥林等著《世界孔子庙研究》的统计,见该书上卷第127页。又,熟悉明清史者会看出,明、清的县数多于本文的县学数。原因有:一些县学附于府学或州学,并共用孔庙,以此解决场地、经费、师资等配置问题。还有的县与邻县合署办学,如清朝雍正年间因人口赋税繁多从常州府武进县分出阳湖县,但阳湖县学与武进县学合于一体,地点仍在原武进县学,号称"武阳学府"。现存部分历史建筑以"常州文庙大成殿"之名列入江苏省第七批文物保护单位。
③ 据龙云、卢汉修:《新纂云南通志》第6册《学制考》,李春龙、王珏校注,云南人民出版社,2007年。
④ 《明史·职官志四》。

儒学学正各一员,训导各四员,教武官子弟。复命皆立孔子庙,给祭器、乐器以供祀事。"①设立军队学校和孔庙是明朝的新举措,主要选在边疆和沿海地区。设辽东都司儒学和下属金州、复州、海州、盖州四所卫学的孔庙,改变了当地的文化面貌。宣德五年(1430年),辽东都指挥刘斌又在兴城(今葫芦岛市下辖的县级市)创建孔庙。这所学庙存留至今,是东北现存孔庙中年代最悠久的。

清兵入关前,满族首领努尔哈赤已在其发祥地赫图阿拉(成立后金政权后以此为都城,今辽宁省新宾县)兴建孔庙,后皇太极又于盛京(今沈阳)立孔庙。清朝统一后,对关内关外采取不同行政区划的治理办法,在东北地区是满洲八旗制、汉人州县制与渔猎部落"姓长制"并行。为守住民族传统文化,一些满族贵族强烈反对在自己的故土推行儒教、崇尚文艺,例如雍正皇帝,就坚决否定了在吉林乌拉(后简称吉林)建校设孔庙的建议。可是尊孔既然已是铁定的国策,孔子也早在顺治二年(1645年)被加封为"大成至圣文宣先师",那么建校设庙仿佛也就成为定势,无可逆转。像乾隆,即位后立马就在现吉林市兴修永吉州州学和孔庙,置先帝雍正的意愿于不顾。后永吉州改为吉林厅,这个吉林文庙又于光绪三十二年(1906年)移建至今址,并一直保留至今。据中国孔子基金会和中国孔庙保护协会主办的"中国孔庙"网站公布的材料,清朝辽宁有13座学庙,吉林(现辖区内)有7座,黑龙江有6座。东北地区就此纳入儒教文化圈。

清朝时"庙学合一"制度还进入了新疆和台湾。"中国孔庙"网站介绍:"新疆维吾尔自治区本来学校很少,清末设省后相继建设学校,使新疆学校达到了23所。但是目前仅见到乌鲁木齐一所文庙的资料,现在已经修复完整。新疆的文庙建造都很晚,按理说有

---

① 台北"中研院"历史语言研究所校印《明实录》第四册,第2563页。

一些应该能够保存下来,现在查不到有关资料,很可能是因为文庙保护没有受到足够的重视。"①笔者踏访过乌鲁木齐文庙,它位于今天的前进路,坐北朝南,以"文庙"之名列入乌鲁木齐市级文物保护单位,但里面同时供奉着孔子(前大殿)和武圣关羽(后大殿)。一说该庙是1765—1767年清政府扩建迪化新城(今乌鲁木齐市)时所建,叫"文武庙"。而现场的标牌又写着:"文庙建于清末民初。"总之,新疆的文庙研究意义重大,却还有待加强。

台湾地区学校和孔庙的发展脉络比较清晰:南明永历十九年(1665年,清康熙四年),台湾的咨议参军陈永华倡议修建台湾首座规制完整的学庙——台南孔庙,旁为明伦堂,于次年完工。初名"先师圣庙",康熙二十三年改为"先师庙",并置台湾府学。至光绪,台湾设三府学(台南、台湾、台北)、十县学(台湾、诸罗、凤山、彰化、新竹、宜兰、恒春、淡水、苗栗、云林)及相应的孔庙②。

综上所述,历朝全国各地的孔庙,编织出一张张具象而真实的儒家文化版图。伴随"庙学合一"制度的逐步建立并扎根到几乎每一个县,在车同轨、书同文之外,孔庙也作为一个重要基石,参与构筑了民族关系上的"多元一体"和中国文化的"大一统"。最近姜义华在《中华文明的根柢》一书中提出,大一统国家是中华文明三大根柢之一③,那对孔庙的研究,就不能不重视了。

三、由孔庙折射的"祭政合一"及其特点

王朝统治者赴曲阜孔庙(本庙)和国子监(太学)祭孔,各级地方大员到所在府州县的学庙祭孔,这种借助祭祀仪式垄断各级祭

---

① 孔祥林等著《世界孔子庙研究》上卷第128页也说,到光绪三十三年(1907年)新疆已经在6府、6厅、2直隶州、8县、1分县设立了23所孔庙。
② 傅朝卿主编:《阅读台湾的孔子庙》,台南市文化资产保护协会,2002年。
③ 姜义华:《中华文明的根柢:民族复兴的核心价值》,上海人民出版社,2012年。

祀权以确立权威并传输国家意志的做法,呈现出祭政合一的制度特征。但这种以"庙学合一"为外在形态的祭政合一,决然区别于世界上其他以政教合一为政体的文化形态,如在中世纪拜占廷帝国、阿拉伯帝国、印度、意大利、沙俄所见到的。儒家文化的个性特点及独特作用,于此彰显。本节略述"庙学—祭政合一"制度的两个特点。

（一）它与中国的教育制度特别是唐朝以后成型的科举制度嫁接在一起,充满理性实用主义的气息,其取向是现实主义的。唐朝韩愈《处州孔子庙碑》曾感喟:"自天子至郡邑守长通得祀而遍天下者,惟社稷与孔子为然。……所谓生人以来未有如孔子者,其贤过于尧舜远者,此其效欤?"[①]到明清县县设立学庙,连专制皇帝于祭孔之后还要赋诗赞美:"道统常垂今与古,文明共仰圣而神。功能溯自生民后,地辟天开第一人。"[②]孔子遭遇如此神化和顶礼膜拜,实与科举制度有关。唐朝贞观年间设计出施行全国的"庙学合一",其一大背景就是科举的发展及制度化。科举考试以钦定的儒学培育士人、选拔官吏,成为"庙学合一"制度成长、发展、普及、推广的持久动力。孔子思想本有重德性、教化和倾向于"守成"的特点,汉朝时因此被统治者选作稳固社会、收拾人心、打造长治久安的利器。科举制度出现后的近1 300年间,孔子思想的此种效应不断被放大。及至明清,所有准备走向举业和仕途的学子,必进儒学(该名词已成为元明清官方设立的各级学校的名称),必学儒家经典,必按标准化的教义答题,必礼敬孔子并按其要求为人处世。

---

① 韩愈:《处州孔子庙碑》,见马其昶校注,马茂元整理:《韩昌黎文集校注》卷七,上海古籍出版社,2014年,第547页。
② 爱新觉罗·胤禛:《世宗宪皇帝御制文集·四宜堂集》卷二《仲丁祭文庙》,台湾商务印书馆影印四库全书本,第1300册,第217页。

一句话,他必定先要成为(或宣称成为)一名儒生①。这些既是前文讲的教育儒家化第二期的具体内容,也是促成孔庙"无远弗届"的重要动力源泉。作为古代中国在制度领域的一项重要创造,科举制度在为官员选拔制定出一套标准化程序的同时,也为平民子弟的晋升提供了阶梯,为社会的流动提供了可能,为朝廷网罗人才提供了手段,当然统治集团自身吐故纳新的能力也得到强化。其积极的意义和正面的作用,居庙堂之上或处江湖之远都可察见与感受。古代中国文明之所以得到高度的发展,亦与此紧密相关。然而科举制度绝非单纯的考试制度,有众多方面的制度安排与之匹配和衔接。在学校的范围内考察,"庙学—祭政合一"就和科举制度高度对应。

唐代孔庙释奠礼仪的变化,折射出这两者"嫁接"过程中的若干动向。释奠是孔庙祭礼中最重要的一种,朱溢的一项研究表明,魏晋时期释奠礼仪主要用来显示幼帝或太子的知识和人格的养成,与帝位传承紧密相关。在五礼体系中,这一礼仪有时属于吉礼,有时属于嘉礼。到了唐代,除原有的孔庙释奠礼仪外,还建立了武庙释奠礼仪。孔庙释奠礼仪的功能和归属发生了很大的变化,如唐前期还见有皇太子主持孔庙礼仪,到晚唐就没有了,完全被常祀所替代。随着常祀制度的巩固、孔子先圣地位的重新确立、从祀制度的建立和州县释奠礼仪的开展,儒家学术传统的仪式化呈现为孔庙释奠礼仪的重点所在。此外它也明确定位为吉礼,并

---

① 《明史·选举志一》有段话记录了当时的情状:"选举之法,大略有四:曰学校,曰科目,曰荐举,曰铨选。学校以教育之,科目以登进之,荐举以旁招之,铨选以布列之,天下人才尽于是矣。明制,科目为盛,卿相皆由此出,学校则储才以应科目者也。其径由学校通籍者,亦科目之亚也,外此则杂流矣。……科举必由学校,而学校起家可不由科举。学校有二:曰国学,曰府、州、县学。府、州、县诸生入国学者,乃可得官,不入者不能得也。"

与武庙释奠礼仪构成吉礼中独立的一类①。朱溢揭举的现象很重要。笔者就此进一步认为，释奠礼仪的这些变化，相当程度上是与当时的科举和学校教育发生互动的结果。甚至可以说，它其实是在"配合"科举制度的发展而做出适应性的调整。理由大略有三：（1）幼帝和太子退出后，释奠礼仪更多地变成一项由校内师生参与的祭祀活动。州县学校释奠礼仪的开展，同样是为了满足由科举带动地方学校发展所带来的新需求。（2）《周礼·春官·宗伯》曰："以吉礼祀邦国之鬼、神、示。"将释奠礼仪定为吉礼，使释奠礼仪和孔庙的功能更为明确和清晰。武学的初兴、武庙释奠礼仪的出现，又衬托出官学及释奠礼仪"服务"于科举的属性。特别是联系到宋代最终培育出成熟的武学、武举，其中的关联就愈能把握。（3）先圣、先师角色的变动颇含深意。唐朝立国不久，曾一改"故事"，诏令以周公为先圣，孔子为先师——前文云"周公退场，学庙才真正姓孔"，即以此为前提。其缘由正如一些研究者所判断的，应与唐朝统治集团的关陇背景有关。也就是唐朝孔颖达曾揭示的："云先圣周公若孔子者，以周公、孔子皆为先圣。近周公处祭周公，近孔子处祭孔子。"②但此举即遭时人质疑，贞观二年（628年）大臣房玄龄等提出："周公、尼父俱称圣人，庠序置奠，本缘夫子，故晋宋梁陈及隋大业故事，皆以孔子为先圣，颜回为先师，历代所行，古人通允。俯请停祭周公，升夫子为先圣，以颜回配享。"此奏获得采纳。可高宗继位后，又恢复以周公为先圣、孔子为先师，论辩再起。显庆二年（657年）礼部尚书许敬宗等上书："依令（按：指《永徽令》），周公为先圣，孔子为先师。又《礼记》云：'始立学，释奠于

---

① 朱溢：《唐代孔庙释奠礼仪新探——以其功能和类别归属的讨论为中心》，《史学月刊》2011年第1期。
② 阮元校刻：《十三经注疏》，中华书局影印本，1991年，第1406页。紧接这句话，孔颖达又言："故云'若'，'若'不定之辞。"

先圣。'郑玄注云:'若周公、孔子也。'且周公践极,功比帝王。以孔子为先圣。"①

此后孔子的先圣地位才稳定下来。许敬宗提出了一个很恰当的解决方法,他认为周公和孔子分属治统和道统,周公可请去配享周武王,孔子留下来做先圣。如果说借重周公是出于现实政治的考虑,乃借用关陇历史文化为其统治的合法性、正当性加分,那么,这一图谋却最终未能敌过另外一种同样充满现实关怀的选择——奉孔子为先圣。其指向可分三个层面:(1) 借助孔子"宏我王化"。仍引用开元二十七年(739年)那封诏书的话,就是:"美政教,移风俗,君君、臣臣、父父、子子,民到于今受其赐,不其猗与!……夫子既称先圣,可追谥为文宣王。"②孔子遂获得更大的尊荣。(2) 孔子身为教师,在学校的庙堂里被奉为"先圣",其身份、形象无疑更为贴切,也便于在"历代所行,古人通允"的传统中找到更多的依据。(3) 可以顺应科举发展之所需。科举制度的推行需要强有力的思想意识形态为其先导和推引,孔庙祀典便成为最佳也最丰厚的文化资源。"庙学—祭政合一"的奥妙所在,恰恰是双方之间的那种彼此依赖,诚所谓"孔子之教,非帝王之政不能及远;帝王之政,非孔子之教不能善俗"③。所以随着科举(帝王之政)和皇权政治的发展,孔子的地位更趋隆宠。到明清,孔子便集先圣先师于一身了。另一方面,科举制度也以同样的原理调整、完善着自身的构造。殿试的出现,到宋代成为常制,明清进一步发展,就非常能说明问题。

一个有趣的现象值得一说:由殿试(皇帝钦选)产生的状元及其神话,反过来又投射到孔庙这片圣域,涂抹出神奇的色彩。在一

---

① 《旧唐书·礼仪志四》。
② 王溥:《唐会要》,中华书局,2012年点校本,第744页。
③ 曹元用:《代祀阙里孔子庙碑》,《全元文》第24册,第262页。

些地方,会将孔庙泮池上的泮桥,称之为"状元桥";将大成门(又名戟门)的中门,理解成仅为皇帝和状元所开。时至今日,笔者在一些地方调研时,还能听闻当地人士的抱憾:本地没出过状元,也未有皇帝驾临,所以历史上本地孔庙的中门未曾开启过。或说:本地孔庙缺一座泮桥,原因是没出过状元,不能建造。虽系民间传说,又犹如落日余晖,却映照出当年威权统治下,儒教与国家考试制度交织缠绕对人心笼罩之烈。这等故事又适足表明,孔庙世界在导引人们成圣成贤的同时,也充满着人间世俗的期待。

(二)"庙学—祭政合一"制度具有一种内生的张力,也具有一定的开放性。先说前者。笼统而言,是存在一种治统与道统之间的张力。东汉时,章帝幸阙里祀孔,与孔子后裔孔僖有段交谈,富有意趣,微妙地呈现出其间的精神对垒。史载:"章帝曰:'今日之会,宁于卿宗有光荣乎?'对曰:'臣闻明王圣主,莫不尊师贵道。今陛下亲屈万乘,辱临敝里,此乃崇礼先师,增辉圣德。至于光荣,非所敢承。'帝大笑曰:'非圣者子孙,焉有斯言乎!'"[①]黄进兴就以上对话做过精辟的分析:"孔僖以'崇礼先师,增辉圣德'一语道破章帝祀孔的潜在用心。至此,章帝亦只得大加赞赏,以自求排解。要之,章帝与孔僖的对话不只生动地反映了人君祀孔的心态,并且透露了孔门子弟自尊自贵的精神。"[②]

由于中国王朝交替的"周期律",统治者越来越需要依仗"万世一系"的孔先圣孔先师,来为其统治的合法性立言,为其政教助推,为其江山永固统摄人心。道统中人也不乏看明个中道理的,所以他们在比较了"孔子之教"与"帝王之政"互相依存的这一面向后,会即刻去揭出另外一面,扬言:"教不能及远,无损于道;政不能善

---

① 《后汉书·儒林列传》。
② 黄进兴:《圣贤与圣徒》,北京大学出版社,2005年,第13页。

俗，必危其国。"①中国历史上一直有一种努力，试以道统制衡治统，以儒教制约、规范皇权及现实政治。有些是出于理想主义、道德主义的情怀，有些则基于对现实情势的理智判断。孔庙作为儒教和道统的物化载体，便成为"传统读书人的一个精神堡垒"。黄进兴曾列举古代读书人到孔庙"哭庙"，予以形象的读解②。

后说开放性。孔庙主祀孔子，然历唐宋元明清逐步定型的孔庙祭祀制度，其包容性是比较大的。举例讲，首先大成殿设颜渊、曾参、子思、孟轲"四子配享"，两侧还有地位稍低一等的"十二哲"。两庑（大成殿与大成门之间两侧的厢房）又供奉先贤先儒，其中先贤是孔庙配祀的第三等级，计79位，主要系孔子的弟子，少数是"亚圣"孟子的弟子，或学术系统中的标志性人物，如左丘明、周敦颐、程颢、程颐、邵雍、张载。先儒为第四等级，至民国八年（1919年），已达77人。孔庙既已具备非同寻常的象征意义，那这片世界也就成了各种力量的着力点和汇聚点。围绕孔庙配祀的标准和资格，即上演了无数的论辩和角力。从这些过程及结果看，道统与学术的话语权可以得到一定的体现。其次，明朝增设乡贤祠、名宦祠，位于大成门东西两侧，每年春秋祭祀时附祭。孔庙世界因此灌注进更多的乡土意识，成为同时呈现"地方性知识"的场域。这应该与当时中央集权制度下的地方"自治"有关联。最后，一些地方将魁星阁、文昌阁附设于孔庙。如始建于唐大中三年（849年）的定州孔庙，现为河北省保存规模最宏大、建筑格局最完整的学庙建筑群，就仍保留着初建于元朝的魁星阁，现存建筑为明万历三十四年（1606年）所造。在台南孔庙的东北角有文昌阁，又叫魁星阁，楼高三层，奉祀文昌帝君和魁星。魁星、文昌信俗一般排除在孔庙

---

① 曹元用：《代祀阙里孔子庙碑》，《全元文》第24册，第262页。
② 黄进兴：《皇帝、儒生与孔庙》，生活·读书·新知三联书店，2014年，第173页。

祀典之外,但也常见其"混入"孔庙圣域,表明儒教的一种包容态度。

四、中国文化现代转型中的孔庙

1905年科举制度终结,几年后帝制崩解,小学又废止读经,"庙学合一"的存在基础就此坍塌。孔庙的存留与祀孔的废续,成为无法绕开且时常撩拨时代敏感神经的社会问题,成为各种思潮激辩和舆论的焦点。民国初年两种截然相反的观点,分别由康有为和陈独秀所代表。康有为鼓吹将孔教立为国教,其核心思想早在多年前著名的公车上书(即《上清帝第二书》)中就已形成,其云:"然近日风俗人心之坏,更宜讲求挽救之方。盖风俗弊坏,由于无教。……而'六经'为有用之书,孔子为经世之学,鲜有负荷宣扬,于是外夷邪教,得起而煽惑吾民。直省之间,拜堂棋布,而吾每县仅有孔子一庙,岂不可痛哉!今宜亟立道学一科,其有讲学大儒,发明孔子之道者,不论资格,并加征礼,量授国子之官,或备学政之选。其举人愿入道学科者,得为州、县教官。其诸生愿入道学科者,为讲学生,皆分到乡落,讲明孔子之道,厚筹经费,且令各善堂助之。并令乡落淫祠,悉改为孔子庙,其各善堂、会馆俱令独祀孔子,庶以化道愚民,扶圣教而塞异端。"①同在这封上书中,康有为还倡议"传孔子之道于外国",并要在南洋一带"每岛派设教官,立孔子庙";对于确有成效的,给予奖励和爵位。

陈独秀则力主反孔,呼吁"应毁全国已有之孔庙而罢其祀"。因为,"人类将来真实之信解行证,必以科学为正轨,一切宗教,皆在废弃之列"②。这个声音主导了而后蔚然兴起的新文化运动,并衍变出"打倒孔家店"的口号。在充满思想对立的舆论环境中,孔

---

① 汤志钧编:《康有为政论集》上册,中华书局,1981年,第132页。
② 陈独秀:《独秀文存》,上海书店出版社,1989年,《民国丛书》第一编第92册。

庙步入一条全新的道路。回首百年,大约可分为两大段、四个时期:以中华人民共和国成立为界分为两段,再以1928—1929年前后和1990年前后为界分为四个时期。下面略述概要,以察转型时代孔庙的遭际。

其一,旧式官学为新兴学堂取代后,既有的学庙就面临着"转型"。祀孔香火的存续,孔庙财产、空间的归属与处置,成为交互影响的两大难点。废除科举的第二年,即1906年,学部提请祭孔由中祀升为大祀,慈禧太后准奏。清廷此举可有一比:对病危之体注以强心剂。其以"孔子之教"助"帝王之政"的意图,昭彰若揭而无可复加。然而其时各地孔庙的境遇及财政上的困难[①],让它们甚难回应,升为大祀一说,后不了了之。袁世凯政府时,也鼓吹尊孔崇儒,但未及久远。另一方面,各种尊孔组织因时而生,尤以孔教会掀起的声浪最大。该会以康有为为会长,策动请愿活动,要求定孔教为国教,并"保守府县学宫及祭田,皆置奉祀官,勿得荒废污莱,勿得以他职事假赁侵占"[②];号召"全国文庙,皆当极力保全,有侵犯者,务必全国一致,抵死力争"[③]。然现实并未遵从这些尊孔派意愿,各地孔庙相继陷入"俎豆废祀,弦诵绝声"的风雨飘摇之中。

尊孔派的努力亦非全无成果。一些地方新建的孔庙,就与此背景有关。例如,1919年黑龙江庆城县,1926年黑龙江哈尔滨,1927年黑龙江呼兰县和吉林西安县(今辽源市),先后兴建了孔庙。特别应该一说的是哈尔滨文庙(现为全国重点文物保护单

---

① 早在1896年的《变法通议》中,梁启超就已描述过一些孔庙萧条尴尬的境遇:"乃入学之始,(文昌、魁星)奉为神明,而反于垂世立教大成至圣之孔子,薪592绝续,俎豆萧条,生卒月日,几无知者。"张品兴主编:《梁启超全集》第1册,北京出版社,1999年,第36页。
② 汤志钧编:《康有为政论集》上册,中华书局,1981年,第921页。
③ 陈焕章:《丁巳大成节第五届曲阜大会报告书》,《北京时报》1917年12月3日。

位),始建于 1926 年,建成于 1929 年,自称规模仅次于山东曲阜孔庙和北京国子监孔庙,全国排名第三。《东省特别区创建文庙碑志》特别提到其遵行"大祀"的标准建造:"谨案孔子文庙,在昔为中祀,其殿九楹,为堂七,为夹室二,此旧制也。自清光绪三十二年,升孔子为大祀,而京外学官,犹仍旧贯,未之改作。今东省特别区闳规大起,创而非固,故其缔造合乎大祀之仪。"①故此,该庙的万仞宫墙、棂星门、大成门、大成殿、崇圣祠,以及东西牌楼、掖门,均覆盖黄琉璃瓦,等级最高,俗称"皇顶"。大成殿用重檐庑殿顶。棂星门、大成门、大成殿的彩绘也同样采用最高等级的"金龙和玺"形式。如此体现"大祀"的规格,除北京国子监孔庙外,非常少见。

其二,国民政府定都南京后,即有人吁请举行全国性祀孔典礼。如福建省政府主席杨树庄暨各委员发出《呈请中央通令各省祭孔代电》(1927 年 8 月 8 日),国民革命军第二十一军第七师师长蓝天彬、副师长饶国华发出《要求国民政府通电全国取消大学院废止祀孔令的快邮代电》②。然而 1928 年,大学院照旧明令各大学、各省市教育厅、局,"将春秋祀孔旧典,一律废止"③。次年,教育部、财政部、内政部颁发《孔庙财产保管办法》,规定"孔庙财产均应拨充地方办理教育事业之经费,不得移作他用";"县有者由各县教育局保管之,其未设教育局者,由县政府职掌教育行政者保管之";"其原有之大成殿,仍应供奉孔子遗像,于孔子诞辰开会纪念"④。该令追认了先前很多地方改易孔庙作为学校的做法,并欲加以规范管理。职是之故,笔者将 1928—1929 年前后,视为最近

---

① 石碑现均立于哈尔滨文庙内。
② 《中华民国史档案资料汇编》第五辑第一编"文化(2)",江苏古籍出版社,1994 年,第 515—518 页。
③ 《大学院公报》第 1 年第 3 期,沈云龙主编:《近代中国史料丛刊续编》第 656 册,台北文海出版社,1975 年,第 22 页。
④ 《中华民国史档案资料汇编》第五辑第一编"文化(2)",第 549 页。

百年第二个时期的开始。

1934年国民政府内政部为了解各地孔庙实地状况,曾制定孔庙实况调查表,发交各省市查填。后回收了16个省市的表格(另十余个省市未上报),统计孔庙总数874个,残毁17个。874个中,用于教育机关的有532个,占绝大部分。另132个用作地方公所,72个用作军事机关,165个用于其他①。可见其时各地学庙建筑实体大体尚存,但功能已经基本改变。唯不少大成殿仍供奉孔子遗像或牌位,可在孔子诞辰日举行活动(包括祭拜孔子)时派上用途。此后日本侵华战争全面爆发,战火中各地孔庙遭到严重破坏。

其三,中华人民共和国成立后,大部分孔庙都作为可资利用的建筑空间加以使用,相当一些辟为校舍,或迁入了机关、医院,或作文化馆、工厂、仓库等。少部分因其突出的文物价值而受到保护,有些还建设为博物馆向公众开放。毛泽东曾说:"今天的中国是历史的中国的一个发展;我们是马克思主义的历史主义者,我们不应当割断历史。从孔夫子到孙中山,我们应当给以总结,承继这一份珍贵的遗产。这对于指导当前的伟大的运动,是有重要的帮助的。"②但是在历次政治运动中,儒家思想又往往被置于批判的地位,为时代所"唾弃"。尤其是"文化大革命"及其"批林批孔"运动期间,孔庙被贴上"封资修"的标签而蒙受空前浩劫。1978年十一届三中全会后拨乱反正,孔子和儒家思想开始重新得到评价,同时文物保护的意识有所增强,更多的孔庙被列入各级文物保护单位。

其四,20世纪90年代以来,国人对于传统文化的态度出现重

---

① 《内政部全国孔庙实况调查报告》(1934年10月),《中华民国史档案资料汇编》第五辑第一编"文化(2)",第550页。因为有一庙二机关使用的,所以使用状况栏的数字,超过孔庙总数。
② 《毛泽东选集》第2卷,人民出版社,1991年,第534页。

大变化。越来越多的国人养成以平和的心态看待孔子、孔庙和儒家文化,而非当年秉持的批判态度和与之"决裂"的立场。曲阜等地的祭孔大典越来越壮观。各地一大批孔庙得到修缮、重建。然而文物保护与文物破坏犹如互相赛跑,在建设、发展的浪潮中,相当一批孔庙为"发展"让路,受到蚕食甚至被完全拆除。进入21世纪,"国学"更受追捧(不少孔庙以各种形式普及"国学"),祭孔大典被遴选为非物质文化遗产,逢9月28日孔子诞辰日,众多孔庙会携手"全球祭孔"。孔子学院走向世界,等待生根开花。一股重修或新建孔庙的风气在多地涌现。更有一些人士建议,以孔子诞辰日取代9月10日而作为中国的教师节。

百年孔庙的兴衰嬗变,说明了什么?孔庙下一步的发展,又会呈现何种样态?这是我们考察现代儒家文化及其未来走向必须关注的重要内容,也构成一个极为独特的角度。余英时尝谓,近代以来儒学尽失其具体的托身之所,成了"游魂"。孔庙就曾经是儒学重要的托身之所,百年孔庙的遭遇,便是一部儒学之灵魂"游荡"的形象的历史书。引申开去,那些作为历史建筑的孔庙,哪怕于今只剩下一个泮池、一座棂星门,它们仍似有精灵所依附;换上前贤说过的辞,就是可以在这些建筑物上触摸到"体温"。这是应该予以珍视的,也是笔者近年为之奔波调研的缘由所在。那么当下和未来的孔庙,又是否会给儒家文化提供支持呢?儒家文化在失去制度保障(来自古代的礼制、法制和教育制度)之后,能否重新找到托身之所呢?

本文只能初步提出这些问题,然却相信,这些问题如果接续在更长久的历史脉络之下进行通贯的审视,一定会有助于互相启发,从而获得更为丰富、深刻的认识。从孔庙的遭遇看,20世纪中国文化的"断裂"确实醒目,但近期的发展,表明"断裂"之后历史连续性的一面正在展现——这恰好佐证了毛泽东所说的,"今天的中国是历史的中国的一个发展"。但如何具体分析这种"断裂"和"连续",能否又如何从中获取启迪,这是摆在今人面前的课题。就本文考察的范围,笔者特别想指出三点。

(一) 从人类文明发展的趋势看,打破古代中国"庙学—祭政合一"的结构属于势在必行。简言之,像刘大白作词、丰子恺作曲的《复旦大学校歌》(笔者即工作于复旦大学)所唱"学术独立思想自由,政罗教网无羁绊",就是打破原有结构之后才可能流传的观念。这种观念又恰恰是缔造现代文明的重要基石。由于"庙学—祭政合一"制度经历了千百年的发育和不断完善,并与其他的各种制度设计、观念形态互相偕配,要想打破它诚非易事。所以当年陈独秀们的呐喊有其必要性,但又不能因此去掩盖其对传统文化绝对否定之不足。同时,尊孔派的某些用意是否也值得今日再做体察? 当然这也不能包括来自政治层面的戏弄和武断行径。回头看,近代以来中国一直在矛盾的对立中寻求前行的突破可能,由此遭逢了持久的曲折苦痛,这或许与中国独特的现代性及现代化道路有关。

(二) 包括儒家文化在内的中国传统文化自有其局限性,不过向前看,构建中国的现代文明体系需要更多的参照,也亟须汲取各种有益的资源。儒家文化在历史上曾有过的积极作用,其所蕴含的合理性与内在价值,比如本文讨论的对民族团结融合和"大一统"的贡献,它的理性主义和包容性,都值得进行深长的思索。题名张学良的《哈尔滨文庙碑记》说:"哈尔滨据松花江上游,东省铁路横贯其间,欧亚商旅麇集而鹙居,言庞俗杂。……民德即离,势必至于家邦陵替,本实先拨,而求其枝叶之无伤,胡可得也。"[①]这是有鉴于当时哈尔滨为外来文化所包围和侵蚀,欲力振民族文化

---

① 石碑现立于哈尔滨文庙内。

求自强,而以孔庙为资源和手段。因此,研究、盘点孔庙历史与遗产,就不是为了发思古之幽情,也非单单立足于建筑文物的保存,而与文化建设有关。

(三)废除科举和读经后,读书人便与"儒生"相分离。儒学失去了广大的服膺者,儒家文化进入一个缺乏"群体效应"的新环境。特别是中华人民共和国成立以后,虽然儒学的某些思想仍然活在乡土社会,不时地闪现于日常生活间,但在显性层面如教育考试的系统中,在官方的宣传系统中,儒学几乎遭到全面的清扫。近一二十年传统文化的"回归"已引起普遍的关切。以此为背景考察当下孔庙的现况及可能的未来,却还有待开展。就笔者的兴趣而言,主要并不在于诸如祭孔大典那种声势和场面,而更着意于那些生发自民间的活泼的举动,以及来源于传统又有所变异的当代信俗。例如孔庙内的祈愿、成人礼、亲子活动、传统文化课堂、研讨会等。这些角度的内容,真切地呈现出当下文化变动中饶有意趣的动向,也为本文期冀展开"贯通古今"的研究提供了素材。以颇有争议的孔庙祈愿讲,其内容多为学业顺利、考试成功、升入理想的学校。论者或说这属于"迷信",可在这些行为背后,映射出学生和家长对于社会阶层流动和自我提升的期待,在更深一层次上又隐含着对于社会公平机制的盼求。中国古代科举制度为何一直坚持采用标准化的(乃至于呆板的)考试方式,其中不乏出于维护公平的考虑。西方诸多的研究者为何青睐科举制度,也是因为它为实现社会流动、个人晋升提供了一种比较好的可能。今日孔庙的祈愿活动,可以加深对古代科举制度的理解;反过来亦是。

云南大理洱源县凤羽小学的门口,用红漆刷着一幅标语:"教育改变命运,知识成就未来。"2014年的春节,我初见这句话时,有种时光交错的感觉,心想:这个话或许正是科举时代士子们进出孔庙时最强烈的内心诉求。迈入校门,里面保留着建于清朝雍正四年的凤羽县文庙部分建筑(目前作为校舍使用)。大成殿的土墙上,有不少被抠挖过的痕迹,校长在一旁说明:当地盖新屋,喜欢掺入一点大成殿的墙土,以接获运气和喜气。现在加强了管理,但还是难以完全管住"偷挖"行为。笔者尚未搞清这一习俗起源于何时,却不能不感受到在一些民间社会,古旧的孔庙仍葆有一种精神的力量。那一刻,笔者强烈地感受到历史是"连续"的。正是基于此类观察和感受,催促我去思考当下孔庙与儒家文化之间的关联以及可能的走向,并将做持续的跟踪。

(原载《澳门理工学报(人文社会科学版)》2014年第4期)

礼与传统的创造性转化

作为20世纪80年代中国文化大讨论的一个积极成果,中国学人开始改变近代以来在关于传统与现代化关系问题上形成的思维定式,而倾向于把实现传统的创造性转化,视作通向现代化的一条重要途径。于是,如何实现传统的转化,就成了90年代乃至21世纪中国文化研究不可回避的一大课题;能否在这个问题上有所推进和突破,将关乎文化研究的总体水平能否被推向新的高度。

在中国文化中,礼是最为重要也是最为根本的一个传统,因而谈论传统的转化,就决不能忽视礼的问题。至少从近代开始,一些有识之士便已针对礼、礼教给中华民族带来的灾难和不幸而对其大张挞伐,比如谭嗣同;五四新文化运动更将批判的锋芒直指封建礼教,以揭露礼教"吃人"来唤醒民众;及至今天,礼在相当的程度上仍被等同于封建糟粕;即使像主张向中国文化认同、较早倡言实现传统创造性转化的著名学者林毓生,也曾在肯定"仁"的现代价值的同时,提出要"借助对于'仁'的重新取向分离传统的'礼'"[①],而这一观点又被人理解为是"将'仁'与'礼'分开,使'仁'摆脱'礼'的框限以进行价值的重新取向"[②]。礼确实曾经作为腐朽、僵化的传统阻扼了中国文化的健康发展。然而,这是否就意味着礼已注

---

① 林毓生:《思想与人物》,台北联经出版事业公司,1983年。又见《中国传统的创造性转化》,生活·读书·新知三联书店,1988年,第194页。
② 许纪霖:《智者的尊严——知识分子与近代文化》,学林出版社,1991年,第179页。

定完全失却了转化的生机？要对此作出回答,还需从礼的内涵究竟是什么说起。

一、礼的再认识

礼的内涵极其庞杂,为此有必要予以疏解。

（一）如果不是从发生学的角度去探究,而是着眼于事物在历史过程中表现的基本属性,可将礼理解为以下几种含义：

（1）规范和准则。它涵摄观念、行为和器用各个方面,并且仪式化、程式化、制度化,形成"礼仪""礼节""礼制"。所以孔子说："非礼勿视,非礼勿听,非礼勿言,非礼勿动。"[①]这种规范和准则,寓于教化的形式被推向社会,又形成"礼教"。

（2）修养和文明的象征。"礼貌""彬彬有礼""夫唯禽兽无礼,故父子聚麀。是故圣人作,为礼以教人,使人以有礼,知自别于禽兽"[②],就是在这层意义上使用"礼"字的。

（3）社会控制的手段。传统中国号称"礼治"国家,礼很早就成为进行社会调控最重要的手段。《礼记·仲尼燕居》说："制度在礼。"《孝经》申明"安上治民,莫善于礼"。孔子反复讲："为国以礼。"[③]事实上礼还与"法""俗""乐"等相辅而行,形成"礼—法""礼—俗""礼—乐"等社会控制的模式[④]。

（4）秩序。有礼,社会就有秩序；"礼崩乐坏",则天下大乱。这一秩序又与天地宇宙的规律和秩序相统一。《礼记·乐记》说："礼与天地同节"；"礼者,天地之序也"。因而礼也就被看作是国家

---

① 《论语·颜渊》。
② 《礼记·曲礼》。
③ 《论语·先进》。
④ 关于礼与俗相结合进行社会调控,详见拙文《礼俗与中国文化》,《复旦学报（社会科学版）》1990年第3期。"礼—法""礼—乐"的社会控制模式,容另文详述。

的根本,所谓"礼,国之干也"①。

从以上四点去理解礼,就抓住了礼的根本性质。

(二)礼具有一定的价值取向,和一系列体现其基本精神的原则,如辨别、敬让、礼尚往来、礼不妄悦人、礼从宜,等等。兹列举数端:(1)礼强调和维护农业宗法社会的等级制度,讲求"亲亲""尊尊""贵贱有等""长幼有序""朝廷有位""男女有别"。(2)"礼之用,和为贵。"②礼重人伦,重和谐,重平衡、协调,追求建立在"温""良""恭""俭""让"个人品质基础上的社会的和谐,乃至人类与自然的和谐。(3)要求"体常驭变"。"常",即不可变易的根本原则。在维护大原则不动摇的同时,还要讲"权",讲"变通",讲"损益",注意和适应时事的变化;所谓"礼,时为大,顺次之,宜次之,称次之"。对于处理"常"与"变"这对关系,应贯彻"中道"。《礼记·仲尼燕居》强调:"礼所以制中也"。

(三)各种典章制度、繁文缛节是礼的具体内容。诸如冠、婚、丧、祭、饮、射、朝、聘、相见、出征,等等。自《周礼·春官》的《大宗伯》《小宗伯》篇始,它们被条贯、整合为吉、嘉、军、宾、凶"五礼"。

可见礼的内涵极为庞杂,不能只强调某一方面而忽视另一方面。将礼的内涵作根本性质、基本精神、具体内容的疏解,有助于全面地把握礼的复杂性,也有益于透彻地分析礼的转化可能性。

首先,作为一种规范,一种社会控制的手段,一种对秩序和对修养与文明的追求,应该说礼在人类社会具有某种永恒的、普遍的价值。当然,不存在超越历史条件的规范、秩序、社会调控手段,它们都有其明确的服务对象,不同的时代也有其不同的修养和文明的具体内容,但是,所谓"转化",正是包括着这种服务对象和具体

---

① 《左传·僖公十一年》。
② 《论语·学而》。

内容的转变。

古代有一个很著名的命题:"礼,理也。"①"理",宋代以前一般解释为道理、常理,宋儒则论证为本体论意义上的"天理",这为礼在宋代以后逐渐变成僵死的形式奠定了基础。如果我们能将传统的礼所包蕴的那个源于宗法小农社会的封建"天理",改造、置换成适合于社会主义中国的"常理",则礼具有发展的生机当无疑义。

其次,礼的基本精神既有作为封建性糟粕必须批判的一面,也有值得汲取、吸收和借鉴的一面。例如,宗法等级性必须批判,而礼强调人际、人与社会、自然的和谐和人性的平衡、协调,就有待在扬弃的基础上继承、发扬。

再次,古代礼的具体内容绝大部分已经死亡,少部分化作习俗还存在并影响着今天的现实生活,随着社会的变迁它们或变化发展,或渐趋消亡。实际上,近代以来,伴随古礼逐渐隐退于历史舞台,新的礼仪规则不断形成、确立的情况,屡见不鲜。

承上所述,只要我们认识到礼的本质是一种规范、一种调控手段、一种秩序和修养、文明的象征,那么,礼的传统就将向着未来开放:可以被注入现代的意蕴,为今人发挥其新的功能。需要指明,既然是谈传统的转化而非复归,则礼的文化传统的转化就绝不意味着是要恢复或回到古代的礼治。

二、礼在现代的价值与意义

在历史上,礼对中华民族和中国历史的影响与作用,既有积极的、正面的,也有消极的、负面的。唐以前正面作用是主要的,它给社会带来了和谐与稳定,对生产的发展和社会的进步起到了推动作用。宋代以后,礼的负面效应渐趋突出,尤其是借着教化的形

---

① 《礼记》的《仲尼燕尼》篇和《曲礼》篇都提到:"礼也者,理也。"

式,将强制性的规范"三纲五常"推布出去的礼教,其虚伪、陈腐、惨无人道,日甚一日。当国门被迫打开,西方近代的观念、制度和行为裸呈于国人面前,礼与时代的脱节,特别是与西方法律制度和民主制度相比所表现出的缺陷与弊病,更使礼再也不能正人心、固国本。尽管近现代中国为数不少的人士,出于种种不同的目的和考虑,以不同的形式,曾想借助礼的传统"扬正道,弃邪僻"[①],但礼依然不免遭时代舍弃和冷落的命运。从学理的层面探究礼教在宋代以后如何愈益陈腐,"礼治"在近代如何不能回应西方(比如"法治")的挑战,至今仍是一个有待深入的课题;这里想要指出的是,在历史沉重的一页已经掀去,中华民族已开始迈向现代化的时候,一度曾被认为不合时宜的、属于"前现代"的东西可能还有值得珍视的价值。这诚如余英时曾说过的:"如果说在现代化的早期,安、定、静、止一类的价值观念是不适用的,那么在将进入'现代以后'(post-modern)的现阶段,这些观念则十分值得我们正视了。"[②]

西方"后现代"文化理论固然带有浓厚的西方中心主义色彩,但我们至少可从中得到这样一个启迪,或更确切地说是警示,即处在现代化进程中的国家,在现代化的努力中应充分注意已经完成现代化的国家所出现的种种峻切的社会问题。这又可从两个不同的意义层面进行分疏。一是正进行现代化的国家,应力求避免西方已经出现的种种现代危机。二是非西方社会的现代化模式,应该有其自身的特点,而不是全盘西化。其中很重要的一点,就是应从自身既存的传统中采撷有益的资源,走一条适合自己国情的道路。

---

① 比如孙中山先生就曾认为:"以礼治国,则国必昌。"后民国政府建立,为践履遗教,建有"礼俗司"。
② 余英时:《从价值系统看中国文化的现代意义——中国文化与现代生活总论》。全文曾转载于《文化:中国与世界》第一辑,引文见该刊第60页。

站在这样的立场,探讨礼的价值和有否转化的潜在生命力,比起就礼而论礼,可能更深入也更切合时代的脉动。限于篇幅,这里着重谈两点。

(一) 礼的文化传统对于法治主义能起到补偏救弊的作用;"前现代"的礼治与现代的法治双方面合理成分的互补与综合,具有重大意义。

法国学者汪德迈(Lion Vandermeersch)指出:"礼治是治理社会的一种很特别的方法。除了中国以外,从来没有其他的国家使用过类似礼治的办法来调整社会关系,从而维持社会秩序。这并非说仪礼这种现象是中国文化特有的,——此现象是很普遍的,任何文化都具有的——可是只有在中国传统中各种各样的礼仪被组织得异常严密完整,而成为社会活动中人与人关系的规范系统。"法治"把主体关系限于极期狭窄的由行为客体规定的范围。……虽然整个社会人与人的关系的总和形成一种很密切的、很复杂的联络网,但个人与集体、与社会联系松弛……虽然是邻人、同乡、同学等等,但互相感觉无义务、责任而无应相求。……社会气氛冷冰冰的"。礼治则"把主体关系看得极其重要";"社会成员之间存在着各种各样的连带关系。……气氛很热烈"。汪德迈认为,在礼治和法治两种体系里"都包含有各个社会所共同需要的社会价值"。而且,他认为日本取得现代化辉煌成就的决定因素之一,就是巧妙地结合了从西方引进的法权制度与从传统继承而来的礼学伦理[①]。

对社会的正义和公平是否表示关注,当是评判礼治有无合理价值的一个重要尺度。美国学者金勇义(Hyung I. Kim)在其所著《中国与西方的法律观念》一书中,曾从法哲学的角度,提出有两

[①] 汪德迈:《礼治与法治——中国传统的仪礼制度与西方传统的 JUS(法权)制度之比较研究》,载《儒学国际学术讨论会论文集》,齐鲁书社,1989年。

种意义上的"公平"或"正义"。"狭义上的'公平'用于指法律程规本身的运用。这个原则在这里就是要等同地对待同类案件,以及使罚当于罪。……广义上的公平则代表正义、正义的法律和正义的判决。它要求把仁善与理性运用于法律之中。……意味着伦理和道德的原则优越于普遍的法律规则。简言之,它所强调的是法律的实质而不是法律的形式和法律的技巧。因此,在实现正义的时候,广义上的公平有时候就要求以不受严格的成文法的约束的理性和伦理原则来判案。"他又进一步指出:"前一种意义上的公平,乃防止法官受情绪影响而作出武断的判决;而后一个意义上的公平则为在各种不同情况下呆板地适用成文法律而造成的非正义现象提供补救的措施。"①

金氏著作中的观点我们并不完全赞同,但上面关于公平和正义概念的分析,却对我们扭转长期来形成的把礼治视作一无是处的思维方式,很有裨益。因为很显然,中国古代的礼治(确切地说是"以礼入法""礼法并用"的社会控制体系),是比较容易体现后一种"公平"原则的②。而且,礼治一方面强调"防患于未然",另一方面,在"已然"之后又非机械刻板地套用成文法,这使社会和个人具有比较强的自我调节功能。再则,礼治将对行为的约束较多地诉诸道德和情理,也可避免西方社会那种繁复无休的争讼,以至出现"异化",人为法律所累、所役。

在中国现代社会批判家那里,古代的礼和西方的法是对立的两端③,并且崇法抑礼衍成历史的主流。这自然有其历史的逻辑,

---

① 金勇义:《中国与西方的法律观念》,陈国平等译,辽宁人民出版社,1989年,第87页。
② 余英时也曾表示:经典所说"礼者为异"或"礼不同",与"法"的整齐划一是大有出入的;由此可知"儒家是要追求一种更高的'公平'和更合理的'秩序'"。余英时:《从价值系统看中国文化的现代意义——中国文化与现代生活总论》。全文曾转载于《文化:中国与世界》第一辑,引文见该刊第71页。
③ 比如,在《新青年》的言论中,礼教问题是在与法治要求的对比中被提出来的。

此种论点也把握到了问题的一个方面,并对社会进步起过积极的推动作用。但无疑地,也造成了对传统礼治合理价值的障蔽。

的的确确,中国需要法制——现代中国人吃够了没有法制的苦;在今后若干年内,法制的建设工作必须高度重视并刻不容缓。而且,随着中国社会主义市场经济、商品经济的逐渐形成和完善,法制也必定日趋健全。但是,那种把社会控制的全部内容简单归结为法治,将中国的现代化等同于实现法治的法治主义,却是错误的,行不通的。

法治主义在认识上的短视十分明显。简言之:(1)它无视中国的国情。记得费正清就曾说过,西方的那种契约化,未必适合中国社会。(2)将法治过于美化,以为它包治百病,可以解决一切问题。(3)对西方社会控制体系的理解过于简单。事实上,在西方社会控制体系中,法律与基督教伦理是重要的两翼(长期来中国学术界对后者几乎忽略了);而且关系至为密切(所谓"上帝立法")。宗教与法律在功能上的互补,多少有点类似中国礼与法的互补。因此脱离宗教背景谈西方的法律与法治,难免流于肤浅。

故而,正确的态度应该是撷取礼治与法治两方面的合理成分,在综合的基础上建构未来的社会控制模式。鉴于现代西方"上帝"观念已趋淡漠,已出现严重的法律危机[①],这一选择还将具有世界性的意义。

(二)礼的文化传统对于建设现代人际关系、社会关系的意义。

现代社会的变迁,以商业化、工业化、城市化为其显著特点,反映到社会关系上,是业缘关系、合同关系、买卖关系、法律关系的不断强化,传统社会的血缘关系、地缘关系、人情关系、伦理关系趋于

---

① 关于西方现代法律的危机,参阅哈罗德·伯尔曼(Harold J. Berman):《法律与宗教》,梁治平译,生活·读书·新知三联书店,1991年。

淡弱;在某些方面,前者甚至在逐渐取代后者。应该说这是一种历史的进步,但也引发了诸多的问题和缺失。由于人际关系疏离,人性中"情""理"等因素的被漠视;由于高度的功利主义,以及因突出"自我"而形成的极端自私自利,因追逐享受而沉溺于物欲、情欲等现象的恶性膨胀,出现了西方存在主义文学着意刻画的那种现代人的虚无、惶恐、失落、焦躁不安和无所依归。预防和医治"现代病"的药方当有多种成分,而对于中国人来说,礼的文化传统所包蕴的合理的内容,不啻是其中基本的一"味"。

礼重人伦,有选择地保留可以给现代社会增添几多温馨和人情味的传统的血缘的、地缘的、人情的、伦理的诸种关系,从中提炼出符合现代社会的伦理的关系,并以此包容现代社会业缘的、合同的、买卖的、所有的、法律的诸种关系,就能建立完全新型的现代人际关系、社会关系。

礼的传统至少在如下几个方面对于构拟现代社会的伦理关系,矫治和预防"现代病"蕴藏着潜在的价值:

(1) 和谐精神。礼既是内在的源于自觉意识的道德规范[①],又是外在的带有强制性的、约束性的行为规范,具有心理(情感)与行为两者兼备的特点。用礼来调节人类的行为方式,容易达致个体的心理与行为的统一和谐与人际的和谐、群体的和谐、社会的和谐。

(2) 把握"中"的度。有关礼的思想认为,感情应在礼的规定性中得到恰当的表现,从而实现主体与外在条件的和谐。这就要求既不搞禁欲主义,也不贪求物欲享受,发挥人性的平衡、协调,讲求生活的融通圆满。引申开去,又可得到现代的启示:既不压抑

---

① 在这一点上笔者不同意汪德迈的意见,他认为礼"与道德规范不同,其规范限于行为的外部"。参见汪德迈:《礼治与法治——中国传统的仪礼制度与西方传统的JUS(法权)制度之比较研究》,载《儒学国际学术讨论会论文集》,齐鲁书社,1989年。这以孔子对"孝"的论说便可证明:对父母不仅要"能养"(行为),还要"有敬"(诚笃的心态),只有两面兼具,才合于礼。

个性的自由发展,也不妨碍社会的安定团结。

（3）注重仪式的功效。仪礼的实施有着强大的影响力、感染力,可培植认同行为,也可激发奋进向上的情感,还具有对心理的平衡、调节作用。一定的仪礼、典礼,可加固社会的亲和力,并对人的社会化施予积极影响。

（4）由血缘关系而推展出去的"老吾老以及人之老,幼吾幼以及人之幼""天下一家""民胞吾与"的社群意识。

（5）建立在地缘关系之上的热爱祖国、热爱故乡、热爱集体的情感与操守。

（6）基于人情关系而生发的"礼尚往来",和以"诚"相待、以"信"相许、以"义"相重,以及诸如"知遇""感恩""点水之恩,当涌泉相报"的准则与伦理。

三、几个相关的问题

即使承认礼的文化传统蕴涵着值得开掘的有益资源,"礼的文化传统的转化"这个命题仍可能遭到一种流行观点的质疑。这种观点认为:"如果我们承认'创造性转化'是一种整体上的转型,那么就没有理由继续袭用传统的价值符号系统,而必须建构与其实际内涵完全相应的新价值符号系统。"①准此而言,"礼""仁"之类古老的价值符号不适应于现代,应该消亡。于是乎,也就根本不存在什么"礼的文化传统的转化"。

笔者以为,价值符号的新旧,不能决定传统能否转化。从西方的历史看,"民主""自由"等价值符号均来源于古代。而众所周知,从内涵上讲,近现代的"民主""自由"概念与古代的存在重大差异,然而这并不影响价值符号的"袭用"。从中国的历史看,比如"法",

---

① 许纪霖:《智者的尊严——知识分子与近代文化》,学林出版社,1991年,第181页。

中国古代的法,与西方的法迥然有异,由于翻译上的缘故,近代学人以此法指喻彼法。这当然在概念的理解上极易产生混淆,在实际中也带来了诸多的负作用。但作为价值符号,古老的"法"毕竟在近代逐渐涵纳了崭新的意蕴,成为指喻现代法律、法制的一个概念;并且,在"创造性转化"的今天,也没有必要将此价值符号予以"更新"。再从礼的发展历史看。在大约处于世界文明"轴心时代"①的春秋、战国时期,中国社会经历了一场巨大的变动。值此之际,孔子以"仁"释礼,荀子以"法"解礼,曾启动过一次延续到汉代才基本完成的礼的传统的创造性转化(旧的价值符号继续"袭用"),并对中国的历史和文化产生了深刻的影响。因此,上述所谓"整体上的转型"意见,仍未脱割裂传统与现代化关系的窠臼。

由文化的整体论,进而怀疑"取其精华,弃其糟粕"文化继承原则的正确性和有效性,时下也颇为流行;若按照这种怀疑论,本文所提对礼的传统的批判继承,便在方法论上站不住脚。然而,此论仍在认识上失诸偏颇;其误区之一,是对文化与传统的传承载体和传承机制认识不清。依笔者之见,在讨论文化传统的转化问题时,有必要根据文化与传统传承载体的不同,对文化(与传统)作"生活习俗文化"(与此相应的是"生活习俗文化的传统")和"文献典籍文化"(与此相应的是"文献典籍文化的传统")的分层②。前者以大众的日常生活及其习俗为主要表征,其传承的载体主要是社会习俗;后者以人类的精神创造活动及其成果为主要表征,其传承的载体主要是文献典籍。在生活习俗文化层面,"取其精华,弃其糟粕"的确是一个不易操作的原则,因为生活中的文化是一个有机的整

---

① "轴心时代"约起于公元前800年,止于公元前200年,以公元前500年为中心。关于"轴心时代"理论,见雅斯贝尔斯:《历史的起源与目标》,魏楚雄等译,华夏出版社,1989年;《智慧之路——哲学导论》,柯锦华等译,中国国际出版社,1988年。
② 文化的分层有多种理论。本文这一分层,有点接近西方"大传统"与"小传统"、"精英文化"与"大众文化"的分野,但又不完全相同。

体,并非可以轻易简单地进行拼拆剪裁。但是在文献典籍文化的层面,"取"和"弃"就落实在学术研究的理性评判之中。比如,礼强调的"和",是建立在维护等级的"分"的原则基础上的,"和"与"分"是一个事物的两个方面,两者存在着有机的甚而是错综交织的联系。但在学理研究中,我们却完全可对"和"与"分"进行删汰与抉择;不仅可对"和"与"分"进行分疏,对"分"的原则和精神也可作进一步的"取"和"弃"的价值评判。

在传统转化过程中,生活习俗文化与文献典籍文化处于互动的态势。就后者对前者的影响而言,文献典籍文化对生活习俗文化具有巨大的导向作用,文献典籍文化所选择和展现的价值取向,影响着生活习俗文化的变迁。因而,学术研究中的"弃"和"取",就并非一定流于"空谈"(比如20世纪80年代中国文化大讨论就对中国传统的转化起了非常积极的作用),它也是一种传统的积累,也会导致传统的变异和转化。当然这首先发生在文献典籍文化的层面,尔后带动整个传统转化。

在文献典籍文化的层面,批判和阐释是激活传统的两项重要工作。经由批判,传统方能摆脱历史的羁绊;凭借阐释,传统获得进入现代的途径。正是这种批判精神和基于现代科学观念的审视,使"传统的转化"有别于所谓的"抽象继承"。由于礼在历史上的独特经历和其自身内涵的复杂性,对礼的传统的批判和阐释,就尤为迫切和紧要。

至今,在我们现实生活中,礼的传统的负效应和贻害依然存在。礼的宗法性、等级性,及由此带来的隶属观念,对人性的压抑、扭曲,和"重本抑末"的价值取向;"爱礼存羊"的准则,及由此而来的重虚文的形式主义,和因循守旧的保守心理;以"礼"的外表出现的各种不合时宜乃至有害的"游戏规则"……这些都还不同程度地困扰着中国人走向现代生活。对此必须抱有清醒的意识,并持之不懈地与之斗争。然而同时，也完全有理由可以相信，经过深刻而又深入的批判，特别是伴随我们的社会土壤日益发生变化，礼的传统的流弊及其影响，可以得到有效的清除。

如果说，对礼的传统的批判，并不始自今日，而可上溯到五四新文化运动乃至更远，因而批判本身就有一种传统可以凭依；那么，对礼的传统进行创发性的阐释，就是一件带有开拓性的工作。不仅如此，这项工作还需要以哲学观念的变革为其前导。近一二十年来，海外的华裔学人在这方面着了先鞭。其中杜维明是较早也较成功地做了尝试的一位。在七八十年代，杜维明提出了礼是一种"人我相悦"的境界，是一种作为人性化的过程，还试图阐述"礼"与"仁"之间的创造性的张力，引起颇大的反响①。此外，余英时、成中英等人也在这方面做过努力。今天，大陆的学人已开始意识到，挖掘传统，并用现代新思维给予阐释，对传统文化的创造性转化至关重要。但是对礼的传统的阐释工作，尚未引起注意和重视，还有待观念的进一步转变。

最后要指出，对传统的阐释必须基于严谨的科学态度，杜绝任何的随意性。其中特别值得注意的一点是，阐释的正确性依赖于对历史的真切把握。因此，应该在讲究"信而有征"的历史学与追求创发性的哲学解释学之间，架起沟通的桥梁。而这，正是本文所依循的一条基本原则。

四、回顾与展望：礼与人类历史的三次巨变

人类历史迄今有过三次巨变。第一次是从原始社会转向文明

---

① 参阅杜维明：《人性与自我修养》，胡军等译，和平出版社，1988年版。美国加州大学柏克莱分校的魏斐德教授曾这样认为："在重新评价儒家礼仪的性质方面，杜维明所做的工作，胜于任何当代西方学者。"（见《中国传统文化的再估计》，上海人民出版社，1987年，第181页）

社会;第二次是在"轴心时代",世上几大文明都有过一次重大的"突破";第三次即是近几百年来在世界范围内出现的现代化运动。在中国前两次的巨变中,礼都曾扮演了极为重要的角色。

近十余年的考古发现告诉我们,在黄河和长江中下游以及辽西、燕山地区,距今五千年至四千年间的许多遗址、墓葬中,已有大量的"前铜礼器"、铜礼器以及玉礼器,还出现了礼仪性的中心,甚至是大型的建筑群,这就把中国礼的产生、发展的历史上推到夏代以前,即中华文明肇始的时期。据此,一些研究者开始关注礼在中国文明起源中的地位和作用,提出礼是在文字、城市、青铜器、国家等之外的重要的文明要素,并且是中国特有的要素①。这也即是说,生活于中国大地上的先民,之所以能跨越文明的门槛,开创以后绵延数千年以至今日的文明之端始,除了因为具备了人类文明起源所共有的一些要素,还与礼的出现及其作用——如促使原始社会解体,和新的社会组织、政治关系、伦理原则的确立——有关。再换句话说,在中国文明起源的道路上,礼代表了一种"中国特色"。正因此,有学者指出:"礼乐制度与中国古代文明表里相依、形影相随,应该承认它是中国文明固有的特点和组成部分。"②

礼在经过三代的鼎盛发展,并由此把中华文化的演进推上一个巅峰之后,出现了春秋、战国的"礼崩乐坏"。但在这背后隐藏着的是社会对新秩序的要求,于是就有了我们在前一节已提到过的"礼的传统的创造性转化"。在这一转化过程中,儒家无疑对社会失范的挑战做出了积极、成功的回应,"礼制的儒家化"③便成为这一转化的重要结果之一。它在汉唐以前的发展中一直起着重要的

---

① 参阅《中国文明起源座谈会纪要》,《考古》1989 年 12 期。
② 同上。
③ 拙文《汉代礼制与文化略论》对"礼制的儒家化"有讨论(载《复旦学报》1992 年第 3 期)。

作用。

当历史行进到公元9世纪以后,宋朝又曾企图做过一次"全面突破"①,然而失败了。在此变动中,礼在形态、内容和功用上都有发展和变化②,不过也种下了礼教在后来变成"吃人"工具的因。及至近代,当遭遇到西方各种制度、观念和行为方式的"入侵",礼又再次面临崩解的厄运。但这又究竟预示着什么呢?

从上述礼与中国文明及其发展特点的相关性,我们不难得出如下推论:既然礼在历史上并不是一成不变,而是随着社会的变化而发展的,那么礼在今日也就应该可以根据当今社会的需要而作进一步发展;既然礼并不等同于儒家文化,也不等同于封建糟粕,而是作为中华文明的一个固有特点和组成部分,那么就不应排除礼在将来作为中华文明的一个特点和组成部分而继续存在;既然礼在前两次的历史巨变中对中国的历史、文化产生了至为重要的影响,那么在第三次巨变即今天的现代化进程中,礼会再次发挥其特有的作用,并由此从一个方面体现出现代化的"中国特色",这种可能性就应予正视和重视。

早在1962年,周谷城教授曾撰《礼乐新解》③一文,以"礼乐不可斯须去身",表明礼在今后有其进一步发展的可能。遗憾的是,在此后的三十年里,这一思想在大陆学术界几成绝响。现在是到了正视这种可能的时候了。

(原载《复旦学报(社会科学版)》1993年第3期)

---

① 引黄仁宇语,见《"持续"与"汇合"》,《读书》1991年第12期。
② 参阅拙文《〈司马氏书仪〉和〈朱子家礼〉研究》,《浙江学刊》1993年第1期;前揭《礼俗与中国文化》。
③ 载《文汇报》1962年2月9日。

和谐社会与构建现代礼仪之邦

一、走向文化的自觉和自信

2005年7月18日,"2005年春夏主流报纸十大流行语"在京揭晓,"和谐社会"列居首位①。曾几何时,中国大地上热衷于阶级斗争,哲学思想上极力反对"和为贵",将"中庸"视同腐朽、反动、没落②。检视二十多年间语词和思想的巨大变化,令人感叹。

与上述变化同步进行的,是对中国传统礼文化的评价。且不说"文化大革命"时期将孔子的"克己复礼"批倒批臭,直至20世纪八九十年代,仍有不少学者试图将孔子的礼学与其仁学进而将传统的"礼"和"仁"相区别、相分离,以为"仁"包含着精华而"礼"更多的是封建糟粕。即便是主张认同于中国文化、较早倡言进行传统创造性转化的著名学者林毓生,也在肯定"仁"的现代价值的同时,提出要"借助对于'仁'的重新取向分离传统的'礼'"③。这个观点

---

① 其他九个词分别是"同一个世界、同一个梦想""食品安全""门票涨价"等。此次流行语是由国家语言资源监测与研究中心、北京语言大学、中国新闻技术工作者联合会、中国中文信息学会依据发行量等因素,选取15家主流报纸上半年的全部资料,经过加工分析提取出来的。参见《光明日报》2005年7月19日。
② "文化大革命"后期一度十分流行的一本中国哲学史专著曾这样评价:"孔子为要挽救奴隶制的危亡,妄图阻止人民的反抗,还提倡所谓'中庸之道'。'中庸'就是抹煞阶级斗争……后来这种中庸思想,连同孔子的主观唯心主义仁学体系,经过子思、孟子的发挥,形成所谓孔、孟哲学,影响了中国社会两千多年,流毒很大。"见杨荣国主编,李锦全、吴熙钊编著:《简明中国哲学史》,人民出版社,1973年,第25页。
③ 林毓生:《思想与人物》,台北联经出版事业公司,1983年。又见《中国传统的创造性转化》,三联书店,1988年,第194页。

又曾被人理解为是"将'仁'与'礼'分开,使'仁'摆脱'礼'的框限以进行价值的重新取向"①。

进入 21 世纪后,学术界对待"礼"的态度及评价显然发生了重大的扭转。

2001 年第一期的《孔子研究》发表陈来的《儒家"礼"的观念与现代世界》,坦言:"儒家礼文化以'秩序'为首出的文化模式,可以成为有益于人类面对 21 世纪挑战的文化资源。"2002 年举行的"东亚儒教文化国际学术会议"重点讨论了儒家礼学的现代意义和如何继承的问题,以及儒学资源开发与当代市场经济、民主法制、哲学、社会学的关系②。2004 年 6 月,在由中国社会科学院青年中心、中国社会科学杂志社、北京师范大学联合主办的"传统礼仪礼俗与当代中国社会生活"学术研讨会上,三十余位来自不同学科的专家学者就传统礼仪礼俗的社会作用与人文意蕴、传统礼仪礼俗与当代民众生活等问题进行了深入的探讨,其中如何做好传统与现代的接续工作成为与会学者关注的焦点③。各种论述礼或礼学现代价值的文章不时见诸媒体,如郭齐勇《礼学的现代价值》认为:"三礼之学是中华民族宝贵的精神遗产,有其现代价值。礼乐文化不仅促进社会秩序化,而且有'谐万民'的目的,即促进社会的和谐化。"④陈德述《儒家"礼"的现代管理功能》提出继承和弘扬我国优秀的"礼"文化传统,以促进社会主义商业文明的发展⑤。

---

① 许纪霖:《智者的尊严——知识分子与近代文化》,学林出版社,1991 年,第 179 页。
② 会议由韩国儒教学会、国际儒学联合会等联合举办。参见《国际儒学联合会执行机构关于 2002 年工作总结报告》(2003 年 2 月 20 日)。
③ 田智忠、吴树勤:《面向当代中国社会的礼学研究:"阐旧"与"开新"》,见中国社会科学院青年中心网,http://www.cass.net.cn/webnew/yszhongxin/show_News.asp?id=477。
④ 载《光明日报》2004 年 4 月 20 日。
⑤ 中国管理传播网(域名:http://manage.org.cn)2004 年 12 月 15 日刊发,见:http://www.hailang.org/Article/Class50/Class56/200412/10431.html。

笔者以为,这种种思想观念上的变化,体现了中国社会伴随现代化进程的渐次展开和深入,也越来越趋于理性,在文化上不断走向自觉和自信。

二、可待转化的传统资源

十多年前,笔者曾发表《礼与传统的创造性转化》一文,对礼的文化传统在现代社会是否具有发展和转化的可能提出讨论,并通过对礼的内涵、礼在现代的价值和意义、礼与中国文明及其发展特点的相关性,及有关的一些基本原理的探讨,给出了肯定的回答[①]。后来又提出"重建礼仪之邦",围绕在旧礼教的废墟上,能否,又如何重建新时代的礼仪之邦问题进行了思索[②]。笔者坚持认为,对现代中国来讲,礼的文化传统蕴含着值得开掘的有益资源。建设中国新文化,必须正视和研究这个大问题。

仅从建构现代社会新型的人际关系、社会关系的角度讲,礼的文化传统就蕴藏着丰富的潜在价值,比如:

和谐精神

礼既是内在的源于自觉意识的道德规范,又是外在的带有强制性、约束性的行为规范,具有心理(情感)与行为两者兼备的特点。用礼来调节人类的行为方式,容易达致人际的和谐、群体的和谐、社会的和谐。

把握"中"的度

有关礼的思想认为,情感应在礼的规定性中得到恰当的表现,从而实现主体与外在条件的和谐。这就要求不搞禁欲主义,也不贪求物

---

① 载《复旦学报(社会科学版)》1993年第3期。
② 参见拙著《废墟上的家园》,上海人民出版社,1999年。有关礼的本质及在历史上的演变发展,还可参见拙著《中国礼仪制度研究》"导论",华东师范大学出版社,2001年。

欲享受，要追求人性的平衡、协调，讲求生活的融通圆满。引申开去，其现代启示是：既不压抑个性的自由发展，也不妨碍社会的安定团结。

注重仪式的功效

仪礼的实施有着强大的影响力、感染力，可培植认同行为，也可激发奋进向上的情感，还具有对心理的平衡、调节作用。一定的仪礼、典礼，可加固社会的亲和力，并对人的社会化施予积极的影响。

社群意识、集体意识

由血缘关系推展出去的"老吾老以及人之老，幼吾幼以及人之幼""天下一家""民胞物与"的社群意识，和建立在地缘关系上的热爱祖国、热爱家乡、热爱集体的情感与操守，都具有明显的积极意义。

"礼尚往来"和"己所不欲、勿施于人"的交往原则

基于人情关系而生发的"礼尚往来"，和以"诚"相待、以"信"相许、以"义"相重，以及诸如"知遇""感恩""滴水之恩，当涌泉相报"的准则与伦理，对于构拟一种新型合理的人际关系、社会关系极为重要[①]。特别是"己所不欲，勿施于人"的观念，体现出人性的尊严和高贵。

在倡导建设和谐社会的今天，如何借重于传统，由传统而开新，不割断历史，接续历史而谱出新篇，已成为推动中国社会持续发展所必不可少的一项重要能力，也是当代知识分子必须担当的文化责任。

笔者赞同如下观点，"20 世纪的历史已经证明，在资本主义经济冲动笼罩世界、市场经济法则支配全球化的当今世界，仅仅依靠法律和民主并不能建设起有序和谐的社会。为了提高精神生活的品质，发扬道德价值，指导人生方向，需要开放各种探求；而这些探求中应有一个课题：即使东亚传统中的礼文化经过选择而有益于

---

① 值得关注的是，2005 年 8 月 2 日上海市教委颁布的《中学生守则》，首次加入了"学会感恩"的新内容。

人文教育的实施、社会问题的解决、人际关系的调整,以期达到提升人性价值、建立健全人格,共创和谐的秩序。"①

我们所要创建的和谐社会,就应该是经过现代化洗礼、建立在现代经济和政治制度之上的礼仪之邦。

重建现代礼仪之邦,是我们创建和谐社会的一项重要内容。

三、礼仪之邦礼仪重建的若干问题

1. 区分礼仪与礼义

礼仪之邦,又为"礼义之邦"。但"仪"和"义",在内涵上相去甚远②。"礼仪"是"礼"的外在表现,"礼义"才决定了"礼"的精神本质。不论是古代还是今日,"礼仪"都需要相应的"礼义"来充实其精神内蕴,获得正确的价值定位。因此今日重建礼仪之邦,首要的是锻铸新时代的"礼义"。否则会滋生出许多礼仪的"假象"或"文化泡沫",甚至会迷失发展的方向。

2. 吸取民国以来的经验教训

辛亥革命后,即着手改革旧礼俗、制订新规制。1912年8月,公布了民国《礼制》,共2章7条③。当年孙中山先生极为看重礼制

---

① 陈来:《儒家"礼"的观念与现代世界》,《孔子研究》2001年第1期。
② 中国古人大约自春秋时代开始,即开始加以区分。《左传》两次提到"是仪也,非礼也","是仪也,不可谓礼",批评某些人丢弃礼的根本去"屑屑焉习仪以亟"。《左传》强调的"礼"或礼的根本,就是"义",又叫"礼义"。《礼记·郊特牲》又言:"礼之所尊,尊其义也。"
③ 该礼制的文本极为简略,但意义深远,其内容如下:
　　第一章　男子礼
　　第一条　男子礼为脱帽鞠躬。
　　第二条　庆典、祀典、婚礼、丧礼、聘问,用脱帽三鞠躬礼。
　　第三条　公宴、公礼式及寻常庆吊、交际宴会,用脱帽一鞠躬礼。
　　第四条　寻常相见,用脱帽礼。
　　第五条　军人警察有特别规定者,不适用本制。
　　第二章　女子礼
　　第六条　女子礼适用于第二条、第三条之规定,但不脱帽。寻常相见,用一鞠躬礼。
　　第七条　本制自公布日施行。

问题,主张"大集群儒,制礼作乐"。

1927年,北京军政府设立礼制馆,专门管理礼仪制度的编修事宜①。礼制馆按传统的"五礼"即吉礼、凶礼、宾礼、军礼、嘉礼,拟订各项礼制条文,最后形成《中华民国通礼草案》②。

抗日战争爆发后,国民党政府成立了"孔学研究会古乐研究组"和"礼乐编订委员会",希望通过提倡礼乐以振作士气、民心。1943年,在教育部属下又设置了"国立礼乐馆",分礼制、乐典、总务三组,规划制礼作乐之事。同年10月,考试院长戴传贤在重庆北碚召集礼制讨论会,与会者有内政、教育、外交各部和礼乐馆、典礼局、文官处等部门人员及专家学者。会议进行了两周,会后编成《北泉礼仪》③。《北泉礼仪》沿用传统"五礼"的框架,但也做了许多大的调整:

吉礼,主要内容是有关祭祀和纪念活动。

嘉礼,包括敬国旗、崇元首、庆祝、就职、觐谒荣典、宴飨、婚礼、学礼及考试、集会诸礼。

军礼,涉及海、陆、空三军之礼。

宾礼,包括国际交往仪节、官吏仪节、学校仪节等。

凶礼,包括丧礼与恤荒之礼。

《北泉礼仪》对民国时期的礼仪进行了系统化、条理化的整理,然而此"五礼"颇遭时人讥刺,更未推行开来。原因很多,其中很重要的一条是,时代变了,"五礼"这种形式已适应不了新的历史发展

---

① 礼制馆设总裁1人,由国务总理兼领;副总裁1人,由内务总长兼领。馆长1人,由总裁呈请大元帅聘任,承担礼制馆的日常管理工作。设总纂2人,编纂24人,由馆长会同总裁聘任。总纂负责审定各项礼制。还附设评议会、事务厅、乐律所,掌管文牍、绘图,编制、落实典礼所用的乐歌、乐器。
② 当时著名学者章太炎曾就该草案中有关丧服制度的一些问题给以驳正。见章太炎:《丧服草案》,《章太炎全集》第5卷《太炎文录续编》,上海人民出版社,1985年,第46—51页。
③ 参见顾毓琇辑:《北泉议礼录》,北泉图书馆铅印本,1944年。

的要求。《北泉礼仪》编制的失败,也标志了中国传统"五礼"的终结。

3. 新礼仪应涵盖个人、社群、国家三个层面

鉴于中国文化发展的现状,和当下国民礼仪水平的普遍低落[①],近年来,"制礼作乐"的呼声重又兴起。有学者已建议,成立一个专门的委员会,负责制定各项礼仪,并编撰国家的礼仪大典。"过去我们忽略了这个问题。现在应该有条件把制礼作乐提到日程上来了。"[②]

从行为主体看,新时代的礼仪应涵盖个人、社群、国家三个层面。个人礼仪的重点在于个人的修养和行为。社群(含各种组织)礼仪突出对社区、团体、行业等的认同并确立相应的规范。国家礼仪体现国家形象和民族意志,代表国家的主流意识形态及价值指向。

由于近一百多年来文化传统的持续流失,新的规范又迟迟无法建立,中国处处面临"失序"的状态。无论是冠婚丧祭[③],还是称谓对答,因为礼仪的缺失而常常令人难堪甚至手足无措。然而诸如此类最大的困境,笔者认为莫过于来自国家礼仪的缺位。因此首先要重建国家礼仪,至于个人礼仪、社群礼仪,可以给其一个相对自由的发展空间,使之逐步成熟。

近来围绕中国节日文化在知识界所引发的讨论,反映了重建

---

① 今日中国是否能担当起"礼仪之邦"的美誉,经常受到国内外人士的质疑。另据 2001 年"北京市民礼仪水平"的调查研究,在对 703 名调查对象的问卷评分后,总平均分仅 52.04 分(满分 100 分),这一结果表明,现代人礼仪水平的提高已经到了刻不容缓的地步。参见《北京西城区政协第十届五次会议委员提案第 255 号》,载西城政协网 http://www1.bjxch.gov.cn/xczx/hp/2003/15tann/255.doc。
② 见刘梦溪:《中华礼仪与文化传统的重建》,载汉学网 http://hanxue.sinology.cn/home/Article_Show.asp?ArticleID=771。
③ 已有地方开始重视对 18 岁的少年进行成年礼的教育,此可谓之"冠"。

国家礼仪的某些动向。国家历法所确定的节日礼仪,有可能成为中国人构建现代礼仪之邦的一个重要入口。

(原载朱贻庭主编:《儒家文化与和谐社会》,学林出版社,2005年)

时代新使命：重建礼仪之邦

建设法治形态基础上的"礼仪之邦"

客：最近你在好几个场合都提到要"重建礼仪之邦"，请问你是基于怎样的想法提出此说的？

主：在前不久召开的"上海首届儒学研讨会"上，我在宣读一篇探讨如何重建礼仪之邦的论文前曾有一段开场白，其中谈到两点，这大概可移用来回答你这问题。当时我说——

1. 文化研究，传统与现代化关系的研究，不能局限于或停留在形而上的领域，而应回到或落实到现实生活。否则就容易变成一种玄谈，不利于为解决现实问题提供真实可靠的思想资源。其实这些研究本身就是由于现实的变化而引起的，并由于现实的变化而不断得到推进的动力。在我看来，文化研究中一些很重要的命题，比如传统的创造性转化，都有待进一步深化。中国知识分子有必要对传统向现代的转化如何在现实生活的层面加以展开，提供富有启发乃至具有可操作性的意见，从而牵引社会的变化、发展。

2. 中国知识分子自古以来具有关注、思考现实问题，介入和引导社会变迁的优良传统。从先秦的孔子，到宋代的朱熹、陆九渊，到现代史上的梁漱溟，再到今天仍然还在不倦地进行思索、孜孜以求的费孝通。这是一条值得清理的线索和发展脉络，从中可以得到许多启示。这一传统理应在新的历史条件下得到继承和发扬。

　　此外，今天我还可再作一点补充。改革开放以来，特别是进入90年代以后，不愁温饱的中国人又逐渐开始崇尚礼仪，新的"礼仪文化"正蔚然兴起。从北京市教育局颁布的《北京市中小学生礼仪常规》(1993年)，到团中央推出的"十八岁成人仪式教育活动"(1995年)；从各地日渐重视的升国旗仪式，到方兴未艾的各式家政礼仪培训班；从兴办的"礼仪电报""礼仪储蓄"，到评选"礼仪小姐""礼仪先生"；从规格、规模竞相攀升的红白喜事，到名目繁多的各种庆典仪式；从强调"礼貌用语"，到注重"礼尚往来"……总而言之，"礼""礼仪"正愈被人看重，曾遭蔑视的"礼仪之邦"之名，已在无形中得到正名，并为人所珍视、所追求。

　　另一方面，如同已有人指出的，"仓廪实而不知礼节"也是很常见的，文明往往需要借助某些手段并且经由持之以恒的努力，才能得以养育和推广。所以我感到，已有必要从正面提出"重建礼仪之邦"，以此唤起一种自觉的意识，陶铸一种自觉的行为。

　　客：按我的理解，"新时代的礼仪之邦"与中国古代曾经号称的"礼仪之邦"，应该是有很大区别的。比如说，古代的礼仪之邦根植于农业文明之上，而我们所要再造的礼仪之邦，则是工业文明的产物、信息时代的产物，或者说得再远一点，将建立在"知识经济"的基础上。不过这样讲实在太笼统，也太浮泛。你能否深入地谈一下？

　　主：找几个切入点吧。首先，从中共"十五大"的一个新的提法说起。"十五大"提出，要"依法治国"，"建设社会主义法治国家"。据我了解，如此提法在新中国中共官方文件中从未出现过，意义重大。一个历史常识是，中国古代的礼治不能将中国导向现代化，虽然它的合理要素值得今人重视和吸取。另一个有目共睹的事实是，20世纪某些时期的极端人治也危害无穷。所以，选择走法治的道路是一个正确的方略。那么,新时代的礼仪之邦就应该构建在法治形态基础之上。这是它与旧时代礼仪之邦存在本质区别的一点。

其次,中国古代以天朝礼仪大国自居,它与周边的国家和地区结成以"朝贡"等礼仪方式相维系的宗藩关系。香港有学者称此为"天朝礼治体系"。然而,当航海技术和资本主义的扩张性将世界连成一体时,不但亚洲的这个"天朝礼治体系"难以为继,连天朝礼仪大国也因自身落后挨打而沦为"东亚病夫"。或许这一切皆有非人为的因素在其中起作用,但因盲目的自大、排外而引致的惨痛教训,却无论如何需要后人永远警醒。费正清等一些西方学者把鸦片战争说成是由于清廷将西方国家当作藩属国看待引起的,此说固然不能成立,可清廷在相当长的时间里,将西洋国家视同朝贡藩属国,则确是事实。此种唯我独尊的心态,比如强要外国公使向清帝行三跪九叩礼,还胡诌什么"天朝物产丰盈,无所不有"、"所以准通洋船者,特系怀柔远人之道",造成朝野上下一片颟顸愚钝,难得有几个清醒的头脑。因此,我们要重建的礼仪之邦,只能是国际大家庭或人类地球村中的平等一员。同时,它又以高度发达的文明屹立于世界民族之林。这是就礼仪之邦外部的国家与国家之间的关系而论的。

再次,从内部准则看,建设新时代的礼仪之邦应以个人的全面发展和社会的整体发展互相协调并进为鹄的。在古代中国,习惯于从关系中去把握一切,将人视作群体的一个分子,又格外强调人不过是那个长幼有序、亲疏有别、尊卑分明的家庭关系网的派生物。这种价值取向借助礼仪系统体现出来,通过国家礼制凝固下来,形成模式化的生活方式。它易于造成压抑个性、取消个人独立地位的弊端。及至封建衰世,此种弊病的危害性日甚一日,以致引发了"礼教吃人"的呼声。故而,五四新文化运动就比较集中于轰击束缚人性的封建礼教。张扬个性、追求人的价值和尊严,成了此后相当长一段时间文学创作的一个主题。从西方输入的"自由""平等"等概念,在现代中国的话语系统中占据了突出的地位,极具"魔力",当然它们也的确为中国社会的进步提供了重要的精神动力。就此而言,中国文化已接纳了新鲜的血液,焕发出青春朝气。可我们也应该清楚地看到,片面地强调人是独立的个体,同样不足为取。假如完全把人从社会关系中脱离出去,"自由"云云岂不成为海市蜃楼?因此个人与社会之间应保持一种和谐的发展关系,这正是需要"重建礼仪之邦"的有关理论和实践加以探索和处理好的。

总之,新时代的礼仪之邦具有"新"的特点。不过,若从文化发展的历史连续性尤其是中国文化发展不曾间断的特性看,这"新邦"其实又是"旧邦"。其间的关系,或可用《诗经》的"周虽旧邦,其命惟新"来表述。

"礼仪文化"的时代性与民族性

客: 你曾在一篇文章里谈到,今日重建礼仪之邦,要注意三个方面的工作:(1)立足于现实生活,从积极、向上的生活态度和敏锐、健全的生活感受出发,逐步建立与国家法规相符相合的各种礼仪规范,形成与现行制度和生产力相适应的人际关系及各种道德观念。(2)继承和扬弃中国古代的礼文化,从传统中汲取有益的资源。(3)借鉴、参照西方礼仪文化中有价值的各种经验和规则。我愿闻其详。

主: 为了阐述的方便,我倒一下顺序,先谈第三点。

西方社会的发展先中国一步,甚至几步,这就决定了它的大到国事活动、小至个人交往中的礼仪规则、行为准则,有值得我们借鉴或仿效的内容。至于那些已变成国际惯例和通则的,更应学到手。这是今天中国走向世界、世界走向中国的时势所要求的,是"与国际接轨"的题中应有之义。

但如此说法远不能说明中国为何要学习西方的礼仪文化,尤其是个中的一些深刻原因。为此,我们不妨通过回顾历史来作一番观照。

百多年来中国社会之所以会发生如此天翻地覆的巨变,从小农宗法社会跨入准现代化的社会,是与有了西方这个新的参照系,并向它学习、引进了大量的新东西密切相关的。在这过程中,从西方引入了不少的礼仪、行为规则和部分生活方式,这对改造旧文化、旧观念、移风易俗,创建新的文明社会起了相当大的作用。前面曾提到现代中国人接受了"自由""平等""民主"等来自西方的新思想,这些价值观念有时就是附着于某些西方行为方式的推广而得以传播,并逐渐深入人心的。民国初年废除跪拜礼节,易以鞠躬、握手,在称呼上倡导以"先生"取代"老爷"等,即是其中的显例。传统小农宗法社会留下的不少礼俗,往往是在西方礼仪习俗的比照下显出其"陋"性,进而被革除的。所以,在特定的历史条件下,输入西方礼仪文化有助于促进中国社会的进步。

诚然,20世纪末的中国,与几十年前的情况已大不一样,但通过向西方以及所有的优秀文明学习,来取长补短,提高国民素质、文明修养和生活质量,仍有着不可低估的积极意义。从发生在我们身边的一些事,诸如学会重视隐私权,加强时间观念,制定"一米线",倡扬"女士优先",以赠送鲜花表达心愿等,就可以感受到,这些带有"舶来品"印记的生活准则、行为方式,正在潜移默化实实在在地改变着中国和中国人。毫无疑问,还有许多不尽如人意之处,可趋向是明确的。

环视今日社会,在我们的着装举止礼仪、言谈礼仪、交往礼仪、通讯礼仪、馈赠礼仪、集会礼仪、宴会舞会礼仪、服务礼仪以及商务礼仪等各个方面,都已吸纳了大量的外来文明的因素,它们是东西文化交融的产物。这种融合还将继续。

不过讲到这里,我想顺便提一件事,以从另一个角度来深化我们对问题的思考。

我带着两个来自韩国的研究生,她们初到中国时,一度曾为"礼仪之邦"的中国的现状所惊诧。她们不仅看到了许多缺乏教养、与"礼"相悖的现象,同时还感到中国在有些方面太接近于美国,比如学生在教师面前竟如此那般的随便,甚至可以毫无顾忌地抽烟,全不讲"师道尊严"。这恰恰违背了传统的东亚社会最为讲究的一点,而这传统的发源地又是在中国。她们不解。在韩国(还有日本),师生之间(以及长幼之间、上下之间)至今仍保留着一套严格的礼教。这两位韩国学生是深为母国作为"东方礼仪之邦"——这是韩国长期以来享有的雅誉——而自豪的。

这就牵带出一个值得深长思索、事实上也是一直在讨论不休的问题:在迈向现代化的进程中,我们该如何处理好时代性与民族性之间的关系,该如何,又在多大程度上保留民族特色?韩国留学生指出的中国在有些方面"太"像美国,这究竟意味着什么?对于她们的这个观察,我们或许还只能作为一种事实判断加以接受,尚不要急着做出价值评判。然而听听来自这方面的意见,多看看、多想想,对于更好地设计前景,却绝对有益处。

"扶正祛邪": 开掘传统礼文化的资源

客:是不是因为有这方面的考虑,所以你一直比较注重探讨如何从中国的传统中吸取资源?

主:不,不是这样的。我刚才已说了,向西方学习,至今仍有不可低估的意义。只不过这样说也不否认继承优良传统的重要性。传统礼学中的如下几点思想,对于我们今天建设礼仪之邦就具有特别的启示意义。

其一,强调礼是文明与修养的象征,是人之为人的标志。《诗经》里把"礼"和"仪"比作是人的"体"和"皮"。《礼记》也说:"礼也者,犹体也。体不备,君子谓之不成人。"

其二,应区分礼之"仪"与礼之"义",注重礼的精神。《左传》曾批评昭公等人只会玩一些礼的繁琐形式,却把礼的根本给丢失了。返观当下的"礼仪文化",其中有相当一部分流于形式,缺乏"礼义"的支撑,比如大讲排场,搞繁文缛节、形式主义,摆花架子。因而,如何在"礼仪文化热"中清醒地思考一下礼仪的精神内蕴和价值定位问题,就十分必要。

其三,追求"和"与"中"。古人将"和"与"礼"对讲,最初可能是出于礼着重于强调"分",即讲究亲疏、贵贱、尊卑等级分明,所以想以"和"作一种制约与补充。可久而久之,"和"的精神融入"礼"的深层结构中去了。今人继承、发扬"和"的精神,有助于消弭现代人因人际关系疏远而带来的孤寂感,以及人与人之间的种种紧张关系。要求得"和",需善于把握"中"。"中"追求的是平衡与协调。这就与"和"相通了。

其四,"情理合一""情理圆融"的生活导向。在古人眼里,礼即"理",进而形成了"以理(礼)节情"的倾向。虽然这一倾向易于引来压抑人情、人性自然流露的负面效应,可这个命题本身并不错。况且,在中国文化中其实还存在着另外一种容易导致反向的(对压抑人情而言)弊端的潜质,即过于讲究顺应人情,以至"人情大过王法"。对此,有人称之为"以情制理",并认为它是妨碍中国走向法治社会的重要原因。

将"礼""理""情"这三者打通以后,就不难体味到,合礼的要义,在于合情、合理。合情合理意味着:依照常情常理而有所为,怀揣"天理良心"而有所不为。

其五，通过教化的手段，达到他律与自律的统一、相济。传统礼教倚重于教化的手段，力求"化民以德"，"化民成俗"，即将道德理想、行为规范落实于个人和社会生活，进入他律、自律相济的境界。

其六，基于血亲、地缘关系并由此推展开去的社群意识。尽管血缘关系在现代社会生活中的作用已越来越弱，然而时至今日，从普遍的意义上讲，血亲关系仍然是人类最直接、最自然也最易于沟通的人际关系。

同样，地缘关系在现代社会也未失去应有的意义。大而言之，热爱祖国；小而言之，热爱家乡，以及建设精神文明小区。古人很重视乡里社会的建设，尤其是宋代以后，围绕编订乡礼、乡约，乡村的综合治理进入一个新的阶段。许多大知识分子也积极地投身于这项事业。

肯定亲情、乡情、邻里之情在现代社会应有的地位，可以使现代人多保留一点淳厚的人际关系，以弥补因科技、经济、商业高度发达而引致的人际疏远、心灵孤独等种种缺失。

客： 我插一句。正像你曾说过的，传统礼文化既有精华，也有糟粕。对精华当然要继承、吸收，可糟粕呢？要知道，精华和糟粕往往是共存一体的，它们瑕瑜互见，很难将其割裂开来。

主： 在我看来，传统中的精华与糟粕的关系，有点类似于中医所讲的人体中的"正气"与"邪气"。它们虽共存于人体内，却绝非一定是"瑕瑜互见"，"正气"完全可以压倒"邪气"。当然如果"正气"不抬头，"邪气"也会趁机占上风。"文革"时，对传统采用铲而除之的办法，结果呢？表面上传统似乎消逝了，但在深层，由于传统中的"正气"被严重销蚀，"邪气"——特别是传统政治生活中的糟粕，却反而变本加厉、肆意作虐。历史的经验教训极其惨痛。因此，正确的思路和策略，应该是"扶正压邪""扶正祛邪"。这就需要有这方面的自觉的意识,同时还要能够分辨精华与糟粕。这就是人文学术研究工作的重要性所在。

学一学"发乎情止乎礼义"

客:这比喻很新颖,也挺有意思。现在还是回到原来的话题上,是不是请你接着就应该注意的第一方面的工作谈一谈。

主:这第一方面的工作,由重建礼仪之邦的基本出发点所决定。礼仪之邦的特点之一,是有序化、条理化、规范化,这就有赖于一套适宜的道德观念、人际交往的原则和行为规则来加以体现,并得到维持。但要注意,新秩序、新规范的确立,绝不依傍于某些陈旧的观念,更不是要搞成一套具有独断论色彩的话语系统和操作规程。因此需要培养一种基于日常生活的健全的判断力,以此来辨识是与非,真、善、美与假、恶、丑。换言之,一切都应经得起实践的检验。具体的原则,似可概括为合法、合情、合理。"合法"就毋庸多说了,这里着重就"合情"与"合理"做一些说明。

20世纪以来,中国人对"情"、对"理"可谓既熟悉又陌生,并且程度不等地丧失了对它们真切、敏锐的感受。首先,世界在变,生活也在变,"情"与"理"随之也变(当然有不变的内容)。然而这并非主要的原因。重要的在于,战争,贫穷,纷纭复杂的党派、宗派间的矛盾、斗争、倾轧,高度的政治化、意识形态化,使"情""理"不复有妥善的安顿之处——在人的心里,在社会的制度里,在应该能够得到的公正、正义的保护之下。故而,自改革开放以迄今日,伴随思想解放、制度变迁、文化启蒙、经济起飞,中国人就"挡不住地"重新向常情常理复归。从常情常理出发,重新看世界、看过去、看未来,重新规划我们的生活。这可以说是近二十年来中国社会所发生的最深刻的变化之一。

由于复归于常情常理,也由于社会转型时期的种种"机缘",人欲被催醒了,并大有急遽膨胀和泛滥之势。值此之际,向古人讨教一点智慧,学一学"发乎情而止乎礼义",以及"以理(礼)节情",我想非但是必须的,而且还是很急迫的。但这不是提倡回到封建末世的做法上去。因为封建末世的"以理(礼)节情"背后,包含着的很可能是要从根子上将"情"锄去的企图。清代戴震说后儒"以理杀人",吴虞、鲁迅怒斥"礼教吃人",正是冲此而来的。我们讲的合乎礼义,目的在于合情、合理,即"缘人情而制礼,依人性而作仪",以"理"(礼,常理与天理)行事。

合情、合理,应该成为今人重建礼仪规范的一个原则,成为推动"礼仪文化"发展的一个支点。同时,它还是身处礼仪之邦的现代中国人所崇尚的一种生活境界。自然,我们所说的情,是正常、健康的现代人的"情";理,是社会主义新时代的"理"。合情合理地生活,意味着:第一,依照常情常理而有所为;第二,怀揣"天理良心"而有所不为。

(原载《粤海风》1998年第3期)

儒家礼文化及其现代回响
——在复旦大学儒学文化研究中心的演讲

在中国近现代化进程中,一直伴随着一个很有意思的现象:不停地讨论现代与传统的关系。至少从表面上看,在很大程度上,中国近代化、现代化的进程总是通过或者说是借助打破传统,才得以实现的。

这一百年以来,反映在舆论和意识形态方面,反传统的呼声特别高涨,并且往往是压倒性的。例如,"五四"运动"打倒孔家店"的口号,鲁迅在《狂人日记》里抨击的"吃人"……这是一个很有意思的现象,大家一定已经很熟悉了。但是,今天我要从另外一个角度来展开思考,即我今天的演讲标题。我想表达的是,时至今日,儒家礼文化依然有着生命力,并为我们这个社会所需要。

百年的思考与行动

其实这种思考与行动很早就开始了。今天我们先回溯这一百年,再早的姑且不论。为什么定在"百年"?因为 1911 年,清朝被推翻;1912 年,中华民国宣告成立。算起来,至今已经一百余年了。其间我们中国究竟发生了什么?通过对过往的审视,我们能更好地看清未来的道路。在这里,我先举四个例子。

第一个例子是关于梁启超的。梁启超在"戊戌变法"中的作为大家都很清楚。他曾是倾心于西方民主政治的启蒙思想家。但是民国建立以后,他很快就看到了政治革命所带来的后遗症。他痛陈:"夫十年以来,忧国之士,以政治革命号于天下,清命既讫,天下喁喁想慕,谓新政象将自兹睹焉。徐究其实,所革者除清命外,则革道德之命耳,革礼俗之命耳,革小民生计之命耳,革贤者自存之命耳,革郡县相维之命耳,革藩属面内之命耳,甚则革数千年国家所以与立之大命耳。"民国建立了、革命成功了,两千年帝制被推翻了,但是大家企盼的很多目的都没有实现,令人失望。对此,梁启超在这篇名为《欧洲政治革进之原因》的文章里作了深入的反思。"革进",革命和进步也。后来一些学者将他的文化观概括为:以中国文化为本位,同时吸纳西方文明,然后创造一种新的文明形态。梁启超的此种言行、思想,可以说是开了后来"新儒家"的先声。

第二个例子,民国建立以后,孙中山便提出要"大集群儒,制礼作乐"。后来,北京政府又曾专门设立礼制馆,管理礼仪制度编修事宜。抗战后,国民政府迁都重庆,亦曾一边抗战,一边"制礼作乐"。1943年,国立礼乐馆设立。礼乐馆请了很多名流来制礼,曾在北碚开会议礼,制定了一部《北泉礼仪》。它是按照"五礼"来编排的。哪"五礼"呢?即中国古代沿用了千百年的"吉""嘉""军""宾""凶"。所以我们看到,直至1943年,政府还在试图采用、延续传统的"五礼"形式。

第三个例子是近十来年所谓的"汉服运动",它很能体现当下民间对传统儒家礼文化的回应。

如今,人们对"汉服"已不再像十几年前那样,表现出大惊小怪。在设计和倡议"汉服"的同时,还有人恢复、行用古礼,如公开举行冠礼、笄礼(古代男孩子的成年礼叫"冠礼",女孩子的成年礼叫"笄礼")。一些学校和政府部门也会组织此类活动。或许有些带有仪式意味的个案,其形式本身很容易被看作是肤浅的,但你若把它放在大的历史背景里面,可以发现其中有些内容是值得探究的。或许过个二三十年,做文化史、社会史的学者就要重新来捡拾这些事例了。

第四个例子是关于文化遗产保护的。近十来年,关于保护文化遗产的呼声可谓"一浪高过一浪",其中包括了物质文化遗产和非物质文化遗产。遗产保护牵涉"文化身份认同"的问题,这类问题在全球或多或少可能都存在。汉服再受关注,大概也和这样的身份认同问题有关。

2005年,中国设立了"文化遗产日",定在每年六月的第二个星期六。2006年,在迎接第一个中国文化遗产日到来之际,评选出了中国第一批国家级的非物质文化遗产,共518项。其中有山东曲阜的"祭孔大典",还有一些其他的祭祀活动,如黄帝陵祭典(陕西省黄陵县)、炎帝陵祭典(湖南省炎陵县)、大禹祭典(浙江省绍兴市)等。至此,仿古礼仪或恢复古礼,在国家制度的层面上获得了合理性与正当性。至于在思想层面,这些活动还得到了包括正逐步流行起来的"文化多样性"理论的支持。

难忘20世纪80年代中后期,曲阜刚恢复祭孔乐舞时,许多学者都对此不屑一顾。然而,一年复一年,在并不太长的时光中,它已列入非物质文化遗产,成为无可置疑的受保护对象。变化是极其显然的,"儒家礼文化的现代回响"也已成为再也不能视而不见的重要社会现象。

儒礼的形成及其制度化

需要就儒家做一些说明,因为在历史的不同阶段,儒家有着一些不同的内涵和外延。

第一个阶段始于春秋末年,孔子和他的学生创立了"儒家"这个思想流派。儒家形成的背景是百家争鸣。这是一个非常动荡的时代,各种学说纷纷出现,互相驳难。其时,儒家是其中一个独立的思想流派。

第二个阶段自汉武帝独尊儒术开始。儒家的一部分内容被吸纳为国家的意识形态。通过国家力量,又逐步地完成了"礼制的儒家化"和"法律的儒家化"。其实,礼在儒家形成前就有了,至少在夏的时候就有夏礼,殷有殷礼,周有周礼。在很长的时间里,"礼"这个概念并非为儒家所专有、专用。但孔子通过讲授、整理古代文献,形成儒家学说与儒家经典,影响深远。

在礼崩乐坏的社会转型过程中,儒家坚守"礼"的立场和价值观,并憧憬着以"礼"来构造未来的社会。他们持续地整理礼书,在礼制文本化的同时,将儒家的观点、观念与古代的礼仪交融结合在一起。在此基础上,汉代逐步完成了礼制的儒家化,让儒和礼融合交织在了一起。其后完成的法律的儒家化,即看你合不合法是取决于你合不合礼,把礼的标准灌输到了法的里面。

第三个阶段始于形成科举制度的隋唐时期,展开于宋代,延续到明清。这有一个变化、发展的过程,可以以"四书五经"在科举考试中的地位为参照,也可从"庙学合一"的学庙(即官学系统中的孔庙)的角度予以观察。这样的转变和演化,我把它称为"教育的儒家化"。随之,"儒家"的含义也跟着在扩大:到了宋代,读过书的人都接受儒家的价值观、信奉孔子的学说、对孔子顶礼膜拜。由此,"儒家"已经成为一个非常泛化的概念,甚至有所谓"儒商"等说法。与"儒家"范围的扩大相伴随的,是"儒礼"全面渗透到民间生活的方方面面。

在礼制的儒家化过程中,儒家整理了很多文献,也发挥了自己很多的见解,编订了不少重要的礼书,最后合成为《周礼》《仪礼》《礼记》。从西晋开始,朝廷就按照这些礼经里面的一些结构框架来编制国家的礼制,如根据吉、嘉、军、宾、凶"五礼"制定礼仪。自此以后,大约每个朝代都会根据自己的要求对"五礼"重新编制、修改、调整。

像中国文化这样把繁复、冗杂的礼仪编成一个整体,编制出"五礼"这样一个系统,并且在两千多年里传承下来,在人类文明史上是仅见的。这也就可以想见,为什么中国跨入近代后,会有那么多的人对儒礼表示反感。但这对中国古代文化的稳定性、延续性和文明的高度发达,是有正面作用的,其负面作用当然也毋庸置疑。大家可以去充分地讨论和思考。

生活中,大家看到的往往都是礼的外在表现,如行为、仪式,或者物态化的东西。比如故宫,它是按照某种礼制观念建造的,是礼的物质化的呈现。但古人在讨论礼的时候,会非常强调礼的内在价值,如区别礼之"义"和礼之"仪"。义是内在的精神,仪则是外在的表现。先秦典籍《左传》中记载:"是仪也,非礼也。"即是强调"仪"还不是礼。如缺乏内在的东西,再怎么注重"仪",也都流于表面。

礼的内在性还反映在礼与理、礼与情之间的关系上。拿礼与情的关系来说,现代以来,许多人习惯将"礼"与"情"对立起来,认为"礼"是无情的,甚至是灭绝人性的。我们看曹禺的《雷雨》,巴金的《家》《春》《秋》,都饱含着一种控诉,指斥社会、家庭里面的礼教都是吃人的,是吞噬人情和人性的。其实,历史上一开始并不是这样认为的。司马迁就强调"缘人情而制礼",礼是依据情而制定出来的,礼不过是情的一种外化和展开。历史上,礼和乐又联系在一起。有的时候是用礼来支撑乐,有的时候是用乐来支撑礼。古人说的"凡声其出于情也信,然后其入拨人之心也厚",就是关于乐对礼的作用的表述。通过有情的声音进入你的内心,拨动你的心弦,形成一种内在的作用和影响。

儒家也好,儒家礼文化也好,对于历史,我们追究的是它本来的一种真实状态；对未来，它则会有一些是属于填充项，是有待填进去的，是开放的。当然，也应该有一些基本的前提和原则。因为礼有其内在性和外在性，所以我觉得这个填充项的实现是有可能的。既然它是一些"理""义""情"，我们就完全可以根据今天的理、义、情，来加以传承、改造、发展。

礼的价值与功能

今天强调建设法治社会，但单单靠法律是不够的。如果大家都"穿上法律的盔甲"，即使这个社会法制健全，它仍然是一个冷冰冰的社会。这就需要我们进入社会的构造和运作机制加以研究。

刚才讲到礼的制度化的时候，说到在国家制度的层面，西晋以后形成颁订"五礼"的传统。其实到了宋代以后，一些个人包括民间人士也参与到制礼的行为中，而且在他们所制的礼中，有些得到了国家的认可，甚至编入了国家的礼典。

比如说《朱子家礼》。朱子，即朱熹。这部书的作者究竟是谁，是否就是朱熹，清朝时曾有较大争议。可最近20多年来，一些研究者重新论证它就是朱熹写的。

朱熹写有一个《家礼序》，里面有些文字读起来很有意味，如"三代之际，礼经备矣，然其存于今者，宫庐器服之制，出入起居之节，皆已不宜于世。世之君子虽或酌以古今之变，更为一时之法，然亦或详或略，无所折衷，至或遗其本而务其末，缓于实而急于文。自有志好礼之士，犹或不能举其要，而困于贫窭者，尤患其终不能有以及于礼也"。大意是，礼经里面传下来的制度大多已经不适应于今天了。虽然很多人想变通，使它和现在的生活更接近，但都做得不够好。所以，他有志于此，写成《家礼》。这部《家礼》是贴近他当时那个年代具体情况的，既符合传统，又可行、可用，是改良后的礼。这部书后来得到国家的认可，成为国家礼制的一个部分，广泛流传于民间。

其实，我们当下的感受和朱熹当时的感受很相似、很接近。在朱熹之前，司马光写过一部书叫《司马氏书仪》。《朱子家礼》就是在《司马氏书仪》的基础上把古代的礼仪进一步简化和优化。《司马氏书仪》的影响力不够大，而改良以后的《朱子家礼》逐步普及、广为流传，到了明清，几乎家喻户晓。一些地方每户人家基本上都置备一册。如果没有这么一本书，你就不懂得如何正确地开展社会交往和应对，不懂得婚丧嫁娶葬祭，你就"行为失据"了，而我们现在的国人似乎再一次走到了"行为失据"的年代。

不知大家有没有感觉，现在不要说遇到红白喜事之类，就连一般的人际交往，都极其需要有"据"可依。中国经济崛起、物质生活条件改善后，相形之下，精神生活包括行为文明却陷入了困顿的局面。例如，很多媒体一直在报道，中国人在境外旅游中有不文明、不雅观的行为。这就是一种"行为失据"。所以，我读前述《朱子家礼》的自序，就感受到我们今天似乎又遭遇到相似的尴尬和困局。因为这样的原因，当时的"司马光""朱熹"们就开始说礼、制礼，现在也是，跨越年代我们看到有很大的相似性。

这里面有很多东西可以分析，其中一点与身份认同、文化认同的危机有关。比如，那时司马光和朱熹都发现、看到了这种认同危机，其挑战主要来自佛、道和一些少数民族文化。《司马氏书仪》《朱子家礼》都讲到了"深衣"（古代衣、裳是分开的，制作深衣，需要将衣裳先上、下分裁后，再加以连属）、"冠礼"。司马光和朱熹都穿过深衣，尽管不被人理解，甚至还遭讥评。为什么要制定深衣制度，并倡导穿深衣呢？一是因为深衣之制包含了很多儒家的观念，二是服饰问题上体现着"夷夏之辨"。朱熹曾感叹当时流行的都是"胡服""戎服"。这与现下一些提倡汉服的人士的说辞，就有相近之处。循此，可以来认识礼的价值和功能。

近代以来，关于礼的价值和功能，有很多批评，讲"礼"是糟粕，很不好的东西。比如，认为"礼"讲等级、尊卑、亲疏。我们今天建设一个民主的社会，还能接纳这些"礼"吗？毫无疑问，我们承认儒家思想里确实有许多不适宜于今天的东西，需要批判和丢弃。但我觉得，对待传统，对待儒家，需要有全面的看法，至少要有两种态度互补、结合：一种是批判的态度，一种是同情理解的态度。这两种态度都不可或缺。当然，在认可礼的正面价值时，也不要忘了它还有反面的作用。这才有利于形成文化上的"自知之明"。

我们分析礼的价值和功能时，要尝试深入两个方面。第一是人性。有一年"三月三"上巳节时，复旦燕园里上演了一场着古装的活动。后来我在网络上看到有评论说："美丽的三月总是需要某种仪式来记住，于是便有了复旦上巳节。"这多少透视到了人性。第二是社会。我们要深入社会的构造，以及社会的运作中，去分析礼的价值和功能。

比如，今天强调建设法治社会，但单单靠法律是不够的。几年前，有一名产妇因她未婚的"丈夫"拒绝在手术书上签字，结果死了。医院说自己没责任，谁都说自己没责任。在这个悲剧中，在法律的层面上，似乎大家都在照章办事，都无可指责。但如果大家都"穿上法律的盔甲"，即使这个社会法制健全，它仍然是一个冷冰冰的社会。那它缺少什么呢？这就需要我们进入社会的构造和运作机制加以研究。从这些层面，可以加深对传统礼文化的现代价值和意义的认识，找寻到有益的资源。

刚才我说，对未来，儒家也好，儒家礼文化也好，会是一个"填充项"，但它也不是随意填充的。一方面，我们要给它自由的空间；另一方面，又绝不能是任意的，而是有前提的。例如，首先，它要与现代法治社会的基本理念和原则相适应。还有，要区分公权力和私领域的不同特性。比如，对于私领域的"汉服"和行古礼现象，完全可顺其自然,只要不违法、不侵害他人。但是,如果涉及公权力,比如,用公权力来推动类似礼仪的建设,就要千万谨慎了。

过往的 100 年里,汹涌的"反传统"思潮让中国人习惯性地反叛传统、疏离传统。在历史的这一页已经翻过去的今天,我们需要作新的观察和思考。今天的讲座就是想从一个特定的角度和大家一起分享。

(原载《解放日报》2014 年 10 月 8 日)

《朱子家礼》与中国礼学的若干问题

六年前,我曾在关西大学就《朱子家礼》在中国文化史上的地位作过一次学术报告①。六年后的今天,有关的情况已发生很大的变化:(一)围绕《朱子家礼》的基础性研究有了新的拓展②。(二)中国学术界对于礼学的态度有重大的转向,包括《朱子家礼》在内的礼学著作引起新的关注。(三)在中国社会内部重新激发起对礼仪的兴趣,礼仪的重建已构成一个醒目的文化现象,其中《朱子家礼》重新受到仿效。这一切,使我们有可能也有必要围绕《朱子家礼》展开更深入的研讨。今天我主要从三个方面谈一些新的认识。

一、从《朱子家礼》探讨礼仪的古今传承

我们从最近发生在中国校园内的一些仿古礼仪说起。

2006 年的春天,在中国的两所高校内,有学生自发地依照《朱子家礼》举行笄礼。一是在北京的中国人民大学,由该校学生社团

---

① 讲演的日文翻译稿刊于关西大学东西学术研究所《东西学术研究所纪要》第三十四辑,2001 年 3 月。
② 例如:(日本)吾妻重二先生的《朱熹〈家礼〉的版本与思想的相关实证研究》对《家礼》的刊刻诸问题作了系统的研究,见平成十二年度至十四年度科学研究费补助金研究成果报告书(课题番号:12610017),平成十五年三月发行;韩国卢仁淑《朱子家礼与韩国之礼学》与中国彭林《中国礼学在古代朝鲜的播迁》对《朱子家礼》在朝鲜的传播及影响有详尽的论述,两书分别由人民文学出版社和北京大学出版社于2000 年和 2005 年出版。

文渊社组织,据称是根据《朱子家礼》,将仪式分为从迎宾、置醴、醮子到笄者揖谢共 16 个步骤。媒体报道如下:

> 宽袍大袖,长发一束,簪上发笄,跪、拜、祭、祝……昨天(4月5日)下午,中国人民大学历史系大三学生张丹丹在校内孔子像前,行古代女子的成年仪式——笄礼。她的父母专程从西安赶来。这次活动是按照《朱子家礼》设计,组织者希望借此推广汉服,传承中华文化。
>
> 《湘妃怨》曲声悠扬,张丹丹着一套淡黄色的汉服,头发散披等候仪式开始。……下午 2 时半,受礼者的父母先立于东侧,迎接正宾方芳。方芳同着黄色汉服,她与受礼者的父母互行揖礼。此时,张丹丹登场,面南向观礼宾行揖礼,然后跪坐席上,由赞者梳头盘发。正宾开始诵读祝词,然后跪坐为张丹丹梳头加笄。笄上秀发后,张丹丹起身回房,赞者将一套红色的裙子加在她淡黄色汉服的外面。张丹丹走出房间,接过正宾醴酒,聆听祝词,然后跪洒酒水祭酒,再用嘴唇轻触酒杯,再次跪拜正宾。正宾答拜,并为张丹丹取字"孟卿"。①

二是在成都的西南政法大学,同样是由一些迷恋和倡导汉服的青年学生策划。时在 5 月 17 日下午 7 时,地点在该校渝北校区毓秀湖畔。笄者是大一女生瞿艳丹,南通人,因父母不在重庆,所以仪式中由某老师扮演母亲,父亲和来宾则由同学充任。按照程

---

① 《人大女生孔子像前行笄礼,仪式还原〈朱子家礼〉》,《新京报》2006 年 4 月 6 日。其实,今年第一次仿古笄礼上演于 1 月 3 日武汉的东湖之滨,由天汉民族文化网、百度汉服吧、中国国际广播电台网站"国际在线——华夏神韵"专栏联合组织,活动命名为"追寻失落的成年礼",笄者也是一位大学生。可参见相关网站的图文报道。

序,瞿艳丹不停作揖、跪拜、展示服装、接受祝贺、聆听"长辈"训话。除了按传统礼仪拜过父母、正宾,她甚至还面向国旗行拜礼,表达传承文明、报效祖国的决心。仪式动用了竹席两张、香炉一只、汉服三套①。

事后,网络上刊出了"苏枕书"(据称这是笄者瞿艳丹的网名)的日志《我的汉服成人礼》,其中写道:

> 我少时深受热爱古典文学的母亲影响,在诗词歌赋的熏陶下长大。举行古代传统成人仪式——笄礼来告别我的少女时代一直是我有点执拗的心愿,爸爸妈妈也欣然同意。
>
> 今年5月我满18岁,在悠悠的古琴声和袅袅的香炉雾中,我的成人礼开始了。
>
> 按照《朱子家礼》中记载的笄礼,从迎宾、置醴、醮子到笄者揖谢一共有16个步骤,包括作揖、跪拜、展示服装、接受祝贺、聆听"长辈"训话等。长辈郑重地提示:从此我将由家庭中毫无责任的"孺子"转变为正式跨入社会的成年人。笄礼繁复而庄重的程序,让我深切地感受到成长的意味。
>
> 爸爸妈妈由于工作原因没能从江苏赶到学校来参加我的成人礼,我只有面向故乡方向行拜礼,想起儿时贴在母亲背上牙牙学语、母亲做的糯米槐花糕的清甜滋味、爸爸抱着我看大海吃扇贝……往昔成长的点点滴滴一下子全涌上心头,眼泪也不经意地流了下来。②

上述两场仿古笄礼,都引来了质疑声,有些着意于价值取向,

---

① 《西政女生穿汉服行成人礼》,《重庆晚报》2006年5月18日。
② 引自新潮生活周刊(网站),http://www.xcew.cn/htm/D002/005/194215949.htm。

有些着意于仪式本身(是否符合古礼)。这都很正常,恰好体现了当下的文化变动,包括我刚才在开场白里说的,今日"礼仪的重建已构成一个醒目的文化现象"。而特别吸引我的则是,在 2006 年,在中国的大学生中,竟然已经有人有意模仿《朱子家礼》! 想当年(1986 年前后),在我以《温公书仪》和《朱子家礼》为研讨对象撰写硕士论文时,且不说一般的读书人,即使在中国的文史界,《朱子家礼》业已几被淡忘。其后,历史的记忆逐步地重新浮现,比如,我在民间乡村走动时,偶尔会听一些人士以夸耀的口气说起,他(或他那里)还在恪守以《朱子家礼》的程序安排丧祭活动。这当然有一种文化的意味蕴涵其中,但我仍会倾向于将其归入"礼失求诸野"的现象。可这次发生在北京和重庆高校里的仿古礼仪,我则体会到有更多的耐人寻味之处。

首先,活动的主体是大学生,参与者又都以自愿为基础,其中"苏枕书"在网络日志中表达的感情也是真挚的。这就与"五四"以后习见的"反传统"的青年学生形象迥然有别。从与传统决裂,到力图亲近传统,这里面折射出时代的变迁,也体现出一种新的憧憬和精神追求。我相信这种憧憬和追求进而会在文化上有所开新(尽管在某些形式上可能是复古的)。青年学生对于文化发展的态势不仅是敏感的,更会产生重大的影响。

可以补充的是,青年学生中类似的模仿古礼的活动,今年以来已多有所闻。例如:在山东,来自山东工艺美术学院、济南大学的 30 多名大学生和老师,在济南李清照纪念馆为年满 18 周岁的学生庞丽华举办笄礼,"仪式沿用宋代的礼仪和服饰"①。农历三月

---

① 《李清照纪念馆内行笄礼》,该文报道:"这次笄礼……共分成迎宾、笄礼、三加、三拜等 17 个步骤。参加笄礼的师生都是中国传统文化的爱好者,笄礼所用的服饰、礼器、程序都是他们参考古代文史资料设计安排的。"(载《东方早报》2006 年 7 月 3 日)

三日那天,在上海复旦大学,一群大学生过起了上巳节①,并引起不少人的兴趣。一位观摩了仪式的人士(网名 Qiqi)后来在网络上发言,说:"美丽的三月总是需要某种仪式来记住,于是便有了复旦上巳节。"②这话或许能反映参与者的一种心态和精神需求。此外,全国各地也出现了不少集体组织的成人礼活动,包括模仿古代冠礼的成人仪式。如安徽艺术职业学院组织了由 100 名 18 岁学生参加的成人礼,现场有古乐演奏,"礼仪过程是按照《朱子家礼》的流程制定的"③。武汉团市委、市学联主办了仿古成人仪式,按照行加冠礼、行谢师长礼、宣誓、敬先贤、敬师长、敬父母等 12 项活动程序"受冠",有 500 多位学生身着汉服参加④。不能排除上举事

---

① 《复旦大学男女生穿汉服过三月三》,该文报道:"昨天,五六十位大学生带着兰花、兰草来到复旦校园里著名景点燕园,在两个小时的梳妆、打扮后,活动于下午 2 点正式开始,主办方搭起了软屏风,为女孩子举行了'赐福仪式'——女长者以兰草蘸水,擦拂女孩子们的头发、脖和背部,象征赐福。随后,男女生们互相以花草相赠,在燕园中登山、涉水。在'曲水流觞'环节中,学生们点燃蜡烛,聚集水边,酒杯顺流飘浮,杯滞留在哪位着汉服的大学生面前,该名学生就要端起一饮而尽,并念诗一首。活动一直持续到下午 5 点结束。"(载《新闻晚报》2006 年 3 月 27 日)
② 引自 http://cbegin.yculblog.com/post.1168723.html。另可参见《上巳传统之花　盛开今日复旦》,《复旦研究生》2006 年 4 月 17 日。
③ 据《百名学子举行汉服成人礼》,该文报道:"加冠后的学生们身着汉服,面对国旗、父母与师长宣读誓词,立志成才。之后,前来观礼的家长及领导为学生们整束冠带。……记者采访了前来观礼的学生家长们得知,这些家长们都是收到学校院系的邀请后,自发从各地赶来的。一位学生家长表示:学校此举,能让孩子对中国古代传统文化有更深厚的理解,对自己的成年有更深刻的责任感。记者在现场注意到,一位母亲在看到孩子们拜家长、宣读誓词时,不禁热泪盈眶。"引自 http://www.fzdmcb.com/Article.asp?ID=1200。
④ 2002 年 4 月,武汉市人大常委会决定将每年的 5 月 16 日(武汉解放日)定为"武汉市 18 岁成人节",并已连续 4 年举行成人仪式。今年 3 月,湖北教育学院中文系 2004 级学生杨静给武汉市市长李先生写信建议,借鉴传统冠礼举行"楚服成人礼",由父母、师长等为其加冠。信中说,中国传统的成人仪式,能唤醒青年的民族自豪感,强化他们的成人意识。据称,杨静的建议与团市委召集专家研究的意见不谋而合,于是就有了"汉服冠礼成人仪式"。据《武汉市首办汉服冠礼成人仪式》,《长江日报》2006 年 5 月 17 日;参见其他网络资料。

例(尤其是集体组织的活动)可能会带有商业运作等背景①,但即使如此,也不妨作如下的理解:商业运作也在"迎合"上述变化着的精神需求。可见这种变化之确凿无疑和具有吸引力。这也是作者今天敢于选取《朱子家礼》来谈论古今礼仪传承的一个重要基础。

其次,礼仪的传承大概可分为两种情况:一是民俗的自然演化,包括前面提到的"礼失求诸野"现象。二是归因于某些人士(比如社会精英或知识阶层)有意识的努力。像宋代出现《温公书仪》和《朱子家礼》(以下简称《书仪》和《家礼》)并对宋以后的中国社会产生广泛影响,相当程度上就属于后一类型。自然,礼仪的传承,是以上两种情况交互作用的过程。不过在一些特定的时候,第二种情况会生发出特别重要的引导作用,正如《书仪》和《家礼》。前揭青年学生开始模仿《家礼》,似乎也应该归入第二种情况。虽然其模仿和借鉴非常粗浅(或肤浅),但我乐于将其视为一种开始,一个信号。

复次,我们正在进入这样的"特定时候",也已有越来越多的人士越来越清醒地认识到重建礼仪对于今日中国的重要性,我在去年发表的一篇文章里曾有若干引述。那篇文章还指出:"由于近一百多年来文化传统的持续流失,新的规范又迟迟无法建立,中国处处面临'失序'的状态。无论是冠婚丧祭还是称谓对答,因为礼仪的缺失而常常令人难堪甚至手足无措。"②最近《南方周末》(这是目前中国最具影响力的报纸之一)以头版位置刊发一篇文章,剖析了中国人在境外旅游中的不文明行为,标题是《中国游人,你丑陋

---

① 例如,2006年5月17日,名为 Rie 的人士针对武汉"汉服冠礼成人仪式"的图文报道,在网上发表评论:"有钱啊,光服装就够阔的。"引自 http://blog.e23.cn/user1/3545/archives/2006/30634.shtml。
② 杨志刚:《和谐社会与构建现代礼仪之邦》,《儒家文化与和谐社会》,学林出版社,2005年。

吗?》。该文"编者按"指出:"我们需要思考的是,为什么我们突然间变得不会说话、不会走路甚至不会吃饭? 为什么这样一个大问题被长期忽视? 我们的公民养成教育是否存有重大缺漏? 中国究竟需要一场什么样的与人相处的礼仪启蒙运动?"①这些问题关乎中国当代公民社会的建设,却可以从礼仪的重建入手。因此该文是从另外一个角度涉及了礼学研究中的一个基本问题;这个问题从本质上讲,没有古今之分。所以我想要贯通古今来探讨礼仪的传承。

我想起《家礼序》的一段话:"三代之际,礼经备矣,然其存于今者,宫庐器服之制,出入起居之节,皆已不宜于世。世之君子虽或酌以古今之变,更为一时之法,然亦或详或略,无所折衷,至或遗其本而务其末,缓于实而急于文。自有志好礼之士,犹或不能举其契(要),而困于贫窭者,尤患其终不能有以及于礼也。"②看来,我们和司马光、朱熹面临着相似的困局:如何制定出适宜的礼仪以安顿身心,协调个体与群体、自我与他者、当下与过往、人类与自然的种种关系。这其实也就是上文说的礼学研究中的一个基本问题。正因此,当《家礼》重新进入今人视线之时,我觉得,对于礼学研究者而言,这会是一个可以进一步有所期待的现象,有必要给予重视和追踪观察,并调整、拓展礼学研究的相关思路。

第四,从历史上看,《家礼》对宋代以后的礼俗演变影响至深至巨,大量明清时期的文献资料特别是地方志,都提到各地不同程度地遵奉《家礼》。此种影响及于近现代。因此,当今人试图向传统礼仪寻找借鉴或依傍的时候,篇幅不大、内容也不算太过繁杂的

---

① 载《南方周末》2006 年 9 月 28 日。
② 北京图书馆藏宋刻本(卷一至三配影宋抄本)《家礼》(五卷,附录一卷)作:"……举其契。"台湾商务印书馆影印《文渊阁四库全书》本"契"作"要"。

《家礼》成为重要的甚至首选的参照对象或仿效的范本①,或许是合情合理的。就此而言,《家礼》有可能成为古今礼仪传承中的一个重要媒介,一座桥梁②。

二、"衣冠"情结与"爱礼存羊"的忧思

公元 11 世纪,大学者、思想家同时也是政治家的司马光,闲居时偶尔会身着深衣。这是一种上衣和下裳相连的一种外衣③,根据后来《家礼》所概括的,深衣还具有如下一系列特点:选用白细布;衣四幅,裳十二幅,长及踝;圆袂;方领;曲裾,等等。深衣最早见载于《礼记》的《深衣》和《玉藻》两篇,可能流行于西周和春秋、战国。但据今人沈从文的研究,这种衣服制度"西汉以后在中原地区或已不传,抑或发生了较大转化(如马王堆汉墓出土大量衣物中即未见一则同例),故东汉经学家郑玄为《深衣》篇作注时已难得具体准确"④。到了宋代,早已不行于世的深衣却又重获一些人的青睐,最著名的要数司马光、朱熹。司马光在《书仪》卷二《冠仪》中专门订有"深衣制度"一章,本于《礼记》及郑玄注、孔颖达疏,而有所

---

① 网络上的一些有关讨论文字也显示出类似的迹象,如成文于 2004 年 12 月以前的《朱子家礼中冠礼衣冠及现代化讨论(附仪程图)》,据汉网资料:http://www.hanminzu.com/bbS/dispbbs.asp?boardid=42&id=54282。
② 《家礼》所述范围主要限于冠婚丧祭等家庭之礼,所以在古今礼仪传承之中,自然也只能扮演媒介之一、桥梁之一的角色。
③ 即衣、裳分裁,然后接缝连属。《礼记·深衣》孔颖达疏:"此称深衣者,其余衣服则上衣、下裳不相连。此深衣衣、裳相连,被体深邃,故谓之深衣。"清人孙希旦《礼记集解》言:"深衣连衣、裳为之,以其用于燕私,尚简便也。自深衣之外,与深衣同制而其用不同者三:一曰中衣,衣于礼服之内者……一曰长衣,丧服之中衣也。……一曰麻衣,大祥之所服也。"沈啸寰、王星贤点校本,中华书局,1989 年,第 1378 页。按:在特定情况下,可脱衰著长衣在表,因谓"长衣"。又,《后汉书·舆服志下》述太皇太后、皇太后、皇后"庙服,绀上皂下,蚕,青上缥下,皆深衣制,隐领袖缘以绦"。所谓"深衣制",应该就是先上、下分裁再加以连属的服制。
④ 见沈从文:《中国古代服饰研究》,上海人民出版社,2002 年,第 107 页。

变通①。他还"依《礼记》作深衣、冠簪、幅巾、缙带。每出,朝服乘马,用皮匣贮深衣随其后,入独乐园则衣之。常谓康节曰:'先生可衣此乎?'"然而他的好朋友、哲学家邵雍(号康节)却并不欣赏这种做法,"康节曰:'某为今人,当服今时之衣。'温公叹其言合理"。此事载录于邵雍儿子邵伯温的《闻见录》卷十九。

《家礼》继又重订深衣制度,并把它作为常服,要求主人祠堂晨谒时穿着深衣。因此,"深衣制度"章被列在卷一《通礼》之内,紧接着"祠堂"章,而排在"司马氏居家杂仪"章之前。据朱熹道学的重要传人、门生、女婿黄榦《朱子行状》:"其闲居也,未明而起,深衣幅巾方履,拜于家庙以及先圣。"《宋史·道学传·黄榦》(列传第一百八十九)又载,朱熹临终前"以深衣及所著书授(黄)榦,手书与诀曰:'吾道之托在此,吾无憾矣。'"可见朱熹对深衣的重视。《宋史·舆服志五》"深衣"条引用了《家礼·通礼·深衣制度》,并说明:"士大夫家冠昏、祭祀、宴居、交际服之。"

不过,司马光、朱熹虽用著述的方式宣传、传播了深衣制度,且身体力行,但终究没能使深衣在现实生活中"起死复生"。甚至,政敌还以此攻击朱熹,讥刺深衣是"怪服""妖服"(参见史绳祖:《学斋占毕》卷二,详后引)。宋末,儒家学者金履祥亦倡扬深衣,著有《深衣小传》,可他也不得不在诗中承认:"深衣大带非今士,考礼谭经尽古书。"(《七言绝句·作[深衣小传]王希夷有绝句索和语》)②

时至明代中期,丘濬编纂《文公家礼仪节》,引乐平马氏曰:"古人衣服之制不复存,独深衣则《戴记》言之甚备。然其制虽具存而后世苟有服之者,非以诡异贻讥,则以懦缓取哂。虽康节大贤,亦

---

① 如郑玄注:"深衣,用十五升布,锻濯灰治。"《书仪·冠仪·深衣制度》改为"用细布",并自注:"今人织布不复知有升数,衣布者亦不复用练,但用布之细密软熟者可也。"又如"缘用黑缯",自注:"以从简易。"省去了《礼记·深衣》讲的选用镶花纹边或青边或白边的繁琐。
② 傅璇琮等主编:《全宋诗》第 68 册,北京大学出版社,1998 年,第 42589 页。

有今人不敢服古衣之说。司马温公必居独乐园而后服之,吕荥阳、朱文公必休致而后服之,然则三君子当居官莅职见用于世之时,亦不敢服此以取骇于俗观也。盖例以物外高人之野服视之矣,可胜慨哉。"①此论可谓的当。

与深衣所遭遇的情况颇相似的,是冠礼。秦汉以后,冠礼逐渐退出现实生活,唐代柳宗元曾说:"冠礼数百年来不复行。"②司马光在《书仪》卷二中也感叹:"冠礼之废久矣。"他又说:"吾少时闻村野之人尚有行之者,谓之上头,城郭则莫之行矣。此谓礼失而求诸野。"③查《宋史·礼志》,仅有"皇太子冠礼"条,而不及其他冠礼。蔡絛《铁围山丛谈》卷二又讲:皇帝加冠"行世俗之礼,谓之上头"。可见冠笄礼已成为一个久远的记忆,日常生活中仅局部保留其蜕化的形式"上头"④。但司马光仍坚持重订冠仪,以后朱熹也高度重视冠礼。一直到清末,无论是官方的礼典,还是私人的仪注,对冠礼都有详尽的规定。对此现象,《续通典·礼十一》作有概括:"(冠礼)虽时俗鲜有行之者,然载之礼官,存为典故,亦一代之制也。"

为什么要保留一个几近虚文的"一代之制"呢?二十年前我曾以《论语》"爱礼存羊"的典故⑤试作解释,今天,我想我们可就此话

---

① 丘濬辑:《文公家礼仪节》卷一"深衣考证"条,北京大学图书馆藏明正德十三年常州刻本。又,乐平马氏即马端临;吕荣公即吕本中,人称东莱先生。
② 转引自〔清〕秦蕙田:《五礼通考》卷一百四十八。
③ 吴自牧《梦粱录》卷二"清明节"条:"凡官民不论小大家,子女未冠笄者,以此日上头。"孟元老《东京梦华录》卷七"清明节"条:"子女及笄者,多以是日上头。"此条可补充认识宋代的"上头"习俗。
④ 上头的具体情形,可参见秦蕙田《五礼通考》卷一百五十:"而今人家于女子年十三则蓄发,谓之上头,择见日行之,或拜见父母尊长,告于亲党。"
⑤ 这说的是西周有告朔饩羊的制度,即诸侯每年在秋冬之交接受周天子颁给的次年历书,藏于祖庙,以后每逢初一,要杀一只羊祭于庙,然后回到朝廷听政。到春秋时,鲁君不但每月初一不亲祭祖庙,甚至也不听政,只是杀一只羊"虚应故事"。于是子贡提出不必留此形式,干脆连羊也不杀。但孔子表示反对:"尔爱其羊,我爱其礼。"以为尽管是残存的形式,也比什么也不留要好。见《论语·八佾》。

题再做一些更深入的讨论,特别是结合当下所处的情景及感受。

毫无疑问,首先是深衣、冠礼所具有的"意义"使礼家选择了必须要保留它们。先看深衣。据《礼记·深衣》记载,深衣的实用性很强,也很俭省,穿着它"可以为文,可以为武,可以摈、相,可以治军旅,完且弗费"。而更重要的是,深衣制度中蕴含着法度,"以应规、矩、绳、权、衡"。具体包括:"制十有二幅,以应十有二月。袂圜以应规。曲袷如矩以应方。负绳及踝以应直。下齐如权,衡以应平。故规者,行举手以为容。负绳抱方者,以直其政,方其义也。"①

再说冠礼。《仪礼》首章说的就是冠笄之礼。《礼记·冠义》阐发说:"凡人之所以为人者,礼义也。……冠者,礼之始也,……成人之者,将责成人礼焉也。责成人礼焉者,将责为人子、为人弟、为人臣、为人少者之礼行焉。将责四者之行于人,其礼可不重与!"《书仪·冠仪》引述了以上"冠者,礼之始也"及后面的话,《家礼·冠礼》又部分转引。朱熹还曾比较冠、婚、丧、祭"四礼",以为冠礼最易行;针对有人编的礼书只有婚、丧、祭"三礼",他表示冠礼绝不能"阙之"②。

司马光、朱熹对深衣和冠礼的情有独钟,及由此表达的文化信念,可概括为"衣冠"情结。这其实是更宽泛意义上的华夏"衣冠文

---

① 可用白话翻译为:"裳制用十二幅布,以与一年的十二个月相应。衣袖作圆形以与圆规相应。衣领如同曲尺以与正方相应。衣背的中缝长到脚后跟以与垂直相应。下边齐平如秤锤和秤杆以与水平相应。因此袖似圆规,象征举手行揖让礼的容姿。背缝垂直而领子正方,以象征政教不偏,义理公正。"引自杨天宇:《礼记译注》,上海古籍出版社,1997年,第1010页。
② 朱熹说:"顷年见钦夫刊行所编礼,止有婚、丧、祭三礼,因问之。曰:'冠礼觉难行。'某云:'岂可以难行故阙之! 兼四礼中冠礼最易行,又是自家事,由己而已。若婚礼,便关涉两家,自家要行,它家又不要行,便自掣肘。又为丧祭之礼,皆繁细之甚。且如人遭丧,方哀苦中,那得工夫去讲行许多礼数。祭礼亦然,行时且是用人多。昨见某人硬自去行,自家不固晓得,而所用执事之人皆不曾讲习。观之者笑,且莫管;至于执事者亦皆忍笑不得。似怎行礼,济得甚事! 此皆是情文不相称处,不如不行之为愈。"见《朱子语类》卷二十三。

明"观念①的一种呈现。有意思的是,这种"衣冠"情结又在我们的身边悄然显现——比如我在前面列举的事例中就反复提到目前有人正在倡导穿汉服(深衣)与行成人礼(冠礼)。如此,现在再来讨论"爱礼存羊",应该会别有一番意趣。

把握爱礼存羊的心态,是研究中国古代礼制和文化的一把重要钥匙,否则数千年累积下来的典章制度中的许多谜团和大量的社会文化现象,就无法得以索解。这一点在宋代以后,在深衣和冠礼的问题上表现得格外突出。现在看来,"衣冠"情结和与之相连的爱礼存羊心态,在中国文化的长河中竟然还在活生生地延展。那是否具有正当性和合理性呢?对礼学研究是否有启示呢?

下面我选择一个特定的角度切入。套用时下的一个流行概念,我以为,司马光、朱熹的时代和我们当下都面临着身份认同危机(identity crisis,这无疑是前文说的如何"安顿身心"的一个重要方面)。当然各自的现实背景和由此引发的焦虑是不一样的,但应对的手段和表现出的深层文化心理,却有相似之处。也因此,礼仪的古今传承有了结合点和可能性。我们回到宋代。

司马光、朱熹们在身份认同问题上的焦虑,至少来自三个方面:

第一,因家庭、社会的角色及其责任意识的混乱、模糊而引发的忧思。《书仪·冠仪》在引述了《礼记》"将责四者之行于人,其礼可不重与"之后,接着评论说:"近世以来,人情尤为轻薄。……彼责以四者之行,岂知之哉。往往自幼至长,愚騃如

---

① 《左传·定公十年》孔颖达疏:"中国有礼仪之大,故称夏;有服章之美,谓之华。"《唐律名例疏议释义》:"衣冠威仪,习俗孝悌,居身礼仪,故谓之中华。"孔夫子曾概叹:"微管仲,吾其被发左衽矣。"(《论语·宪问》)汉晋以后又有"衣冠南渡"之说。这些都是"衣冠文明"观念的经典表述。

一,由不知成人之道故也。"司马光将世人不知如何"为人子、为人弟、为人臣、为人少"的失序之弊,归咎于成人之礼的缺失。《家礼》持相同的观点。

第二,因释、道二教的扩张、渗透而引出的忧思。透过《书仪·丧仪》《家礼·丧礼》,可以很清晰地看到儒家学者如何在典章制度和冠婚丧祭行为方式方面,极力排诋释、道。在儒、释、道"三教合流"的大潮流中,重订冠婚丧祭就意味着坚守并弘扬儒家的品性①。虽然,为了寻求安顿心灵的途径,不少儒家学者(像朱熹)又会在精神世界里辟出一片佛老的天空。在"衣冠"问题上,我们也体察到司马光、朱熹类似的良苦用意。

在"深衣制度"章里,司马光特地提了一句:"元(玄)冠,亦名委帽。如今道士冠,而漆之。"自注又云:"道士所著,本中国之士服不变改者。"②如果结合下面一则史料,那么这段话所蕴含的力图维护儒家正宗的意图,便会跃然纸上。宋儒史绳祖《学斋占毕》卷二"饮食衣服尽皆变古"条载:"余尝观张横渠语云:曾看相国寺饭僧,因嗟叹,以为三代之礼尽在是矣。诚哉斯言!余亦曾观成都华严阁下饭万僧,始尽得横渠之所以三叹。盖其席地而坐不设椅桌,即古之设筵敷席也。未食先出生,盖孔子《乡党》所谓'蔬食菜羹,瓜祭,必斋如也。'……今之腐儒……是不曾读书也,而反使髠徒得窃吾教而坚持之。……然冠、履两事,反使今之道流得窃其似,以坚执不变。……如庆元间'四凶'劾朱文公之疏,以深衣冠履而为怪服、妖服,呜呼,可不哀哉、痛哉!"

---

① 参见拙文《礼俗与中国文化》,《复旦学报》1990 年第 3 期。又,朱熹曾言:"佛老之学只是废三纲五常,这一件事已是罪名极大,其它不消说。"儒家强调事亲以孝、事君以礼,为公义经世,反对为私利遁世。
② 《仪礼·士冠礼》:"主人玄冠朝服。"郑玄注:"玄冠,委貌也。""委,犹安也,言所以安正容貌。"这是一种黑缯冠,系士、大夫常服的礼冠。又,道士法服沿袭古代上衣下裳之制,"长裙大袖"的特点也显古风。且按条块(幅)剪裁、缝合,与深衣的制作法有相似之处。

第三,出于夷、夏之辨而生发的忧思。儒家喜讲夷夏之辨,朱熹尤惯于从衣冠着眼。朱熹曾感叹:"今世之服,大抵皆胡服,如上领衫、靴鞋之类,先王冠服扫地尽矣。"①他又曾道:"宣和末,京师士人行道间,犹着衫帽。至渡江戎马中,乃变为白凉衫。绍兴二十年间,士人犹是白凉衫,至后来军兴又变为紫衫,皆戎服也。"②面对时代变迁、服饰更迭,中原固有的衣冠服饰受到北方民族的冲击,政府往往采取"禁"的方法③,而司马光、朱熹们还主张"导"的策略。其结果便是"深衣制度"的广为传播。显然,此时的"深衣制度"较之于《礼记》记载的,已具有了更多的象征意义。由此也就可以理解,明末清初的大儒黄宗羲为何要在改朝换代的大变局中,安下心来撰写《深衣考》,并激发了后来一些清儒探究深衣的热情。这位后来被誉为具有近代民主思想和启蒙意义的哲学家,在《明夷待访录·学校》中提出:"民间吉凶,一依《朱子家礼》行事。庶民未必通谙其丧服之制度,木主之尺寸,衣冠之式,宫室之制,在市肆工艺者,学官定而付之;离城聚落,蒙师相其礼以革习俗。"④

跨入 21 世纪,一种被认为是汉族(甚至中国)传统服装的"汉服",亮相于网络和街头,并有意被推举为"国服",目前已俨然形成一个所谓的"汉服运动"。从一开始,有些当事人就将汉服与深衣相联系。为此,三年前我曾在答记者问时表示质疑,认为在对深衣缺乏基本了解、对中国服饰史缺乏基本研究的情况下,提出"复兴

---

① 《朱子语类》卷九十一。
② 同上书。同卷又载朱子语:"而今衣服未得复古,且要辨得华夷。"
③ 如"庆历八年(公元 1048 年)二月二十七日诏曰:闻士庶仿效胡人衣装,裹番样头巾,着青绿,及乘骑番鞍辔,妇人多以铜绿兔褐之类为衣。宜令开封府县一月内止。"〔清〕徐松辑:《宋会要辑稿·舆服》四之七,中华书局影印本,2006 年,第 1797 页。
④ 《黄宗羲全集》第 1 册,浙江古籍出版社,1985 年,第 14—15 页。

汉服"及"国服"的概念,很可能是一个伪命题①。尽管如此,我还是很有兴趣地继续观察这个"汉服运动",以及此前此后出现的,与"汉服运动"或无关或有关的种种言行,包括各式礼仪重建活动。撇除芜杂的表象,有一点应该是真切的,一定程度上讲也是共同的,即:在今日的"衣冠"情结(当然这远不是前述"汉服运动"和几场仿古成人礼所能涵盖的)背后,涌动着"全球化"(Globalization)与"本土化"(Localization)背景下有关身份认同的诉求。其诉求的具体内容和方式,有历史的渊源,或者说表现出历史的相似性,从而令人思考:这其中有礼学传统的作用吗?如果是,礼学研究又如何回应?②

三、礼仪的表演性及礼学角度的考察

就在最近的短短几年间,中国人对于古代礼仪尤其是儒礼的

---

① "2003年11月22日的中午时分,在中国汉族男子日常生活中绝迹了三百多年的汉族服装,重现神州街头。穿着由薄绒深衣和茧绸外衣组成的汉服,在河南省会郑州市区的广场、公园、商场还有步行街穿行走巷的,并不是什么时装模特儿,而是一名普普通通的郑州市民,现年34岁的电力工人王乐天。"这是刊于当月29日新加坡《联合早报》、题为《汉服重现街头》(记者张从兴)文章的开头。正是从这位王乐天和这篇报道开始,吸引了许多人对"汉服"的关注。该报道还说:"(王乐天)这样做是希望以个人的微薄力量'推广汉服',让汉族重新接受此一传统服装。……自从亚太经合论坛各经济体领导人在2001年上海峰会中,身着'唐装'集体亮相后,中国服装界就掀起了'唐装'热潮。当时已有一部分服装史专家指出,这其实不是'唐装',而是"满服"。也有一部分人士认为,汉族是中华民族的主体民族,以满族服装作为汉族传统服装既不恰当也不得体。专门弘扬汉文化的网站'汉网'(http://www.haanen.com)上就有不少帖子讨论到这个问题。……(王乐天价值760元人民币的汉服)是通过汉网向武汉的采薇作坊购买的。"不久,《东方早报》记者即就上述报道向我和其他一些学者进行电话采访,我谈到了首先要搞清楚何谓'深衣',又何谓'汉服',以及相关的司马光、朱熹等的一些事。采访的文章发表后,激起新的讨论(也包括漫骂)。详见"汉网"和"百度汉服吧"(http://post.baidu.com/hanfu)收集的相关资讯。此后的一个变化是,网络上对深衣和《朱子家礼》的了解与探究明显增多。现在"百度汉服吧"里,就有全文的《朱子家礼》,还辑录了不少有关深衣的文献资料,讨论也正在深化。鉴于此,我乐意将其视作礼学研究应该给予关注的现象。

② 在2006年6月中国杭州举行的"庆祝沈文倬先生九十华诞——礼学与中国传统文化"国际学术研讨会上,我提交了题为《礼学在现代中国的重构》的论文。礼学能否又如何进一步展开"重构",关键点正取决于来自"回应"的需求及其力度。

态度变化显著。除了国力和自信心的提高等原因以外,与对"口述和非物质文化遗产"的重新认识极有关联。联合国教科文组织自 2001 年开始公布的"人类口述和非物质文化遗产代表作"(Proclamation of Masterpieces of the Oral and Intangible Heritage of Humanity),以及可追溯更远的、从 1972 年就启动的"世界遗产"(world heritage)的申报、评选,给中国人重新审视、评价传统文化提供了契机和动力。特别是出现在"人类口述和非物质文化遗产代表作"名录中的韩国皇室宗庙祭祀(2001 年)和江陵端午祭(2005 年)[①],先是让很多中国人开了眼界,然后又大大地给予了震撼和刺激。如果按早先的观念,这些都应归入"封建迷信"。可现在大家突然意识到了,它们不但是有意义、有价值的遗产,甚至可能与国家的尊严和利益攸关。在种种因素促成下,中国政府于 2005 年底发布《国务院关于加强文化遗产保护的通知》,并很快于中国首个"文化遗产日"(2006 年 6 月 10 日)之际,遴选出了第一批"国家非物质文化遗产名录",计 518 项。其中包括:祭孔大典(山东省曲阜市),黄帝陵祭典(陕西省黄陵县),炎帝陵祭典(湖南省炎陵县),大禹祭典(浙江省绍兴市),等等[②]。至此,仿古礼仪或恢复古礼,在国家制度的层面上获得了合理性与正当性。至于在思想层面,则得到了包括近年来流行起来的"文化多样性"理论的支持。

按照保护非物质文化遗产的理念,应该追求活态保护,并尽可能地让保护对象"原汁原味"地传承下去。但实际上,有许多对象

---

① 早在 1967 年,江陵端午祭就被指定为韩国第 13 号重要无形"文化财",现在已发展成为一个国际性的传统文化庆典。它以大关岭祭神为始拉开帷幕,活动期间将会举行各种巫法和祭祀典礼,并会举行跳绳、假面制作等传统游戏和体验活动以及精彩的巫俗表演、假面舞、农乐表演等。该节日庆典因为与中国端午节存在渊源关系,所以当韩国提出申报世界遗产时,曾在中国国内引起一阵热议。
② 参见《国务院关于公布第一批国家级非物质文化遗产名录的通知》和《第一批国家级非物质文化遗产名录》,载《中国文物报》2006 年 6 月 7 日。

是不适宜,也不可能"原汁原味"地保存和继承的。中国的情况更有特殊性。在经过百多年的动荡和变革以后,文化的断层处处可见,对于许多传统礼仪(诸如祭孔大典、黄帝陵祭典,以及冠礼、深衣),第一步要做的恐怕还不是什么"保护",而是如何"恢复"。加以所谓"原生态"的环境往往早已无存,那么,其内涵如何把握,其形式如何取舍,又如何维持其延续不坠,都成为必须面对的问题。从而,我们要做的和能够做的,很大程度上就是"爱礼存羊"。

时代的差异决定了现时代和孔子时代、朱熹时代的所"爱"定有不同。但"爱"能有所作用,很重要的一点,是借助了礼仪的表演性及其功能。

礼仪的表演性大略有三种所指:第一,礼仪是一种具有内涵的外在表现形式,它的存在离不开表演。这种所指,也可以包括领会了礼仪的内涵,有心有意地去实践礼仪的情形。第二,盲从,或心不在焉地操办礼仪,礼仪由此变成一种纯粹的演示,有躯壳而没有内涵。第三,由于时代变迁、社会发展,传统礼仪蜕化为残存的形式,犹如子贡眼里的"告朔饩羊"。这时礼仪便徒有其形式,而成为一种空洞的演示。

按常规思路,以上第二和第三种情形是没有意义的。然而从礼学角度考察,情况并非完全如此。比如在子贡眼里,告朔饩羊纯粹是无谓的空洞形式,可在孔子看来,告朔饩羊却另有别样的意义,不可缺少,就像后来司马光、朱熹看待深衣、冠礼那样。所以,即便是"空洞的演示",也不排除可能转化为有意义的"符号"。今日中国的祭孔大典、黄帝陵祭典,还有不少人正在关心的深衣、冠礼甚至包括《朱子家礼》,或许当作如此考量。但这里面是有前提的,必须要有"爱",也会"爱"(包括"转化"),而且还要有相应的制度环境,保障这种"爱"是有益的,至少不会变成祸害。礼学的根本出发点之一,就是探讨如何"爱"礼,并让这种"爱"有益于社会和人类。

若能作如斯观,则本文第一部分所介绍的仿古礼仪,就可得到适宜的评价和对待:尊重其可能存有的合理性和正当性,以公民社会、法制社会的准则予以规范,以礼学研究为其引导。如此,在古今中外的文化交融中,重建礼仪之邦当是可以期待的。

(本文为2006年出席日本关西大学一百二十周年校庆学术报告会所发表论文的中文稿,原载朱贻庭主编:《与孔子对话:论儒学的现代生命力》,上海辞书出版社,2007年)

略论礼学在现代中国的重构

20世纪90年代中期,中国历史文献研究会礼学研究中心在北京师范大学挂牌成立,促使我有意识地去思考"礼学在现代中国的重构"这个问题。本次学术研讨会的举行,又令我顺着前面的思路,作进一步的清理。学术研究感悟于时代,学术话语取决于特定的历史条件。这也是礼学随着社会的发展而演变的重要因素之一。

本文所谓现代,指的是1900年以来一直到今天的这段历史,着眼点是学术史。

说"重构",首先要明确"解构"或解体。近代以来,传统礼学逐步走向终结,属于不争的事实。最有说服力的言论,可引梁启超在《中国近三百年学术史》中讲的:"这门学问到底能否成立,我们不能不根本怀疑。……他们(本文作者案:指研究礼学的某些清儒)的成绩虽然很好,我恐怕这些成绩多半是空的。礼学的价值到底怎么样呢?几千年很琐碎很繁重的名物(宫室、衣服、饮食之类)、制度(井田、封建、学校、军制、赋役之类)、礼节(冠婚丧祭之类),劳精敝神去研究它实在太不值了。"梁启超要求"试换个方向,不把它当作经学,而把它当作史学……用新史家的眼光去整理他",加以研究①。而在这之前,"打倒孔家店""礼教吃人"等种种口号和抨

---

① 梁启超:《中国近三百年学术史·十三》。此书约著于1923年冬至1925年春之间。据朱维铮:《梁启超论清学史二种·校注引言》,复旦大学出版社,1985年。

击,已经作为启蒙运动的成果深入人心。

解体的深层原因,在于传统礼学所赖以生存和发展的基础(尤其是制度层面的依据)的消失。但解构的样式却是多样化的。在步入 20 世纪之前,康有为撰《新学伪经考》,以其武断的考辨服务于变法维新的政治意图,刻意创"新"而不惜学术失"信",是一种①。瑞安孙诒让(1848—1908 年)著《周礼政要》(原名《变法条议》,1901 年),以清代研治《周礼》集大成者的身份关注"西政",虽然仍坚持《周礼》高于一切,却将改革的内容输入其间,也是一种②。

重构的内容和过程可从两个方面加以观察,一是围绕价值论和文化形态论展开的探究;二是在各个知识领域,或引入新方法、新思维,或利用新出资料,或通过重建学术范式而进行的研究和积累。

先说第一个方面。

1940 年,贺麟在《五伦观念的新检讨》一文中指出:"现在的问题是如何从旧礼教的破瓦颓垣里,去寻找出不可毁灭的永恒的基石。在这基石上,重新建立起新人生、新社会的行为规范和准

---

① 可参见梁启超在《清代学术概论》中的评论:"《伪经考》之著,二人者多所参与,亦时时病其师之武断,然卒莫能夺也。实则此书大体皆精当,其可议处乃在小节目。乃至谓《史记》、《楚辞》经刘歆羼入者数十条,出土之钟鼎彝器,皆刘歆私铸埋藏以欺后世。此实为事理之万不可通者,而有为必力持之。……往往不惜抹煞证据或曲解证据,以犯科学家之大忌,此其所短也。"朱维铮:《梁启超论清学史两种》,第 64 页。鄙意以为,康有为以其粗暴的方式令学术失"信",后果是严重的,绝非"小节目"。

② 一部《周礼正义》使孙诒让在周礼学的研究史上确立了无可撼动的地位。章太炎《孙诒让传》:"初,贾公彦《周礼疏》多隐略,世儒各往往传以今文师说,而拘牵后郑义者,皆仇王肃,又糅杂齐、鲁间学。诒让一切依古文弹正,郊社禘祫则从郑,庙制昏期则从王,益宣究子春、少赣、仲师之学,发正郑、贾凡百余事。古今言《周礼》者,莫能先也。"见《章太炎全集》第 4 卷,上海人民出版社,1985 年,第 213 页。所著《周礼政要》以为"《周礼》一经,政法之精详,与今泰东西诸国所以致富强者,若合符契"(《周礼政要序》)。在此前提下,孙诒让在书中提出了大量的变法主张。

则。"①1949年以前,贺麟的这些话代表了一个认识高度。

从50年代到70年代,在特定的政治背景下,新文化运动中提出的"打倒孔家店""礼教吃人"等口号,成为国家制定文化政策的一个基本判断,并通过教育、宣传等种种方式,传播至深、至远。也有极少数的学者,试图婉转地表达一己之见,如周谷城先生1962年在《文汇报》发表《礼乐新解》,以"礼乐不可斯须去身",表明礼的正面价值。但这些声音完全被当时和后来"反孔"的集体大合唱所掩盖。

及至周谷城先生再次提出"儒家的礼、乐之类的精神,可能优先活跃"②,已是20世纪80年代的中期。可这个时候,在很多人的心目中,"礼"仍然被视同封建糟粕。即便是主张认同于中国文化、较早倡言进行传统创造性转化的著名学者林毓生,也在肯定"仁"的现代价值的同时,提出要"借助对于'仁'的重新取向分离传统的'礼'"③。这个观点又曾被理解为是"将'仁'与'礼'分开,使'仁'摆脱'礼'的框限以进行价值的重新取向"④。

1993年,笔者以"礼与传统的创造性转化"为题,对礼的内涵、价值及与中国文化前景的相关性提出讨论和反思⑤,而后又论及"礼学的发展前景",思考如何重建礼仪之邦⑥。在20世纪快要结束的时候,鉴于经济、政治、文化多方面的原因,国人对于传统的态度渐渐发生重大的变化,一百多年以来形成的反传统的社会情绪,逐步被亲近传统的念想所代替。相应的,在学术界,对"礼"的评价

---

① 收入贺麟:《文化与人生》,商务印书馆,1996年,第62页。
② 周谷城:《中西文化的交流》,《复旦学报》1986年第2期。
③ 林毓生:《思想与人物》,台北联经出版事业公司,1983年。又见《中国传统的创造性转化》,三联书店,1988年,第194页。
④ 许纪霖:《智者的尊严——知识分子与近代文化》,学林出版社,1991年,第179页。
⑤ 载《复旦学报》1993年第3期。
⑥ 详见拙著《废墟上的家园》,上海人民出版社,1999年。

也出现重大的扭转。

2001年第1期的《孔子研究》发表陈来的《儒家"礼"的观念与现代世界》,文中坦言:"儒家礼文化以'秩序'为首出的文化模式,可以成为有益于人类面对21世纪挑战的文化资源。"2002年举行的"东亚儒教文化国际学术会议"重点讨论了儒家礼学的现代意义和如何继承的问题,以及儒学资源开发与当代市场经济、民主法制、哲学、社会学的关系①。2004年6月,在由中国社会科学院青年中心、中国社会科学杂志社、北京师范大学联合主办的"传统礼仪礼俗与当代中国社会生活"学术研讨会上,三十余位来自不同学科的专家学者就传统礼仪礼俗的社会作用与人文意蕴、传统礼仪礼俗与当代民众生活等问题进行了深入的探讨,其中如何做好传统与现代的接续工作成为与会学者关注的焦点②。各种论述礼或礼学现代价值的文章不时见诸媒体,如郭齐勇《礼学的现代价值》认为,"三礼之学是中华民族宝贵的精神遗产,有其现代价值。礼乐文化不仅促进社会秩序化,而且有'谐万民'的目的,即促进社会的和谐化"③。陈德述《儒家"礼"的现代管理功能》则提出,继承和弘扬我国优秀的"礼"文化传统,以促进社会主义商业文明的发展④。

1986年1月,复旦大学举办"首届国际中国文化学术研讨会",刘志琴向大会提交论文《礼的省思——中国文化传统模式探析》⑤,提出礼是中国文化世代相沿的主要形态,从文化模式的角

---

① 会议由韩国儒教学会、国际儒学联合会等联合举办。参见《国际儒学联合会执行机构关于2002年工作总结报告》(2003年2月20日)。
② 田智忠、吴树勤:《面向当代中国社会的礼学研究:"阐旧"与"开新"》,见中国社会科学院青年中心网,http://www.cass.net.cn/webnew/yszhongxin/show_News.aspid=477。
③ 载《光明日报》2004年4月20日。
④ 中国管理传播网(域名:http://manage.org.cn)2004年12月15日刊发,见:http://www.hailang.org/Article/Class50/Class56/200412/10431.html。
⑤ 载复旦大学历史系编:《中国传统文化的再估计》,上海人民出版社,1987年。该文后又以《礼——中国文化传统模式探析》为名刊于《天津社会科学》1987年第6期。

度探寻对礼的新的认知。然而该文所体现的文化形态学方向的研究,在以后的礼学领域并没有得到实质的进展。

可以称道的是,价值论方向的礼学重构,正突破百年以来所遭遇的"瓶颈";并且,也为具体知识领域的礼学重构(即本文所说的第二个方面)开辟了进一步前行的可能。但下一阶段的发展还须与具体知识领域的探究相携共进。

次说第二个方面。

在梁任公讲"试换个方向……把它当作史学"(《中国近三百年学术史》)来研究礼学之前,王国维等人已在着手努力了。《殷周制度论》可推为代表。该文用甲骨金文与传世文献互相比证,对先秦礼制中的一些重大问题,如立子立嫡之制、宗法及丧服之制、庙数之制等进行论述,多有创见,并概言为:"中国政治与文化之变革,莫剧于殷、周之际","周之制度典礼,乃道德之器械,而尊尊、亲亲、贤贤、男女有别四者之结体也"[1]。王氏《释礼》《明堂庙寝通考》等文,后来也都成为礼学研究中经常被引用的文献。

1931年,留学回来的人类学和社会学家李安宅著成《〈仪礼〉与〈礼记〉之社会学的研究》,尝试从多学科和中西文化比较的角度研究礼。他指出:"中国的'礼'字,好像包括'民风'(folkways)、'民仪'(mores)、'制度'(institution)、'仪式'、'政令'等等,所以在社会学的已成范畴里,'礼'是没有相当名称的:大而等于'文化',小而不过是区区的'礼节'。……礼就是人类学上的'文化',包括物质与精神两方面。"[2]李著论述的范围,涉及"语言""物质文化""乐""知识""宗教与仪式"。尽管是草创性的探索,但通过该书所反映的方法论上的求新意识,对后行者有很大的借鉴意义。

有学人从专门史的角度探究古礼的发展及相关问题。中国哲

---

[1] 详见《观堂集林》第2册,中华书局,1959年,第451—480页。
[2] 《〈仪礼〉与〈礼记〉之社会学的研究》,商务印书馆,1931年,第4页。

学史研究的开山之作、胡适的《中国哲学史大纲》指出:"礼之进化,凡三时期:第一,最初的本义是宗教的仪节;第二,礼是一切风俗习惯所承认的规矩;第三,礼是合乎义理可以作为行为规范的规矩。"(第五篇《孔门弟子》)吴承仕从社会史的角度阐述了其对"丧服学"的一些基本观点,对颇有影响的陶希圣所著《婚姻与家庭》中的有关论述进行质疑①。

1947 年,邓子琴《中国礼俗学纲要》和柳诒徵的《中国礼俗史发凡》在同一年刊发②。他们都着眼于礼俗关系,强调研究"礼"脱不了"俗"。邓著还就礼俗在中国文化中的价值、中西礼俗的比较、礼俗变迁等问题进行阐述。这些对后来从礼俗角度丰富礼学的研究,有发轫之功。

20 世纪上半叶,礼学在承继中嬗变。而转型的前提,还须有赖于承继,哪怕是不绝如缕。1905 年,孙诒让出版了他积三十年功力完成的《周礼正义》,使他当之无愧地成为传统礼学的殿军人物。其后,一些熟谙于旧学的学者均关注或探讨过礼学,如经学家、文字学家黄侃,以礼学名世的曹元弼,长期致力于工具书编纂的洪业等。前者有《礼学略说》③,中者有《礼经校释》《礼经学》等著述④,后者有《礼记引得序》《仪礼引得序》⑤。通儒兼民主革命家、思想家章太炎对礼学也多有关注,所撰专文如写于 30 年代的

---

① 吴承仕:《中国古代社会研究者对于丧服应认识的几个根本问题》,《文史》第 1 期第 1 卷,1934 年。收入陈其泰等编:《二十世纪中国礼学研究论集》,学苑出版社,1998 年。
② 邓子琴:《中国礼俗学纲要》,中国文化社,1947 年,复旦大学图书馆藏本。柳诒徵:《中国礼俗史发凡》,《学原》第 1 卷第 1 册。
③ 载《中央大学文艺丛刊》第 2 卷第 2 期,1936 年。
④ 《礼经校释》二十二卷,收入《续修四库全书》,影印复旦大学图书馆藏清光绪十八年刻后印本;《礼经学》七卷,收入《续修四库全书》,影印中国科学院图书馆藏清宣统元年刻本。
⑤ 载《礼记引得》,上海古籍出版社影印本,1983 年;《周易等十种引得》,上海古籍出版社影印本,1982 年。

《丧服依开元礼议》①,讲课可参见其《国学讲演录》②。这些被时人或后人目为"国学"的学问的传续,为礼学的重构奠定了必不可少的基础。

及至20世纪中叶,所谓"国学"又尤其是礼学,已真正到了不绝如缕之境。

但是,也真可谓是"野火烧不尽,春风吹又生"。学术自有其顽强的生命力和发展规律。礼学在极其困厄的环境中发展着,并实现着自我更新。从50年代至80年代,有几位学人做出了格外重要的贡献。这里略举两人。

一是杨宽(1914—2005年)。杨先生的礼学研究成果集中反映在他的著作《古史新探》和《中国古代陵寝制度史研究》《中国古代都城制度史研究》之中③。特别是《古史新探》收录了6篇重量级的礼学专论:《"冠礼"新探》《"籍礼"新探》《"大蒐礼"新探》《"乡饮酒礼"与"乡礼"新探》《"射礼"新探》《"贽见礼"新探》。这些论著将古文献与出土文物、民族调查资料结合起来相互参证,推求结论,颇多建树,是历史学家研究古代礼制的典范之作。

二是沈文倬。他师承于曹元弼先生,精通"三礼学",以文献学的深厚功底,加上新思维的运用,对一些久讼不决的疑难问题作出裁断,令人信服。而其他方面的阐幽抉微,推阐梳理,也是功绩累累。《略论礼典的实行和〈仪礼〉书本的撰作》《从汉初今文经的形成说到两汉今文〈礼〉的传授》《汉简〈服传〉考》等,俱已成为今人研治礼学必读的经典。杭州大学出版社1999年将沈先生的力作结集为《宗周礼乐文明考论》,为20世纪的礼学抹上了最后一片

---

① 收入《章太炎全集》第5卷,上海人民出版社,1985年。
② 章太炎:《国学讲演录》,华东师范大学出版社,1995年。
③ 《古史新探》,中华书局,1965年;《中国古代陵寝制度史研究》,上海古籍出版社,1985年;《中国古代都城制度史研究》,上海古籍出版社,1992年。

浓彩。

自 20 世纪 90 年代起，博士、硕士论文的选题关乎礼学者逐渐增多，礼学的回暖之势开始呈现。1998 年，陈其泰、郭伟川、周少川编辑出版了《二十世纪中国礼学研究论集》①，让人在回顾过往的同时，有信心期待"重构"的进一步展开。该论文集选录了 29 位作者共 34 篇论文。作者中除了本文上面已经提到过的，还有（按原书选录顺序）：金景芳、杨向奎、饶宗颐、蔡尚思、刘泽华、刘家和、刘师培、蔡介民、顾颉刚、段熙仲、杨天宇、郭沫若、文藻、齐思和、陈公柔、张光裕、张光直、郭伟川、徐进。

近十年来，又有一批礼学论著相继问世。作者们的视野更趋开阔，思维也更加活跃，不乏有创见的作品。吸引笔者特别关注的有：陈戍国完成了六卷本的《中国礼制史》（湖南教育出版社）②，姜伯勤的《敦煌艺术宗教与礼乐文明》从一些独特的视角拓展了唐礼的研究③，钱玄的《三礼通论》和他与钱兴奇编著的《三礼辞典》有疏证排比之功④，彭林对礼学在古代朝鲜的传播作了系统研究⑤，台湾学者张寿安对清代礼学思想演变进行了论析⑥……

在传统国学的基础上，在新材料、新方法、新思维的催生和累积之中，新礼学已显露雏形。

（原载《礼学与中国传统文化》，中华书局，2006 年）

---

① 学苑出版社，1998 年。
② 自第 1 卷《先秦卷》面世，直到第 6 卷《元明清卷》全部出齐，历时十余年。
③ 姜伯勤：《敦煌艺术宗教与礼乐文明》，中国社会科学出版社，1996 年。
④ 钱玄：《三礼通论》，南京师范大学出版社，1996 年；钱玄、钱兴奇编著：《三礼辞典》，江苏古籍出版社，1998 年。
⑤ 彭林：《中国礼学在古代朝鲜的播迁》，北京大学出版社，2005 年。
⑥ 张寿安：《以礼代理——凌廷堪与清中叶儒学思想之转变》，河北教育出版社，2001 年。

跋

人一过五十,时间的分量在心中就更加吃重了。"子在川上曰:逝者如斯夫。"(《论语·述而》)把人生比作河,那后半段的水该如何流?

"奔六"之际,更难免驻足停留片刻,希望做一些回望和总结。这是与"耳顺"俱来的吗?

己亥猪年、庚子鼠年交替之时,一场未曾料及的新冠肺炎疫灾突然来袭,举国蒙厄。全力抗击伴以深刻反思,期盼春暖花开、度过此次危难之后,我们这个民族更睿智、更文明、更强盛。

不得已的"居家"时光,给了我些许时间倒腾箱柜,重检旧篇,编选这本《中国古代礼学论集》。一晃,三四十年过去了。自己曾涉足的专业领域中,有几个是本人持续关注并长期投身研究的,也留下了若干属于我个人的印迹,或深或浅,礼学是其一。

选定的16篇,大部分发表在专业学术期刊,少数刊于研讨会论文集或报纸、思想文化类杂志。刊发时间起于1990年,延至2014年。前十篇系专题研究;后六篇是围绕礼仪的古今传承、礼学在现代的重构,以及传统的创造性转化等命题展开的讨论。论集记录了本人作为史学工作者在礼学领域的耕耘、拓展,也折射了20世纪80年代以后,因社会变迁、学术嬗变、时代转型给研究带来新取向、新思考的印痕。

因为疫情惨痛、事态严峻,我和许多人一样,这段时日在手机阅读上耗费了大量时光——借助网络,关注局势,打量世界;收发信息,交换彼此关切;沟通商议,安排、决定博物馆的诸多岗位工作……近一个月内,在感动于从李文亮到彭银华等一线医护人员的义无反顾,和全国上下迸发出的无敌气概之外,还有几件疫情以外的事在微信群、朋友圈上激起反响,引人感慨或感怀。应该记录在此的是2月19日迎来邓小平逝世23周年的忌日,众人缅怀他以千钧之力开启了中国改革开放的航程。

我们这代学人的研究和思索,皆起步于这场伟大的变革。

让我们继续前行,奔腾向海。

庚子鼠年元月二十八,为防控新冠肺炎疫情宅于家中

图书在版编目(CIP)数据

中国古代礼学论集/杨志刚著. —上海：复旦大学出版社,2021.3
ISBN 978-7-309-15439-9

Ⅰ.①中… Ⅱ.①杨… Ⅲ.①礼仪-中国-古代-文集 Ⅳ.①K892.9-53

中国版本图书馆 CIP 数据核字(2020)第 239526 号

中国古代礼学论集
杨志刚　著
责任编辑/史立丽
装帧设计/马晓霞

复旦大学出版社有限公司出版发行
上海市国权路 579 号　邮编：200433
网址：fupnet@fudanpress.com　http://www.fudanpress.com
门市零售：86-21-65102580　团体订购：86-21-65104505
出版部电话：86-21-65642845
上海盛通时代印刷有限公司

开本 890×1240　1/32　印张 8.375　字数 203 千
2021 年 3 月第 1 版第 1 次印刷

ISBN 978-7-309-15439-9/K·747
定价：48.00 元

如有印装质量问题，请向复旦大学出版社有限公司出版部调换。
版权所有　侵权必究